# NLP 圣经：美国 NLP 学院专业教程

NLP：The New Technology of Achievement

[美] 史蒂夫 · 安德鲁斯 (Steve Andreas)
查尔斯 · 福克纳 (Charles Faulkner)　主　编
丁 伟　译

世界图书出版公司
北京 · 广州 · 上海 · 西安

**图书在版编目（CIP）数据**

NLP圣经：美国NLP学院专业教程 /（美）安德鲁斯（Andreas，S.），（美）福克纳（Charles，F.）主编；丁伟译. —北京：世界图书出版公司北京公司.（2021.9 重印）
书名原文：NLP：The New Technology of Achievement
ISBN 978-7-5192-0924-7

Ⅰ. ①N… Ⅱ. ①安… ②福… ③丁… Ⅲ. ①企业管理 Ⅳ. ①F270

中国版本图书馆CIP数据核字（2016）第 049646 号



主　　编：[美]史蒂夫·安德鲁斯（Steve Andreas）
　　　　　查尔斯·福克纳（Charles Faulkner）
译　　者：丁　伟
策划编辑：于　彬
责任编辑：曹　文

出版发行：世界图书出版公司北京公司
地　　址：北京市东城区朝内大街137号
邮　　编：100010
电　　话：010-64038355（发行）　64015580（客服）　64033507（总编室）
网　　址：http://www.wpcbj.com.cn
销　　售：新华书店
印　　刷：河北鑫彩博图印刷有限公司
开　　本：787 mm × 1092 mm　1/16
印　　张：22.5
字　　数：309千
版　　次：2016年5月第1版　2021年9月第7次印刷
版权登记：01-2014-0190
定　　价：52.00元

# 中文版推荐序

## 这是一本里程碑式的NLP书籍

很荣幸能够为《NLP圣经：美国NLP学院专业教程》写序，它的确是一本里程碑式的NLP书籍。

史蒂夫·安德鲁斯本来是研究完型疗法的，被NLP折服了，便全力投入到NLP应用方面的研究。我在1994年去NLP Comprehensive（Boulder，Colorado）进修NLP执行师课程时，上过他的课。老实说，他授课不怎么精彩，我也不记得他教过些什么了，据说他那段时间有个人或家庭问题，精神不振，下一年的课程他就不再教了。我倒是买了他写的几本书，包括这一本。这本书是当时学员必买的。

我也上过另外一位作者查尔斯·福克纳的课，他有着书生型的打扮和授课风格。听说他的职业是为企业做培训及顾问。

这本书里的“NLP简史”部分，内容颇珍贵，因为在中文世界里不容易看到这些资料。我在这里补充一些：理查·班德勒与约翰·葛瑞德在1971年开始合作，1973年到1974年是NLP第一代的试验及塑造期，每周二及周四晚上在加州大学圣克鲁斯分校的校园里给学生分享的活动日渐成熟，大量的第一代概念和技巧被梳理、测试、定型及发表。1976年，他们两人决定用

NLP（Neuro-Linguistic-Programming）的名称代表他们创发的一套难以列入任何现有学问体系的新学问。“Neuro”指的是人，指这一学问的使用者；“Linguistic”是约翰·葛瑞德的专项，指语言语法语理；“Programming”则是理查•班德勒的强项，指电脑学问里的编写及改编程序。

1978年，班德勒跟葛瑞德正式分道扬镳了。班德勒就是通称“策略结构派”NLP（Structural NLP）的宗师，他后来发展出的一套称为“DHE”（Designed Human Engineering）。这一派最大的特点（与系统平衡派相比）是不花时间在人的心态上。他们专注于技巧的过程结构如何修改可以带来更快更大的技巧。结果不少人给NLP的评语是“没有心的利剑”。只求效果不谈尊重的态度，让NLP培训在很多欧美市场被否定及指责。

约翰•葛瑞德带领一批很优秀的NLP热爱者展开了“系统平衡派” NLP的发展与传播。系统平衡派的第一所NLP学府就是位于科罗拉多的NLP Comprehensive，我在那里完成NLP执行师课程；第二所是在盐湖城的Anchor Point，我在那里完成催眠治疗课程；第三所就是由罗伯特·迪尔茨（Robert Dilts）、茱迪芙·迪露西亚（Judith DeLozier）及托德·爱泼斯坦（Todd Epstein）在NLP发源地加州大学圣克鲁斯校区开办的NLP大学（我在那里完成高级NLP执行师课程，跟戴志强老师是同班同学）。今天，NLP大学就是系统平衡派的大本营了。

我认为从1971年两位宗师开始合作研究，至1978年两人分道扬镳，发展出两个派别，是NLP发展史的第一个阶段；从1979年至1990年代中期，则是NLP发展史的第二个阶段。在第二个阶段里，很多跟着两位宗师在加大校院里开始学习的学员大放异彩，不断发展出新概念及技巧并写书传播，本书就是20世纪80年代的一本代表作。罗伯特·迪尔茨在1991年至1992年间发表“理解层次”（Logical Levels，又称逻辑理解层次），可以说是第二阶段的巅峰，然后，系统平衡派的动力好像逐渐消减了。有分量的NLP新概念、技巧与书籍，除了罗伯特·迪尔茨的外，少有看到，许多新书只是描述已有概念及技巧的不同应用模式而已。

以上是我所知道的，是对NLP简史的一点补充。我见闻不广，若有错漏，尚请各位读者海涵。

这本书的重点在于用NLP技巧去改善及提升一个人的内心力量，是一本对自信的建立、消解内心困扰等很有效的心态调整手册。读者可以用这本书，在短短数月时间里完成一次自我教练的过程。我认为这本书就是针对策略结构派的不谈心态而编写出来的，彰显了系统平衡派NLP的价值。这本书在最后部分，还准备了一个“21天自我教练”的每日作业指引，很有价值。

对初学者来说，这本书不难看懂，多花点时间了解每一段的意思，多做几次练习，就能够掌握。我建议看明白了全书再开始自我教练的过程，用3天完成那个“21天自我教练”的每一天功课。2—3个月的时间，你的人生可以变得十分不同。

对于学过NLP的朋友，我相信这本书能够提醒他们，NLP真正的意义与功效是来自使用潜意识的能力，包括内里的景象与说话、身体的感觉及想象的能力。国人不习惯（也不愿意）跟内心感觉联系，很多NLP学员只注重逻辑性、概念资料、操作流程、理性思考等方面的学习，所以，往往使用的效果不显著。

对于学习过各种教练技术的朋友，特别是上过我研发的“精准教练技术”课程的朋友，这本书将会是很有用的辅助性工具书。这本书里面的各种概念和引导技巧都完全符合教练工作的标准，而且大大地补充了教练技术较弱的方面，即引导学员内心配合的技术。

因为NLP是通过研究几位宗师级心理治疗专家而发展出来的，他们都不认为心理困扰是病，所以，写于20世纪80年代初期的这本书，里面有很多技巧，既可以用在如教练工作等“如何做得更好”之类的工作里，也可以用在心理辅导与治疗的工作里。在NLP课程发展过程中，明确分出商业／教育应用及心理治疗应用两种培训体系是20世纪90年代初期的事情。有些朋友也许觉得这本书像是给心理辅导师看的，虽然今天的社会普遍觉得两者有所区别，但我认为两者的确无须分开。

台湾的赖明正先生，是我所认识的最深入研究NLP的学者，是系统平衡派里拥有最高授课资格的三位华人之一。他参加了我的NLP导师训练班一年后，认为我所发展出来的应该是NLP第三派了，因为我的课程内容包含了很多其他两派没有的东西，例如系统的概念、系统动力的运用、情绪的深入了解及处理、人的身心状态的来龙去脉、运用身体本能，等等。我接受了他的建议，将在2016年5月28—30日的大会里正式宣布“系统动力派”的成立。我出身于系统平衡派NLP，以此为基础再学习及研发，让我在过去二十年里发展出多个人生方面的概念及技巧。系统平衡派就像是母亲，系统动力派是儿子，我永远感恩教过我的多位NLP导师。学问既然是为人类社会服务，就应该不停地发展提升。带着感恩去超越，才是人类社会应该有的精神。

在国内，有分量的NLP书籍很少，这本书虽然是三十多年前写的，但是在技术效果方面一点都不落伍，完全适合今天普遍的需求。

感谢世图邀请我为这书写序，让我借此机会温习了很多很好用的技巧，虽然中译书名有点夸张，但是表述出这书的重要地位，也不算太离谱。我全力推荐给每一位想活得更成功快乐，不甘心于今天的人生质量的朋友。假如你想学习或研究NLP，这是一本值得收藏的经典NLP书籍。

李中莹

2016年4月2日

# 致 谢

人们常常以为，作者就像英雄一般独立完成观点的著述。今天，我们所知的实际情况是任何事情都是许多人齐心协力的结果。这本书源于最初为南丁格尔·柯南公司[1]制作的一盘录音带。后来陆续增加了六位作者、编辑，以及众多的团队成员。这里需要感谢许多人。我们首先感谢NLP的共同奠基者理查·班德勒和约翰·葛瑞德，以及他们早期的同事：莱斯利·卡梅隆-班德勒、茱迪芙·迪露西亚、罗伯特·迪尔茨和大卫·戈登。感谢NLP Comprehensive 的联合创始人史蒂夫·安德鲁斯和康妮·安德鲁斯，正是他们作为编辑、作者和老师引领着我们探索新的世界。他们是我们的导师和向导。与他们一起共事，是我们莫大的荣幸。来自NLP Comprehensive培训团队的成员们尽管并没有直接参与本书的编纂，却通过他们的观点和事例为我们带来巨大的灵感与启发。他们是拉拉·艾文、盖瑞·法里斯、汤姆·拜塞特和塔玛拉·安德鲁斯。

当您阅读本书的时候，大可不必关心成书的背后历程。纵然我们对此别有一番体味。许多人的工作是为了给作者的著述创造条件、理清障碍。我们感谢NLP Comprehensive的总经理丽萨·杰克逊。没有她的心血，我们的书籍不会得以出版。我们还要感谢南丁格尔·柯南公司的高级出版副总裁迈克·威尔伯德、音频制作人乔治尼·塞瓦思科和视频制作人梅特伊·安杰洛，感谢他们与NLP Comprehensive的协作。除了本书的两位作者，我们还要感谢我们的“内部作者”：南丁格尔·柯南公司的休·特林哥特、William Morrow公司的编辑总监威尔·斯克伯，还有凯伦·库珀，她在最后的时刻为本书所做的修正。最后，我们全心全意地感谢当我们在编写本书过程中所培训的数以千计的NLP实践者们。他们是我们最强大的后盾、最挑剔的批评家和最优秀的向导。

一般来说，许多人在第一次接触NLP的时候都希望了解如何使用并且避免滥用这项技术。我们确认，本书阐述的内容具有不可思议的影响力，建议您在阅读和练习使用这些技术的时候谨慎从事。

任何先进的技术，初看都与魔法无异。

——阿瑟·克拉克

# 目录

C O N T E N T S

## 第一章 改变你的思维
CHAPTER ONE



## 第二章 NLP是什么？
CHAPTER TWO

第三章
CHAPTER THREE

## 激发动力



第四章
CHAPTER FOUR

## 辨明你的使命

## 第五章 CHAPTER FIVE 实现你的目标



## 第六章 CHAPTER SIX 创造亲和有力的关系

## 第七章 CHAPTER SEVEN 强大的说服策略



## 第八章 CHAPTER EIGHT 消除你的恐惧

第九章
CHAPTER NINE

## 建立自信心



第十章
CHAPTER TEN

## 建立自我欣赏与自尊

# 第一章

## 改变你的思维

我们这个时代最伟大的革命，就是发现人类可以通过改变内在的思维态度而改变外在生活的方方面面。

——威廉·詹姆斯

## 进入变革的世界

我们确信，本书将改变你的生活。因为你即将阅读的内容已然改变了我们的生活。我们是来自NLP Comprehensive的培训师与顾问，这是一家致力于帮助人们获取无限内在资源的公司。你在各个章节里所阅读的个人变革都是真实发生的。在很多情况下，他们完成改变所花费的时间跟你阅读的时间一样长。由害怕变得自信，由绝望变得渴望，以及由对过往的焦虑转变成目标导向的行动，这些变革都是通过学习一些具体的技术并加以应用的结果。我们曾经把这些技术教授给咨询师、顾问、教练、经理人、工程师、运动员、企业主、高管和父母们——各种各样对有效的个人和职业变革感兴趣的人们。我们集体编辑创作了十多本关于这种变革技术的书籍，并制作了超过三十种音像资料。

在过去十年间，通过我们的书籍、磁带和培训课程，从公司的董事会到学校的教室，从人头攒动的礼堂到医院里癌症治疗的病房，这些崭新生活的可能性影响了超过一百万人。

我们最初的起步并非如此。刚开始可能就像你一样，我们拥有的只是真诚的愿望：主动改变是有可能的。我们在心理学与个人发展领域经年累月地探寻有关实施有效变革的方法。从大学学堂到社会生活经验，从昂贵的培训课程到默默的自我反省，我们通过实践效果来检验所发现的一切。

我们中的许多人经历了十数年的探索，才发现真正持久改变的钥匙。我们的动机源于个人，也源于职业。我们希望帮助我们的客户超越过去的困境和自我设置的局限，使他们能够在探索生活的过程中获得成功。我们希望影响公司的业务结果及为之工作的员工们，增加他们的生产力、利润和职业满意度。我们也为我们自己。作为变革专家，我们希望掌握百尺竿头更进一步和锦上添花的技能。我们不愿意满足于解决问题，而希望创造更大的可能性。我们始终坚信我们能做到、存在、拥有和成为更多，并且你同样也可以。

在人类历史上，从没有像今天这样呈现出纷繁众多的新旧方法，来帮助增进人类的潜力和开发未知的可能性。其中一些方法非常知名，比如积极心态、视觉化、肯定法、内在小孩功课、目标设定和个人力量。你也许在不同时期曾经尝试过其中的一个或几个方法。如果你的经历与我们类似的话，这些方法有时很管用，并且效果非常惊人，而有时却不那么有效，任凭我们心中多么希冀或需求，也毫无办法。正是结果的不确定性令我们继续探索变革的真正渊源。我们知道，我们已然取得了一些进展。我们希望可以产生持续的效果，辨析短暂的、临时的解脱与深层而持续的改变之间的区别所在。我们希望能够有目的地推动变革转化，并教会大家。

## 创造变革

在我们指引你为自己和所爱的人创造思考、感觉和行动的全新可能性之前，我们想花一点时间介绍我们自己，让你了解我们是做什么的和我们工作的方法。

史蒂夫·安德鲁斯，是NLP comprehensive联合创始人、培训师、作家和NLP创新者。有一次，他聚精会神地倾听一位女士描述她过去的一次丢脸经历如何一次次地浮现。她述说着这个反复出现的记忆是怎样桎梏了她的情感和生活中的选择。史蒂夫轻轻打断了她的故事，问她所希望的情形是怎样的。她活跃了起来，谈到了新的职业想法和不同的生活。他问了一些关于第一次丢脸经历的不寻常的问题，至少她认为这些问题是不寻常的。因为之前从未有人询问过她的记忆是黑白的还是彩色的。然后，他引领着她体验了一次看起来很简单的视觉化练习。最后，她热泪盈眶，不是因为悲伤，而是出于喜悦。她感觉自己从过去解脱出来。在不到三十分钟的时间里，她已经从过去的记忆中解放出来。

查尔斯·福克纳，培训师、作家和建模专家，与一家公司的财务决策人完成了一次访谈。这位男士的观点和意见每天影响着数百万美元的流向。查尔斯在白板上列出了一些关键点。然后，他以附有图像、文字并富含情感的语言，用易于理解的方式详细描述了这位财务决策人的策略。下面的成员们开始意识到，他们也可以使用同样的步骤极大地提高决策能力。接着，他们花了整个上午讨论如何把新的技巧运用到更广泛的问题中去。

凯利·格林博士，公司的培训师和领导力催化师，他进入会议室后看到写在每个人脸上的紧张与绝望。公司的发展方向风险重重，董事会在过去几周陷于停滞。他开始询问每一位高管对当前情形的看法。他对他们的重重顾虑表示认同，然后请他们谈谈自己的价值观。会议室里的情绪开始有所变化。从没有人使用这种方法跟他们对话。他们能感受到些许变化的端倪。两天后，他们开始制定新的战略方案。一年后，在会议中讨论出的价值观传播到整个公司，鼓舞着公司的士气，公司转型后重返市场领导者地位。

提姆·豪伯姆，社会工作硕士，培训师、作家和保健应用学者，他刚刚从NLP创新者罗伯特·迪尔茨那里认识到过敏反应就像是免疫系统的恐惧症。

当外界并没有实际危险的时候，身体免疫系统的反应如果过强就会令它本身成为危险。提姆在一次会议上讲到这个观点，其中一位与会者说他对各种东西都过敏。对多种食物过敏导致他不得不每周花费二百多美元去设计食谱。通过运用罗伯特·迪尔茨减轻过敏反应的程序，提姆指引他中和过敏反应的食物诱因。经过极其谨慎和小心的测试后，这位与会者发现后来几天里他的所有过敏反应都消失了，而且再也没有复发。几年中，经历了数以千计的个案之后，提姆正在科罗拉多州的韦尔的医疗机构参加正式的临床研究，以对这种方法进行科学的检验。

罗伯特·麦克唐纳，理学硕士，培训师、作家和治疗师。他相信，各种关系是生命中的深层次关联。这正是他面前的一对感情不睦的夫妇的渴求。罗伯特分别和他们倾谈，帮助他们把不满意的方面与梦想的状态区分开来，重新点燃他们爱的初始状态。然后，他帮助他们从旧的共存模式中分离出来，获得他们内在的、新的完满感。最后，他邀请他们参加一个疗愈仪式，让他们把完美的自己带入长久的爱的关系中。罗伯特和他面前这对夫妇的眼中都充盈着泪水。他们的婚姻得以延续和升华。

盖瑞·施密特，博士、教师、培训师和精神治疗师。他正等待着眼前这位着装得体的公司高管平复情绪。一年前，这位高管遭遇了一场突如其来的汽车事故。至今他还发现当有小车从那个方向开来时，他仍然心悸不已。他清楚这是不理性的想法。在一位朋友的介绍下，他来到这里。盖瑞询问起事发的地点，从街对面看过来当时是怎么样的情形，或者从街角不远处的出租车里面看过来，又或者从指挥交通的直升机上看过来呢。很快地，他们两人对这个问题开怀大笑起来。不知为何，高管发现自己也拿这件事开起了玩笑来。结束一小时的会谈后，他轻松地驱车回家了。而他的惧怕再也没有出现过。

苏西·史密斯，理学硕士，培训师、作家和保健应用学者。她常常想到自己的多重身份：妻子、母亲、教师和公司培训师。然而她觉得有点怪怪的，那就是作为一个新领域的国际权威的想法从来没有出现在脑海过。当她追溯起自己感觉的起始点时，她发现那是更早期的一种生活经历。她意识到这种感觉更符合自己十几岁时的学生身份，那时自己的知识还非常匮乏。显然，这与她的现状完全不符。既然只是一种限制性的信念，阻碍了她和同事们进行更重大的发现，她决定改变它。她在头脑中描绘自己感觉到自信及富有能力的记忆，她成功地利用这些特质把旧的孩提时期的记忆转换成为富有资源的记忆。在短短十分钟之内，她已经完成了这个过程。

这些报道看似夸张，就像是不可能的事件，或者说像是奇迹。当我们第一次听说时，我们也惊为奇迹。如今，作为有十多年经验的NLP实践者、培训师、顾问和咨询师，我们从数以千计的个体体验中认识到快速、深层而持续的改变正是事实。作为本书的作者，我们知道NLP定义了对于可能性的不同寻常的期待。这看起来如此不切实际，以至于一些人以此为借口而不愿正视。

然而如果你回顾这一个世纪以来所发生的改变，你可能会讶异地发现飞机和汽车其实都还没有超过100年的历史。摆脱电缆，将声音与音乐通过空间进行远距离传输的想法被认为不可能实现，因而不值得仔细调研。然而，无线电被发明出来。伴随着外科手术的现代药物，才有不到75年的历史。电视，毫无疑问是划时代的产品，还不到50年的历史。而个人电脑，甚至只有不超过20年的历史。大多数人并没有意识到西格蒙德·弗洛伊德，作为自我、本我、俄狄浦斯恋母情结之父，在1900年已经开始发表他的理论。当然现在没有人愿意驾驶一辆产于1900年的轿车，至少不会经常驾驶。很多人都认为自弗洛伊德以来心理学的进展微乎其微。事实上，发生了众多心理学的革命性事件，修正了我们对大脑的理解并增大了变革的可能性。他们会感到惊讶。

## 或变革，或痛苦

我们每个人都曾经尝试改变我们的思维。你上一次尝试停止思考一件事情，或摒弃某个习惯，或改变某种不安情绪是什么时候？也许是缺乏动力、脾气暴躁、孤独感或渴望更多成功，总有这样或那样的时刻，我们希望自己可以做得更好些。我们都想要改变。

你甚至已经做出了理性的决定要加以改变。把决心以书面形式写下来，并告诉自己的若干个亲密朋友。你买了关于某个主题的书籍与录音带，甚至有可能加入了某个俱乐部。几个月后，书籍读了一半，录音带不知所终。而你的朋友们，如果他们真是你的好朋友的话，都善意地不再提及此事。假如你的经历与我们一样，尽管你有改变的良苦用心和真心渴望，你却发现自己仍然深陷旧习的泥潭。

当然你可能取得了一定的成功，达成了你的目标。然后，你却无助而恐慌地看着事情又无情地滑落回开始前的样子。对于减肥或改变生活习性的情形，许多人都有这样的经历。而且雪上加霜的是，如果你再付出双倍的努力去尝试，看起来却是投入的努力越多，结果越发令人难以捉摸、令人沮丧。

我们中的一些人发现，我们与自己生活的世界如此格格不入。要知道，变化在我们身边以不可思议的速度发生着。我们看到新的产品令旧款产品被加速淘汰。孩子们玩着我们几乎无法理解的电子游戏。我们发现，为了完成手头的工作我们不得不接受额外的培训。我们听说生活中唯一不变的就是改变，而且无所不在。当有一天我们尝试改变自己时，我们才意识到和相信这句话。我们自问到底是怎么了。我们还是自己吗？我们要改变就如此困难吗？

如果你暂停一下，从些微不同的视角回顾你的生活，你会发现你其实一直在改变中。一开始你只是一个婴儿，重量仅有几斤。你成长为一个孩子，然后是少年，现在是成年人。无论你喜欢与否，你的外表或明显或轻微地每年都在改变着。过去，你在这个世界上只喜欢糖果或花生酱，或玩偶或摩托车，或其他什么东西。现在，即使你仍然喜欢那些东西，然而你从未想到过的其他事情会变得对你更加重要。年复一年，从自行车到周五晚上的聚会，再到短期国债或包厢座位，你的兴趣已然改变。甚至最近，有些事情你轻而易举地改变了。这种变化在过去是你从来没有想到过的。好像你忽然发觉似的，过去的你做事情的方式是如此不同。你就是不再吃某种食物，或按某种风格着装。你可能培养了新的兴趣和嗜好。你之前从没想到过。朋友们发现和指出了你的变化。“嗯，是啊。”你说，“我改变主意啦。”

任何有效的改变方法必须能够解释两种情形，那就是为什么我们有时候极度难以改变，而有时候改变起来又那么从容简单。想一想，变化其实并不一定耗时很久，它可以在转眼之间发生。也许你过去在人前常常感到紧张，然而有一天你醒来发现自己不再紧张。你常年坐在电视机前消遣，然后决定开始散步或去参加某种运动。你重返学校学习，或者为了新的职业发展而加倍付出。你可能为某件事情烦恼了几个星期、几个月甚至几年，然后你注意到情况发生了改变。

当你知道如何去做某事时，事情就很简单。至少你不会抱怨在你拧动点火钥匙时，汽车很容易地发动了，或者是你使用遥控器准确地选择了电视频道。就此而论，这是一种人类的反常现象，即我们被鼓励通过困难程度、磨难或者耗费的时间来衡量个人改变的重要性。这就是“没有痛苦，就没有收获”的例子。好像我们生活中所有痛苦的事情都成了一种收获。假如痛苦愈多，收获愈多，那么我们就不断地寻求痛苦，而不是回避。如果漫长的挣扎和磨难是通往成功的康庄大道，我们所有人最好采取步行上班，继续使用铅笔和驿马传书。痛苦是改变的征兆。如果我们的手感到了物体表面的炙热，我们会把手移开。痛苦是我们使用了错误方法的迹象：告诉我们是时候尝试新的方法了。漫长的挣扎而无果，意味着我们现在做事的方法是无效的，该尝试其他方法进行调整了。现在，是时候意识到痛苦、挣扎、困难和等候是改变方法的征兆了。它们是变革进程中的附加事物，可以轻松地丢弃了。

## 大脑的软件

近年来，电脑与我们人脑的相似性引起了科学家与心理学家们的关注。如果我们的大脑是某种电脑，那么我们的思想与行动就如同软件。如果我们能够改变大脑程序，就如同我们改动或升级软件，我们可以马上获得积极的变化。我们能够在思索、感觉、行动和生活方式上获得立竿见影的改善。

与电脑的类比也可以解释为什么有时候变化是如此困难。不论我们如何想、期待、希冀，软件都无法升级。我们只会循环往复地产生愤怒情绪，或者陷入因循相同的指令。我们需要做的，其实只是在现有程序的合适之处增加新的指令。对于电脑来说，一切都在软件手册中进行了说明。而对于人类，挑战要大得多。一位NLP培训师说：“人类是唯一一种可以被不熟练工人生产或再加工的超级电脑……而且没有用户手册。” 直到今日，情况的确如此。

我们所提供给你的，正是你的大脑的软件手册。你可能在家或者工作中有一台个人电脑。你很可能在电脑上安装了各种软件，包括文档处理、电子表单、画图程序、页面设计程序、各种应用，甚至一些电脑游戏。如果电脑销售告诉你需要为每一个程序购买一台单独的电脑，你肯定会回答：“不可能。”

然而，这正是大多数人不经意间在自己身上所做的。他们学习做好某件事情——销售、管理、激励、问题解决、设计、授权等待——然后他们想，“这事儿我做得不错。”他们熟练掌握了某个领域的技能，然而他们不懂如何改变电脑程序去发展新的技能。如果你的个人电脑不需要运行文字处理或者电子表格，你会退出程序。但是当人们无法关闭大脑程序时，他们通常开始寻找借口。他们会向你解释原因在于他们缺乏某种才干，或者体型不对，或者个性特点，甚至是星座。没有人想到电脑的型号、配置或生产日期会自然而然地限制了某些程序的运行效果。这些局限主要来自软件而非硬件。

正如威尔逊·范杜森博士，前加利福尼亚门多西诺州立医院首席心理学家所说的，“我曾经看到弗洛伊德时代的心理治疗场景。后来是花费六个月时间的简易心理疗法。现在是三十分钟甚至五分钟的NLP课程。速度其实并非根本所在。我们必须聚焦于人们真正的设计结构。要改变我们所希望改变的，我们需要改变我们被设计的应对改变的方法。

想象一下，如果你可以获得一份关于你的大脑的用户手册，你所能达成的事情是什么。在下面的章节，你将学会如何：

- 按照你的超级电脑——大脑——所设计的方式进行运作；
- 按照你希望的时间和方式改变你的思维、行动和感觉；
- 在一个小时内改变你的习惯，那些你花费经年累月与之斗争的恶习；
- 达成梦寐所求：在危机时刻信心十足；在需要的时候坚忍不拔、斗志昂扬；对于挚爱的人和生命中的礼物更敏感和接受。

可以肯定你经历过进展特别顺利的时候，做任何事情都堪称完美，似乎进入了“流状态”。但在有的时候，似乎状态一片散乱，无法聚拢一起，怎么做事都不对劲。通过NLP，你可以学会如何有意识地把“不匹配的碎片”转换进入“流状态”。你也曾发现，世上有些人成事易如反掌。你可以学会如何研究这些富有成就者，从而帮助你和更多人了解他们成功的思维模式。我们对于变革本质的研究，引领我们从充满希冀的梦想和良好愿望达成一项明确而强大的转型技术。这个方法是一套如程序般精确，又如老友一样轻松的技巧。它令你能够改变你想改变的，并能延续。它就是神经语言程序，简称NLP。

## 实践NLP

NLP至少能够让你实现你想要的体验。许多年来，NLP培训师和实践者一直在教授人们如何从精神创伤中得以解脱，产生更加积极的情绪，改变一生的习惯，解决内在冲突，建立新的信念。这些往往会在一小时之内实现。本书中，你可以自己学会NLP专家们达成种种变革所使用的一些最为重要的方法。

首先，你会理解NLP的基本原则或前设。你将发现自己大脑工作的方式，以及如何更从容地实现变革。然后，练习具体的NLP技术帮助你在生活中如你所愿地实现变革。

践行NLP将能够：

- 让你主导自我激励
- 帮你看到光明的未来和实现的道路
- 建立更亲密的关系，增加说服技巧
- 清除那些阻碍你的负面经历
- 增强自我欣赏和自尊心

- 建立坚定而积极的思维模式
- 获得更多巅峰体验

与此同时，还能学会许多高成就者获得成功的特点与思维地图，并一步步地通过具体流程指导你学习和使用。你会发现NLP能帮助你提升学习技巧的方法。NLP如此广泛的应用有时会让部分人难以理解。他们疑惑，“怎么把相同的方法运用到舞台恐惧、谈判、内疚心理、自尊心、战略规划、激励、过敏反应和人类卓越品质各个方面？”这与电能够驱动计算机、电话机和CD播放机是一样的道理。电是所有电器的基础。对于人类成就而言，你的大脑是一切的基础。NLP是人类发展的前沿领域，展示了大脑工作的基础。无论各种情形，NLP都告诉你怎样做得更多、获得更多和实现更多。

为了强化、深入你的学习，每个章节都有思维练习，阿尔伯特·爱因斯坦称之为“思维实验”，帮你掌握NLP的具体技术。这些练习帮助过数以百万计的人。只要你加以运用，你将获益良多。我们非常清楚地知道，身处一个信息过量的时代，一些人可能只是阅读这些练习看看有没有兴趣。应该说这是一个好开端。但如果你想看到结果，你就必须实际操作。NLP是一种体验。正是你如何做、做了些什么才有意义。因此，在做练习时，做到用心、专注和透彻。选择一天里你可以足够投入和聚精会神的时间。亲身假想我们所建议的各种具体情形，并且仔细遵循指引。大多数“精神练习”仅仅花费十到二十分钟的时间。找一位朋友通过朗读练习来引导你，你会发现，这样非常有助于取得最大的效果。要记住，这些并非一次性练习。如果你希望从这本书里获益更多，你愈发需要在日常生活的各个时刻运用其中的种种技术。

# 第二章

## NLP是什么？

一开始，NLP看起来像闪耀的星星，
后来我觉得它是一位非常神秘而高深的魔术师，
现在它像一位忠诚的、值得信赖的朋友，
我根本无法想象离开它，我将如何生活。
——Gerry Schmidt，NLP综合培训师

## NLP是什么？

NLP是针对人类成功的研究。

NLP是关于成为最好的你的能力。

NLP是个人变革的强大而实际的方法。

NLP是关于成就的新技术。

NLP是神经语言程序（Natural Language Processing）的首字母缩写。这种听起来颇有技术色彩的名字是纯粹写实性的，就如同交叉训练用鞋、金毛巡回犬、经典的敞篷式轿车一样。“神经”代指我们的神经系统，是实现我们的视觉、听觉、触觉、味觉和嗅觉五种感官的神经通道。“语言”形容我们的语言能力，利用具体的词汇、词组映射我们的精神世界。“语言”同样也代指我们“无声的言语”，比如姿势、手势、体现我们思维模式的习惯、信念，等等。“程序”这个词是从计算机科学借来的，寓意为我们的思维、情绪和行动其实就是习惯性程序，可以通过升级“精神软件”而加以改变。

## 学习对人类成功建立模型

为了更好地理解NLP是如何帮助我们对人类成功建立模型的，我们一起看看现代滑雪的起源。在20世纪50年代之前，大多数人认为滑雪很大程度上是自然天赋。你把自己捆在一副滑雪板上，被告知控制好它们不要交叉，然后跟在有经验的滑雪者身后，模仿他（她）所有的动作。如果你没怎么翻筋斗，也没有骨折，还比较喜欢这些经历，你就会被认定是滑雪的好苗子，颇有天赋。

后来发生的事情完全改变了这种思维方式。比如爱德华·霍尔教授，《无声语言》[①]的作者，所记录的，在阿尔卑斯山上为几位富有经验的滑雪者拍摄了一些16毫米的黑白短片。研究者们一帧一帧地研究胶片，把滑雪的连贯动作分解成他们称之为“孤立单元”的最小行为单位。通过这种方法观察滑雪，他们发现尽管滑雪者的风格迥异，他们却在使用同样的孤立单元。当把这些孤立单元教给成绩平平者或初学者时，他们的技术立刻得到提升。通过模仿优秀滑雪者自发的动作，他们每个人都能够提升滑雪技巧。其中的关键就在于甄别他们动作的精髓——让他们如此优秀的动作孤立单元，从而使其他人也可以学习他们。在NLP语言里，这种精髓就是模型。

此原理在NLP中的运用延展到了个人经验的各个层面。你或许希望改善关系，或消除焦虑，或在市场上更富竞争力。关键动作不是来自你的肌肉群，而是你内在的思想，例如词汇、图片、感觉或信念。在不同的领域，NLP研究伟大的成功者，发掘他们成功的配方，用独到的方法教会你做同样的事情——遵循那些已经成功应对每天困扰你的同样的问题和挑战的人们的模式。下面的例子将告诉你使用NLP建模所收获的巨大成果。

假想一位家长为了鼓励孩子，每天冲着孩子大喊大叫。当孩子长大成人，他会将这种强烈而负面的激励方式内化。于是，他很可能学会了使用强烈的负面语言与自己对话。激励目的是达到了，代价却是那些负面语言激发出来的恶劣情绪。通过NLP，他学会了改变内在行为，用那些优秀运动员和有创新力的发明家使用的正面激励与积极情绪。

一位公司高管为了一项重要决策而犹疑不决，内心冲突不断，无法确定自己的能力。使用NLP帮他把现在的想法转变为高效决策者的思维模式，于是他豁然开朗。之前他的想法可能是，“我该这么做吗？我不确定。别搞砸了，别错失其他机遇啊。”现在，他问自己一些有助信息收集的问题，例如“要做此决定我需要了解什么？”或“有哪些重要的收益，如何才能量化它们？”帮助他有效决策，提高绩效。

有位成功的体育选手决定参加一项新竞赛项目的角逐。然而她只是在大学时代玩过这个项目，之后已经多年没有练习过了。为了让自己进入状态，她在脑海中重新体验自己曾经取得成功的巅峰感觉。她感受那些巅峰时刻的聚精会神的能量，然后想象自己身处新的竞赛项目中。在她展开新项目的日常身体训练之余，还在脑海中反复练习所有的基础动作。在她的竞赛首秀时，体育评论员们无不惊呼她的运动天赋。她很高兴自己不但努力而且聪明的训练。

以上每一位所做的，正是他们思维习惯的结果。你所学会去做的所有事情，也是你的思维习惯的成果。你如何从梦中醒来，你如何去工作，你工作的方法，你喜欢什么样的休闲时光，这些都是你习惯的产物。你是一位有既定模式的人。我们所有人都是。你喜欢什么食物？你经常走哪条路回家？早上穿衣服时，你是先穿上衣还是裤子（或者反过来）？事实上，各项心理学研究都发现，人类行为几乎可以说完全是习惯所决定的。这些习惯或者模式非常有意义。它们不仅使我们无须思索就能完成许多事情，它们也是创造新的行为和辨别异常情况的基础。当我们尝试改变习惯时，会遇到重重阻力。那位使用负面语言去激励他人的先生觉得很自然、毫无不妥，因为他已经习惯如此。他根本不会想到还有其他可能的方法。那位企业高管很清楚，在某些情形之下他的策略并不奏效，可是他不清楚如何变通。那位年轻运动员知道她需要运用先前的习惯帮助她训练新项目，她知道如果她栩栩如生的想象塑造了一个新习惯，她的大脑自然会建立思维与身体的通道。

通过NLP，你能够改变自己的思维、情绪和行为，新的模式也如旧有模式一样系统、有规律地运作——而且带来的享受还远远不止于此。

## 起步：利用NLP进行一些快捷改变

NLP的练习类似于思维实验、精神练习或游戏。实验室或者练习场就在你的大脑中。你可以把它们当作尝试新事物的机会，或者使用新方法的机会，并发现其中的乐趣。这里有些小练习让你一窥其中运作的方法。

你曾经坐过云霄飞车或者其他类似的欢乐谷项目吗？稍作思考，回忆你某次的经历。然后，想象你在很远的地方，也许坐在一个园区的凳子上看着飞车行驶。从这里，你能够看到自己正坐在飞车里面。体会一下当你能够从远处看见自己的时候是怎样的感觉。接下来，进入飞车坐在位子上，你可以感觉到自己的手握着面前的护栏把手。当你往下看的时候，身旁的景物飞速掠过，感受飞车高速运动中的咔咔作响，听到周围一片尖叫声。留意当你自己重新体验飞车过程时的感觉是怎样的。“坐在”云霄飞车上，感受它载着你运动，与想象你自己远远地观察你坐云霄飞车的体验是截然不同的。

这两种截然不同的视角有不同的思维结构。坐在云霄飞车上身入其境、令人兴奋，NLP称之为“关联”。在远处观察云霄飞车是平静的、脱离的，NLP称之为“分离”。通过本书你会发现，对每一种体验我们都有这样或那样具体的体验结构。发掘其中的差异所在并加以运用，正是NLP的基础。如果你希望体会处于某件事情之中的兴奋，你就需要从身体和思维上都参与进去，通过步“入”体验，与之关联起来。使用NLP你能够学会在你需要的地点和时间精确地进行关联。与此同时，我们所有人的生命中也都需要平静而有意识地保持客观和一定的思维距离。通过走“出”这些体验，脱离其激发的强烈情绪，我们能够很容易变得更足智多谋和富有创造力地去解决问题。能够做到有意识地运用这些思维的“体验结构”是本书的目标之一。

思考一下：假如你能选择关联那些生命中全部的美好体验，你也能够拉开距离，脱离、走出生活中不愉快的经历，你就可以得到所有的正向体验，并远距离透视自己所犯的那些错误。想想这对于提升你的生活质量有多么重大的意义吧。如果你意识到它的力量和积极性，你就会开始感觉到NLP所能带给你的是什么。

对于下一个思维实验，一开始你先花一两分钟清理现在你大脑中所顾虑的事情。很简单，对你的身体进行扫描以达到放松。留意任何紧张的部位，放松该部位；或者先加剧紧张程度，然后再放松。

现在回想一次非常愉悦的经历，生命中一段具体而惬意的时间——你现在很乐意去想的事物。一旦你的脑海中看到了这段具体而惬意的回忆，留意你的感觉。然后，让那种体验更加靠近你，并变得更大、更光亮、更多姿多彩。现在，再次留意你的感觉。感觉是否已经改变，或许更加强烈了？现在，让同样的体验远离你脑海中的视线，变得更小、更模糊、更暗淡，直到距离很远，远到变成一枚邮票的尺寸。留意你的感觉。当你完成之后，允许你的体验恢复到原先的状态。

对大多数人来说，当那种体验距离靠近时，他们的愉快感觉更加强烈；而远离时，则明显弱化。这是如何产生的及为什么会这样，正是NLP的基础。我们将在接下来的章节里详细探讨。现在，我们想阐明一个重点。大多数人从来没有想象过能够这么容易地改变他们思考和感觉的方法，特别是通过这么一个简单的流程改变他们思维图像的状态。他们可以想象改变自己的衣服、车子，乃至工作和居住的城市，但从来没有想过可以有目的地改变他们的思维。如果你想更强烈地感觉正向记忆，很简单，你可以通过把它移到靠近你思维的眼睛。如果你想弱化不堪的回忆，你只要把他们移到远离你的位置就好了。

对于生活中的方方面面，你可以做同样的动作。如果你有一个正在发酵中的难题，你有这个能力从思维中把它移动得远一些。保持距离，你得到了更多思维的“呼吸空间”。你能够放松下来，头脑更清晰地以新的视角考虑问题。与身处困境和压力下相比，几乎所有人在平和的情绪下都会想到更多更好的解决方法。对于积极的事物，如果你在生活中看到了希望得到的事物，你就可以把图像移近你，让它更加生动、令你瞩目。所有的视觉化技术都反复强调在大脑中保留你的梦想与目标的重要性。通过NLP，你将学会快速、简单地做到这些。以上仅仅是两个例子。你已经学到你的大脑“编码”体验的两个方法，这仅仅是NLP为你创造不同的基本技巧。

在此，有些人会停下来问，“我不是很擅长视觉化。我能够运用NLP吗？”答案是肯定的。NLP运用到的是你全部五个感官：视觉、听觉、感觉、味觉和嗅觉。在十多年前，NLP研究就发现大多数人五官中的某个感官会更加突出。举例来说，你也许喜欢绘画、摄影，那么产生思维图画与想象力视觉化对你来说就轻而易举。又或者你喜欢书籍、词汇、对话或音乐，对人们所说的内容或他们使用的语气非常敏感，那么思维的是耳朵而不是眼睛，对你来说更加自然。运动员通常更能够觉察运动中肌肉的动作和感觉。也许你进入一间房时会对里面的人的情绪更加关注。这意味着你的情感触觉比其他感官更加发达。

随着你阅读本书，你会留意到不同的练习侧重不同的感官。这是我们有意为之。首先，阅读本书的人们具备不同的感官优势，我们希望让每一种思维与理解方式的人都“感到自然”。其次，学会欣赏和发展你的每一种感官很重要，这样你就可以更加频繁地进入你所有的“内在资源”。

让我们从语言着手，作为神经语言程序的基石，语言动用了你的听觉。在各种谈话中，你可能都听到人们在说“别担心”或“别考虑它啦”。停下来思考一下这个情形。如果你被告知“别去想那只大黑熊”，你的大脑里会立刻发生什么事情？嗯，尽管你听到不让你想，你发现自己正在想那只大黑熊。当有人告诉你“别去想那个问题”时，也会发生同样的事情。我们的大脑其实并不能理解负面语言。为了理解“不要”去想什么东西，我们的大脑必须首先去想这个东西。

我们的经理和父母常常出于好意告诉我们不要做某件事情。他们未曾意识到的做法其实恰恰把我们推向了他们不希望我们去的方向。举例来说，“别担心那个客户的坏脾气”“别害怕”“我没当你是哑巴”以及“想都别想你被裁员的事情”。其实，我们大多数人经常把负面语言运用到自己身上。我们说：“我不会想这件事的。”其实我们想了。另外一些我们熟悉的例子包括：“我再也不那么做了”“别把我逼疯了”，还有“睡觉前不要吃甜食”。这些例子不一而足。我们总是去想那些我们不希望做的事情，然后往往就那么做了。

神经语言程序的程序部分意味着我们能够改变思维或程序，从现在的我们变成希望的我们。对于负面语言，我们可以把负面思维改写成正面的。我们不再说我不想的事情，而该说我想做的事情。尝试一下。想一句你曾经对自己说的负面语言，现在就实验把它转换成为正面表述。例如，别再对自己说“不要担心”，试着告诉自己“留意可能的机遇”或“我们如何充分准备应对这个挑战？”“我希望自己是什么感觉？”通过聚焦你希望发生的正面事物，这不仅仅令你感觉好一些，事实上它重新调整了你的大脑，并让你准备好达成你的心愿所想。

仅在本章里，快速、简单地运用三个NLP概念，你就可以了解你能够运用NLP在你的生活里表现得更积极、成功。第一，把你希望做的事情和成功的行为方式变成一个正向描述。第二，强化你想做的事情在大脑中的逼真程度，增加对你的吸引力。第三，关联到这些成功的行为方式，并在大脑中加以演练，直到感觉到自然的程度。这种一步步的程序方法就是NLP的标签。作为一种实用的方法，NLP是关于如何实现个人转变的技术。

## 思维的新法则

到目前为止，你也许比较清楚了，NLP是基于一些与传统心理学非常不同的法则的。传统的临床心理学主要侧重描述病情，加以归类，然后寻找历史原因。NLP关心的是我们的思维、行为和情绪如何在当下相互协作引发体验。在现代生物学、语言学和信息学的基础上，NLP创造了思维（大脑）如何工作的崭新法则。这些法则或假定被称为NLP预设条件。如果我们把NLP所有的预设条件总结成为一句话，那就是：人可以完美地运作。我们的某些思想、行为和情绪持续地产生具体的结果。我们可能喜欢或者不喜欢这些结果，但是只要我们重复这些思想、行为和情绪，我们就能得到相同的结果。这个流程完美地运作着。如果我们想改变结果，我们就必须改变产生结果的那些思想、行为和情绪。一旦我们具体理解了我们如何创造和维系内在的思维和情绪，事情就变得容易了，我们可以把它们变得更有意义，或者我们找到更好的方法，传授给其他人。NLP预设条件是达成这些的基础所在。

## NLP预设条件

● 地图不是领土

我们思维中的世界地图并非真实世界。我们的反应是针对地图，而非真实世界。更新思维地图，尤其是情绪和判读，与改变世界相比更容易一些。

● 体验是结构化的

我们的思维和记忆都是有模式的。当我们改变这个模式或结构之时，我们的体验会自动发生变化。我们可以中和不愉快的记忆，增强有意义的记忆。

● 如果有人能够做到，那么其他人也可以学会

我们能够学习成功者的思维地图，转化成我们自己的。许许多多的人甚至从没有走出去尝试过就盲目认为某些事情是不可能的。假装任何事都是可能的。当遇到身体或环境的限制时，你的体验会让你意识到的。

● 思维与身体是同一系统的不同部分

我们的思维会即时影响我们的肌肉紧张程度、呼吸、情绪等，然后这些又循序影响我们的思维。当我们学会改变其中之一，我们就学会了改变另一个。

● 人们拥有所需要的全部资源

思维图像、内在声音、感觉和情绪是我们所有思维和身体资源的基础构件。我们可以使用它们建立我们所需要的任何思维、情绪或技巧，然后注入我们生命中最希望或需要的地方。

● 你无法不沟通

我们一直都在沟通，至少以非言语的方式，而言语往往是最不重要的部分。一声叹息、一个微笑和一次注视都是沟通。甚至我们的思维是与我们自己沟通，并通过我们的眼睛、声音的语调、姿态和身体运动向外人展

现出来。

● 沟通的意义在于你所获得的回应

其他人通过他们自己的思维地图接收我们所说和所做的。当有人听到的不同于我们想表达的，此时恰恰是我们需要意识到，沟通的意义在于接收到的内容。注意我们的沟通是如何被接受的，以让我们调整，这样下次就更清楚了。

● 每一个行为背后都有一个正向动机

每一个伤人的、有害的甚至轻率的行为，都有在其初始情形下的正向目的。怒吼是为了获得认可。攻击是为了防御危险。躲避是寻求安全。我们不仅仅是宽恕或者谴责这些行为，我们可以分析出这个人的正向意图，这样就可以加入新的、升级的且更积极的选择去满足同样的意图。

● 人们做出的选择永远是最佳的

我们每个人都有自己最独特的个人经历。从中我们学会了做什么和如何做，想要什么和如何去想，评估什么和如何评估，学习什么和如何学习。这就是我们的体验。从中我们必须在有更新、更好的选择出现之前，做出我们的选择。

● 如果现在的做法无效，就改变方法

如果你一直用你以前的做法，你就一直得到你以前得到的。如果你想得到不同，就去尝试新的方法，尤其是有那么多不同的选择余地。

当人们学习新鲜事物的时候，总情不自禁地把它与之前已经知道的相结合。假如NLP仅仅是你已经知道的某个事物的另外一个名字，它就好解释多了，而且也没有什么新鲜内容去了解了。然而，NLP的确是新事物，一个观察人类大脑与行为的新方法。NLP提出新的问题，从而激发出新的答案。NLP创造了新的假设，从而产生了新的可能性。为了有效研究人类成功的模式，NLP预设条件或法则假定为正确——并不在于它们已经被证明，而是因为当它们在大脑中运行之时，它们赋予了人们关于选择与机遇的更为广阔的自由空间。在接下来的章节里，我们会更细致、更深入地阐述每一个法则。现在，让我们看看，运用其中的几个法则是如何引导出创造变革的崭新而丰富的方法的。

## 地图、思维、情绪和改变

NLP预设条件的第一个是：地图不是领土。这个说法来自波兰数学家阿尔弗雷德·科日布斯基。他曾经多次指出，一张道路地图或者饭店菜单能帮助你找到城市道路或者选择美食，但是他们与你实际走的道路或者端到餐桌之上的主菜有着本质的不同。你会发现这条原则每天都在发挥作用，例如人们驾车去上班的时候，每个驾驶者会查看道路地图，尝试不同的线路，然后选择从家到公司往返的最佳线路。从此，大多数人都会每天驾驶同样的线路。在此期间，也许有新的连线或者支路建成通车。除非驾驶人花时间更新其“思维”地图，否则地图与实际情况之间必然存在偏差。这本来并没有任何妨碍，直到有一天工人们开始在上班的老路上进行道路改造工程。交通拥堵起来，因为用旧地图开车的司机从思维睡眠中惊醒，发现他们无路可走，而且也不清楚其他可选的道路情况。与此同时，使用新的或者更完整地图的司机，有着更多可选择的线路，已经从老路上退出，行驶在新的道路上了。

体会这条原则的另一个方法就是直接进行体验。花几分钟在下面的练习上。记住，你越能够投入其中，效果就会越好。

在生命之中，我们都曾经有过那么些不如意之处。后来再回想的时候发现，并不像当时的情形那么“严重”。人们于是常说“是时间改变了”。但是改变他们的其实并非时间的长度，而是他们是如何被留存在记忆中的。在完成“电影音乐”练习之后，你的这次体验的地图、思维密码会因为你有意识的改变而发生变化。懂得其中方法意味着你无须被动地等待情绪发生变化。你现在就可以改变。

## 【练习一】电影音乐[②]

在练习中，你将学会如何改变不愉快的回忆。这个技巧适用于日常生活里的中低程度问题。

1. 观看问题情景的电影。开始想一个每天遇到的困难情况。比如，回忆一次你失望或尴尬的情形，你感觉不是很好的时候。选择过去经历的一个具体的真实情形。当你想到这个具体情景，留意进入你大脑中的图像与声音。像观看电影一样让这件事呈现在你面前。完成之后，注意你现在的情绪如何。

2. 选择主题音乐。然后，选择一段和你看电影过程中产生的情绪不相匹配的“主题音乐”。你的记忆可能是严肃而沉重的。那么就选择轻松欢快的音乐，例如马戏音乐或者动画音乐。有人选择欢乐的舞蹈音乐，有人喜欢富有戏剧性的古典乐或歌剧，比如《威廉泰尔序曲》——著名的《游侠传奇》的主题曲。

3. 在配乐中重新播放电影。选择好音乐后，重新观看电影时在大脑中大声地、愉快地播放音乐。让音乐自始至终贯穿播放。

4. 检查成果。现在，把电影回放到开头。在没有音乐的情况下，播放电影并注意你的反应。你的情绪是否已经变化了？对很多人来说，这个情景变得滑稽和幽默起来。另外一些人，他们的不愉快情绪大幅降低，或者至少被中和了。如果你对自己的情绪仍然感到不那么满意，尝试为你的电影配上不同类型的主题音乐，直到你找到对自己最合适的。

这种变化证明了地图不是领土。刚刚你改变了自己的思维地图，更新并为自己提供了更多可选择的线路。这种变化同样是另外一个NLP预设条件的验证，即体验是结构化的。在练习之前，你的记忆结构或模式里包含了一个严肃的场景并附着有沉重的情绪。当你加入不匹配的电影音乐之后，你改变了最初的结构，而附着的情绪也不得不随之变化。

在进入下一个练习之前，把练习一运用到至少三个以上的不愉快体验上。实验使用不同类型的主题音乐，找到对不同的体验最合适的音乐。

现在，回忆一个被改变的记忆。你会发现有了不同的和更足智多谋的感觉。在这种新的情绪中，你立刻开始思考如果这种情形再次发生，你可以怎么说、怎么做得更好。新的情绪常常是打开你的应对困难的创造力的强大途径。这里还有一个方法可以帮你做到更多。

## 【练习二】

1. 想一个问题情景。另外想一个令你苦恼的经历，或每天面对的困难。如果你想到的是那些生活中反复出现的情景和情绪，NLP所带来的改变就能越快透射进你的生活。假如第一次练习中你的负面情绪还没有完全消除，或改变成你所希望的程度，这里你可以再次使用那个情景。

2. 看到快照中的自己。就像看电影一样，快速浏览你记忆中的这一事件。不过这次选取一个最能象征整个经验的瞬间，就像电影中的一帧画面。当你注视画面的时候，注意就如同你在看你自己，当年那个年轻的你。你注视着那个情景之中的你自己的一幅快照。如果感到困难，那就用思维的眼睛开始拉远，让你能够看到越来越多的景象，直到你看到自己，年轻的自己，穿着那时你穿的衣服。你就像一个旁观者，看到当时的情景。

3. 加入图片框。在大脑中保留那幅图片，想想你希望为这幅快照配什么类型的相框。你喜欢方形的还是圆形的？或者是椭圆的？相框的宽度有多少，什么颜色？也许你喜欢现代的钢材相框，或者是金色的、有卷曲装饰物和鸽子造型的。当你选定相框之后，再加入一注灯束。

4. 制作成一幅油画或照片。你如何把图片转化成更富艺术感的形式？你也许希望它看起来像是安塞尔·亚当斯所拍摄的作品，又或者是一位著名画家的风格，仿佛出自雷诺阿或凡·高之手。现在，拿着你裱装完成的记忆时刻，把它和你心目中的私人画廊的其他图片挂在一起。

5. 检查成果。花些时间清理你的思维……呼吸。现在，想想那个经常困扰你的事件。你的情绪可能已经发生了变化。如果还没有，重复这个练习，使用不同的相框和其他绘画或摄影风格，直到你对自己的情绪改变感到满意。

一些人立刻就想知道这些变化会持续多久的时间。现在就检查一下。一小时之后再次检查。在你的记事簿或日历上预约下周或者下个月再检查。你会发现，你的思维保持在改变后的状态。原因是你使用的方法正是大脑解码信息的方法。你还可以在任何希望的时候决定进一步改变。

记得你并没有强制去改变。你并没有花几周的时间重复自己的宣言。你也没有运用意志力。其实，你运用了符合大脑设计原理的方法。你开始学会了一些NLP思维解码……思维、情绪、行为和信念的构件。

现在看来，些许遗憾的那件事，在几分钟前还是心中的伤心往事。而现在，它已经被永久性地转变了。今后，当你每次再想起这件事的时候，自然而然你会感到更从容智慧地去应对。如今，你已经掌握了快速转化负面记忆，摆脱其困扰的技术。你可以把刚才的练习内容应用于更多的记忆中。试试各种不同类型的画框和艺术视角。

其实，我们一直都会改变我们的内在图像和声音，将其加以修饰，和其他记忆整合起来。只是，我们通常是在不经意中偶然为之。在NLP之前，还没有人知道如何系统性地运用这种能力去改善我们的感觉、思维和我们的生活质量。

当下，有一件事或旧的回忆困扰你之时，你可以让自己拥有新的视角，不是通过发愿期许，而是通过有意识地采取行动改变你无意识的思考这件事的方式。通过观看配有轻松欢快音乐的记忆电影，把它变成画框，或制作成艺术图画，你就可以为它带入崭新的积极色彩了。你能够使用NLP以相同的方式处理你所有的困境，以富有创意的思维，成功面对生活的种种挑战。

## 导师与成就模型

对于发现历史上许多人曾经使用NLP的预设条件从而取得了伟大的成就，我们毫不惊奇。奥斯卡获得者安东尼·霍普金斯，把他的事业归功于追随了威尔士人理查德·伯顿。那时，他只有15岁。“他对我的生命有极大的影响。”霍普金斯说，“当时，他离开后就从事了影视演员的工作。于是我想，‘天啊，我也要这么做。’[③]”美国总统比尔·克林顿在16岁时见到肯尼迪总统的故事，与此如出一辙。在商业界，模仿一位业界领袖的做法久负盛名，被称为“导师制”。许多年轻经理人跑出去购买成功领袖们的同款西装、领带，甚至饮料，只是为了体会一下成为那个人的感觉。有些人甚至去讲同样的笑话，模仿他们的姿势和说话方式。所有这些努力都是为了“深入那位高人的内在”，发掘到底是什么让他（她）成功。这位“高人”常常会讲述他们经历的磨难，提供行动和学习的方法、建议。

如果你还记得两个基础的NLP预设条件——地图不是实景和体验是结构化的，站在某人的视角看事情会带来全新的丰富含义。不是复制穿着或模仿姿势，而是努力发现成功者的内在思维地图。不是仅仅学习成功者学过的东西，而是感知他们是如何领会其中的。既然体验有其结构，这种结构可以是成功者实际的和具体的思维地图，也是可以被发现、被复制、加以应用和传递给他人的。

NLP的预设条件：如果有人能够做到，那么其他人也可以学会。这是NLP最令人兴奋的特点之一。这意味着激励、说服、自信、自尊、决策力、创造力等都是你可以学会的技巧，就如同你学会驾驶汽车、使用电脑、滑雪或打网球一样。成功是有结构的。当你学会了世界上最伟大的成功者们的那些成就元素之后，你便可以自己创造出类似的伟大成就。

## 人们拥有所需要的全部资源

你可能认为一些人更聪明，或本来就更快乐，或比其他人更有天赋，他们有更多的天然资源，或者他们是生命里的抢跑者。也许是的。毫无疑问，有些人完美地匹配了他们的内在资源与外部世界的机遇，例如罗斯安妮·阿诺德的个性与他的电视角色、迈克尔·乔丹与篮球、埃里克·克拉普顿与吉他等。我们认为，这些人淋漓尽致地发挥了他们的才华从而取得了成功。如果我们仔细分析他们的才华就知道，每一项才华都可以分解为图像、声音、身体运动技巧和感觉。

回忆之前做过的两个练习。在练习一中，你把主题音乐的声音存储在记忆中。你还不知道它在问题情景中的帮助作用，更没想过用那种方法整合起来。然而当你这么做的时候，它就成为促成改变的强大资源。在练习二中，你有了各种各样的画框及油画或摄影的艺术风格。同样，你并没有意识到它们是怎样强大的资源能够与不愉快的记忆相整合。你其实已经拥有这些资源。NLP仅仅是告诉你如何利用它们而已。

每一个景象、声音或情绪，都是某种服务于某件事情的资源。我们的大脑赋予我们天生的能力看到内在景象。它们或模糊或清晰，我们都可以把这些思维电影转化成极富激励性的愿景。每个人都能够听到内在的声音。例如，我们可以运用思维的耳朵听到我们自己的内在声音，以及我们所熟悉的人的声音——朋友、老师或父母。有人把这个能力运用于自我批评，然而积极的内在声音能够让我们充满自信。对我们而言，它就像一位富有魅力的演说家和激励大师。在NLP的世界，才能与内在资源有本质的区别。所谓“才能”是一系列资源经过整合、排序和练习，成为一种自动自发的技巧。我们每一位都有机会把内在资源开发成为才能，从而在我们所钟爱的领域取得杰出成就。NLP可以告诉我们如何实现。

内在景象或声音能成为一种资源。下一个练习叫作“成功环”，我们准备请你回忆你拥有强烈的内在自信的某个时刻。选择一个强烈、鲜明的记忆，一个你愿意重温的时刻。通过栩栩如生地回忆那个自信的时刻，你可以把这段过去的体验引发为内部资源。然后，我们会告诉你如何建立一个特殊的记忆激发器，这样无论何时你需要，你都可以重温自信的时刻。

在NLP Comprehensive，我们经常试行你的技术和可能性来获得更全面的改变。因为之前从未做过，我们知道首次尝试总是不会完美。我们用一句谚语鼓励自己：值得去做的事情，也值得做错……尤其是第一次的时候。如果你没有完成或只是部分成功地完成这个练习，试着再走一遍，留意每一个步骤。时机是非常重要的，另外就是全神贯注于这个练习。

## 【练习三】成功环

在最需要的时候，假如你拥有了更多自信，你可以取得怎样的成果？如果把过去的积极情绪，从已经发生的过去转移到你生命中任何需要它们的时候，你选择哪些你愿意重温的记忆，“成功环”练习正是此目的。

1. 重温自信。站起来，让自己回到记忆里你非常自信、超级自信的时刻。重温那个时刻，看到你当时的所见，听到你当时所闻。

2. 成功环。当你感受到内在建立起来的自信时，想象在你脚周围的地板上有一个彩色的圆环。你希望圆环是什么颜色？你愿不愿意加入一点柔和的嗡嗡声，以显示这个圆环的强大威力？当你感受到自信已经达到最高程度，迈出那个圆环，把那些自信的感觉留在环内。这个要求有点不太寻常，但你可以做到。

3. 选择线索。现在想象未来的某个时刻，那时你特别希望获得同样的自信感。就在你希望感到自信之前，你看到和听到些什么？可能的线索，比如：你老板的办公室大门，你的办公电话或听到别人正在介绍你上台演讲。

4. 链接。一旦你大脑中清晰地找到那个线索，进入圆环，重新感受自信。想象未来的那个场景在你面前铺展开来，而你周身充满这种自信的感觉。

5. 检查结果。现在再次走出圆环，把自信的感觉留在环内。在环外，花些时间想一想即将发生的事情。你会发现你会自发地召回那些自信的感觉。这意味着你已经为将来的情景完成了预编程序。尽管事情还没有发生，你却已经感觉良好。当事情真正来临时，你将发现很自然地，自己会更加自信地应对。

步骤1中，你必须做到充分地再次体验那段经历，这样感触才会更强烈。假装自己回到当时，就那样站着或坐着，保持同样的姿势。

步骤2中，你需花时间描绘只属于自己的“成功环”图像，然后与步骤1的自信感觉附着在一起。有时需要进进出出“成功环”几次，直到你能够确认这个图像已成为积极情绪的触发器。

步骤3中，你需要确认你所选的线索的确是你在召唤自信情绪之前你会留意到的事物。如果线索姗姗来迟，你的自信情绪还没来得及触发，你的糟糕情绪就会先出现。纠正过来并不困难。寻找更早一些的线索加以利用。

步骤4中，一旦你留意到那些线索，就立刻步入环中。这样，积极情绪可以在你实际需要之前就被触发，而暗示麻烦情况的线索就和你的“成功环”关联起来了。

步骤5检查是否你已经建立了牢固的关联。如果是，这些线索就会自动引出“成功环”中的积极情绪；否则，退回去重新加强关联。

运用NLP是你在采取积极主动的过程。你决定着自己愿意如何应对生命中的各种事件。在这个案例中，你把过去经历的自信感觉附着到将来发生的情景中，而这种吓人的情景过去曾经发生。这个流程可以运用到未来各种各样的事件上，伴随你所希望的各种不同的情绪。此外，“成功环”并非仅针对麻烦问题。你也可以用它进一步改进你已经做得不错的方面。

我们假设你发表的演讲已经是系统完整、结构良好，但是有时候得到的反馈说仍然略显枯燥。你这时已经不需要更多自信，而是加入诙谐、幽默、生动，让你的演讲更精彩。使用“成功环”不仅可以消除麻烦，还可以创造更多成功。

只要你曾经拥有过一种资源，哪怕仅仅是转瞬之间，你就可以永远拥有。通过“成功环”，你能够选择以何种方式、何种时间运用这项资源。无论何时，你都可以选择你如何去感受与如何去应对。你能够选择有目的的生活。你的确拥有你所想及所需的所有内在资源。

## 如果现在的做法无效，就改变方法

明明有那么多不好的事情，我们怎么能够说人拥有所需的全部资源呢？当方法不对时，大多数人继续反复使用错误的方法，而且是更努力、更辛苦地去做。但是记住，我们所有的局限都来自我们的思维地图，而非客观世界。如果你想看到同样的风景，就继续走同样的道路。但是如果你希望要不同的结果，就必须采用不同的方法。只是检视你为什么没有达到目的，或为什么你就达到了目的，是没有用的。无论你提出多少个为什么或理由，你其实仍然在遵循旧的路线。你应该做的是，关注你是如何达到或错失你的生活目标的。利用NLP，你能改善和丰富你的思维地图，发现失败与成功、普通与卓越、达成与圆满之间的鸿沟所在。

## NLP简史

NLP的历史是一段关于不可思议的合作关系，创造出意想不到的协同效应，最终改变了历史的故事。在20世纪70年代初期，未来的NLP奠基者理查·班德勒还是在圣克鲁兹的加利福尼亚大学读书的数学系学生。起初，他把所有时间都花在了计算机科学上。他的一位家族世交的朋友认识许多那个年代富有创新意识的治疗医师，受这位朋友的激发，后来他决定投身心理学。班德勒仔细研究了多位知名的治疗医师，发现通过完全模仿他们的个人行为模式，他同样可以取得非常类似的治疗成效。这个发现奠定了NLP的突破性方法之基础，被称为“人类成功模型”。后来，他遇到了NLP的另一位创始人约翰·葛瑞德博士，一位语言学副教授。约翰·葛瑞德有着与班德勒类似的独特的职业生涯。20世纪60年代他在美国驻欧洲特种部队以及后来在欧洲从事情报工作的经验磨砺了他快速吸收不同语言、模仿语言口音和不同文化下行为方式的能力。约翰对于心理学的兴趣与语言学的基础目标很一致——破译思维与行动背后的隐秘语法。

发现了他们共同的兴趣后，于是他们决定联合各自的计算机科学和语言学技能，以及他们复制非言语行为的能力，开发一种崭新的“变革语言”。

起初，在每个星期二晚上，理查·班德勒会组织一个由学生和当地人士参加的完形治疗小组聚会。在聚会上，他效仿了完形治疗那独树一帜的创始人：德国精神病学家弗里茨·皮尔斯。为了模仿皮尔斯博士，班德勒甚至同样蓄起了胡须，一支接一支地抽烟，还带着德语腔调讲英文。在每个星期四晚上，葛瑞德会组织另外一个小组，研究他在周二的聚会上听到和观察到的班德勒所使用的皮尔斯博士的言语和非言语模式。他们开始系统地剔除其中无相关意义的行为片段（比如德语口音、抽烟），直到发现皮尔斯使用的技术本质——使皮尔斯区别于其他普通治疗医师的特点。就这样，他们开始了

“人类成功模型”的研究。

受到成功的鼓舞，他们继续研究家庭治疗理论的伟大奠基人弗吉尼亚·萨提亚，以及首屈一指的哲学家、系统思想家格雷戈里·贝特森。班德勒集合了他早期在硕士论文中的研究发现，后来出版了《神奇的结构》[②]第一册。班德勒和葛瑞德依然成为团队伙伴，他们的研究进行得如火如荼。

他们与当时蓬勃发展的其他加利福尼亚学校的心理学思想研究不同的，乃是他们对变革本质的探索。班德勒和葛瑞德开始研究身陷困境的人群，他们注意到每一位恐惧症患者只要一想起他们害怕的事物，就仿佛那件事情当下正在发生似的。而当他们研究恐惧症已经被治愈的那些人，他们现在回想令他们害怕的事物时，好像他们在看别人身上发生的事情——这与远距离观看云霄飞车很类似。有了这个简单却意义深远的发现后，班德勒和葛瑞德决定系统地教导恐惧症患者尝试远距离观察恐怖的事情正在别人身上发生。结果，他们的恐惧情绪立刻就消失了。如此，NLP的一项根本性发现诞生了。人们如何感受某件事物，在根本上取决于他们如何体验这件事。

随着他们在最伟大的变革大师身上寻求变革的本质，班德勒和葛瑞德也在审视：哪些改变最先发生？改变最重要的是什么？在哪里开始最重要的改变？他们的能力和名声很快帮助他们认识了一些当时世界上最成功的人士，包括弥尔顿·艾瑞克森博士，美国临床催眠学会创始人，他倍受赞誉，是首屈一指的临床治疗师。

艾瑞克森博士是与班德勒和葛瑞德一样的原创者。这个20世纪20年代出生于威斯康星州一个农场里的小男孩，在18岁的时候不幸患上小儿麻痹症。由于无法呼吸，他必须使用铁肺（德林氏人工呼吸器），在家里的厨房里躺了一年多时间。这对于其他人来说简直就如同坐牢，艾瑞克森却迷上了人类行为的研究，每天观察家人和朋友们是如何有意识和无意识地进行互动的。就这样不断地磨砺观察力与语言技能，他做出一番评论后常常让周围的人反应片刻才恍然大悟。

当他恢复到可以脱离铁肺后，他通过观察姗姗学步的小妹妹教会自己如何走路。在他还离不开拐杖的时候，他完成了驾独木舟横穿美国之旅，然后他去大学读书，最终获得药学学位，以及后来的心理学学位。他早期的经历与个人磨炼，使他敏锐地意识到语言与行为的潜移默化的影响。在学习药学时，他开始对催眠感兴趣，他的研究远没有止步于使用钟摆和单调的语音使人入眠。他留意到，当病人的脑海中有思绪和情绪飘过时，他们会短暂地进入出神状态，而这恰恰可以应用于催眠引导。后来他成为知名的间接催眠大师，仅通过讲故事的方法就可以把人引入深度出神状态。

到20世纪70年代，艾瑞克森博士已经成为闻名遐迩的专业医师，甚至是多本著作的研究对象。然而，他的学生却很少能够复制他的成就。艾瑞克森博士常常被称为“受伤的治疗师”，因为他的同事们都认为正是他的个人磨难让他成为世界闻名的治疗大师的。

当理查·班德勒打电话求见的时候，恰好是艾瑞克森博士亲自接电话。尽管班德勒和葛瑞德得到了格雷戈里·贝特森的引荐，艾瑞克森还是回答说自己太忙。班德勒回答道，“艾瑞克森博士，懂得如何创造时间。”并把重音放在“艾瑞克森博士”和后面的两个词上面。艾瑞克森的回答是，“过来吧，随时。”也同样强调了后两个词。尽管班德勒和葛瑞德缺乏心理学专业资质是艾瑞克森博士心中最大的阻碍，他还是被激发了兴趣，也许这两位年轻人能够超出其他人而有所洞见。毕竟，其中一个人在跟他对话时使用了他在催眠语言中的一个方法，被称为嵌入命令。通过强调“艾瑞克森博士，创造时间”，他在一个长对话中创造了一个独立的短句，产生了催眠命令的效果。

于是，班德勒和葛瑞德拜访了艾瑞克森博士位于亚利桑那州凤凰城的家庭办公室，得以运用他们最新开发的建模方法研究这位催眠大师。艾瑞克森博士传奇般的催眠术与班德勒和葛瑞德的建模技术完美结合，诞生出一项新的治疗技术，他们已然摸索出洞悉并复制人类成功的方法。

在此期间，班德勒和葛瑞德的大学课程及夜间兴趣小组吸引了源源不断的学生，他们迫切地想学习这个关于变革的新技术。这些人中有一些人多年后也在各自的领域颇有建树，例如莱斯利·卡梅隆–班德勒、茱迪芙·迪露西亚、罗伯特·迪尔茨和大卫·戈登。随着口碑相传，这项沟通与变革的新技术开始闻名全国。当时著名的完形治疗师史蒂夫·安德鲁斯甚至放下自己的工作，开始研究他们的新技术。他立刻断定NLP是一项重大突破。他与妻子（也是他的研究伙伴）录制了班德勒和葛瑞德的讲学课程，并出版成书。NLP第一本畅销书《青蛙变王子》就这样产生了。1979年，一篇全面介绍NLP的文章出现在《今日心理学》杂志上，题为“读人之人”。NLP发展壮大起来。

今天，NLP是许多沟通与变革方法的核心内容。得益于安东尼·罗宾、约翰·布拉德肖等人的广泛传播，NLP的部分内容被融入销售培训、沟通演讲会、教室培训和对话技术中。当人们谈论人类成功模型、进入状态、建立和谐、创造激动人心的前景或者如何“视觉化”等时，他们正是在运用NLP的一些概念。我们乐见NLP被广泛认可。问题是一知半解往往是危险的事情，有时甚至被完全曲解。知道人类成功模型与有能力加以运用不可同日而语。对NLP的一知半解无法让你完全掌握其中的奥妙。这正是我们编写本书的目的。

## 回顾你学到了什么

NLP是研究人类成功的学问。其过程在于模仿成功者们的思想、行动与情绪的思维模式。NLP的开发者们掌握了如何简练、便捷地重塑内在体验的方法。这些源自NLP的基础原则，也是神经语言程序的核心：

- 地图不是领土
- 体验是结构化的
- 如果有人能够做到，那么其他人也可以学会
- 思维与身体是同一系统的不同部分
- 人们拥有所需要的全部资源
- 你无法不沟通
- 沟通的意义在于你所获得的回应
- 每一个行为背后都有一个正向动机
- 人们做出的选择永远是最佳的
- 如果现在的做法无效，就改变方法

一旦我们理解了如何建立和保持内在思维和情绪状态，我们就很容易教会他人，或是用我们找到的更好的状态，易旧为新。在本章，你已经学会了如何做到：

- 脱离你的负面体验，关联积极体验
- 强化或弱化一幅内在思维图片的意义
- 把思想导向你希望去的地方，而非相反
- 通过电影音乐和图片框技术，抵销与过去事件相关的负面情绪
- 为你创造更丰富的资源，让你自己的成功环出现在将来需要的任何时间和地点

在内心深处，我们都是梦想家。我们都有需求、梦想和欲望，这对我们

而言非常自然。它是我们的一部分，深藏于骨子里，它使我们人类走出岩洞和窝棚去探索月球。我们做梦并苛求圆梦，我们渴求探索实现梦想的途径。

来自阿拉伯的劳伦斯在他的备忘录里写道："所有人都做梦，但是梦又有不同。黑夜中睡梦联翩的人白天醒来后一切消逝如烟，而那些白日做梦的人是危险的家伙，因为他们睁着眼睛做梦，想尽办法实现梦想。"

你未曾意识到，你的电话机、电视、CD播放器、洗碗机、电冰箱、微波炉，乃至马桶和淋浴器，它们都源于某个人的梦想。他们改变了我们的世界和生活。当你希望实现哪怕一个小梦想时，你都在做出改变。你在挑战现状和思维习惯——"现在的一切都很好。"为你的生命注入新鲜事物，意味着你颠覆传统，动摇常识。你要求自己与他人有所不同。

帮助他人适应你的梦想与变革的方法之一，就是邀请他们加入。你的爱人、同事和家庭会看到你的变化，而且很可能希望加入其中。他们也许会对主动向你提起请求感到害羞或为难。但当他们也身在其中时，同样会期望变化得以持续。当人们在生活中选择余地更多时，他们也可以更包容他人的多样性。NLP是与他人一起分享和实践的科学，而非改变他人。

NLP创造环境实现你的优雅转变。当你运用NLP，你的生活得以改变。当你通过NLP攻克了你最初的问题，你就能将身心投入到激发新的机遇、探索新的征程上。NLP的意义远非只是达成目的的手段而已，它助你有意义地生活，投身于创造你真正梦想的世界。

# 第三章

## 激　发　动　力

我们身外的和我们眼前的，
与我们内心之中的相比，都微不足道。
——爱默生

## 激发动力的重要性

激励大师、畅销书作者安东尼·罗宾说："激励人们成功不外乎两件事情：灵感和绝望感。"

灵感的例子如埃德温·兰德博士的故事，他是即时摄影的发明人和宝丽来公司的创始人。他的小女希望立刻就能看到她自己的照片，于是问爸爸为什么冲洗照片要花费那么久的时间。这激发兰德发明了能够立刻冲洗的胶片。类似的故事是微软公司创始人比尔·盖茨与保罗·艾伦看到了《大众机械》杂志上的个人电脑广告后，预见了电脑行业的未来。比尔甚至打电话告诉母亲，接下来六个月他可能没空再打电话给她，因为他在为IBM编写计算机程序。我们现在都知道，那个程序就是MS-DOS系统。

而绝望成为激励因素的例子可以从安东尼·罗宾开始。安东尼做过吸尘器销售和医疗项目研讨会负责人，他曾经获得丰厚的财务收入，却很快挥霍一空。在洛杉矶威尼斯海滩37平方米的房间里，有一天当他在清洗碗碟的时候，他忽然发现自己的生活何其沦落。正是对目前生活感到不是滋味，令他决意改变，去参加NLP的培训课程，转变他的生活。另一个绝望的激励来自奥斯卡金像奖获得者：女演员谢尔。在她40岁之际，回顾自己毫无建树的生活，她毅然决然地做出改变。无论是科学家、演员、运动员或商业领袖，积极的灵感和负面的绝望感所激发的动力极大地改变了他们的人生。

然而，为何人们在激励自己的时候感觉困难重重呢？成功、业绩和实现伟大梦想的满足感是如此富有吸引力和不可抗拒的魅力，激发人们的动力应该易如反掌。对许多人而言，迈出第一步是最大的障碍所在。成功者们总说成功需要激励，但他们是如何激励的呢？激励绝非明星运动员和激励演说家的专享秘密配方。其实，它是你可以学习运用的一种简单的思维策略，在你需要时随时可以做到。

生命中的某些时候我们渴望被激励。而有些时刻，我们并不想被激励。这听起来不太合理。你回忆一下有些事情你很有动力去做，却实在不应该做。比如你想再多吃些巧克力？或第三块比萨？或是再血拼一些你不那么需要的东西？这些时候你更需要的是拖延策略。换句话说，有时我们不想做某件事，同时却想完成它。这时我们需要一个激励策略。我们需要结果，但对完成的过程没有兴趣。例如，想想洗衣服、支付账单或丢垃圾，你一点也不享受做这些事情，但你的确希望这些都被搞定。老板需要中午前看到你的报告，报告主题对你而言味同嚼蜡——你毫无做报告的动力，但你需要完成报告。我们都知道要勤于锻炼身体，但锻炼过程大汗淋漓、肌肉酸痛、痛苦而耗时，我们只想得到结果。我们并不想进入做某件事情的过程——我们需要的是结束之后的结果。这时，我们需要激励策略，这就是NLP的作用所在。

## 动力如何起作用？

每个人都有自己不同的动力风格。你可以通过每天起床的过程发现你的风格。当清晨闹铃响起，你对自己咕哝道：“不，我再睡一会儿。”然后按下小睡按钮？当闹铃再次响起，脑海中的声音说：“该起床了？”你的大脑中开始出现你匆匆忙忙穿衣服，早餐也来不及吃的画面。可是床是如此温暖，被褥舒适极了。你想道，“没关系。我就穿昨天的衣服好了。谁稀罕早餐呐？”于是，你再次按了小睡键。

几分钟过去，闹铃又响了。这一次，脑海里的声音说：“你必须起床，不然迟到了就真的有大麻烦啦！”这一次，大脑里的画面是你上班迟到，不得不向老板解释的样子。不过，你觉得自己上班路上可以把车开快一点。所以，还是继续睡吧。

于是，闹钟再次响起，有个声音大声说：“该起床啦！必须起床！”你的大脑开始播放画面：客户等得不耐烦了，威胁随时走人。你的老板在冲你怒吼尖叫，马上要炒你鱿鱼。随着脑海中的画面越来越大，越来越明亮，越来越逼近，声音越来越大，你只好说，“好吧，好吧。这就起床。”你终于有动力了。你通过产生你不希望看到的情景，让自己采取行动。

还有另外一种类型的激励。当你在旅游胜地醒来，意识到自己在度假中。睁开眼睛，你开始考虑今天都要干些什么。脑海中浮现的生动多彩的快乐画面就像巨大的磁石把你从床上吸了起来。唯一的疑问是：“我先做哪件事好呢？”起不起床的问题，你压根儿就没有考虑过。

与之类似，在上班的清晨醒来，你想到当天要做的重要事情。你想着这些事情是如何引导你达成你所希望的乐趣、成就感、能力和自信心。你看到自己做事情，并引导你获得回报的画面。你看到今天如何连接着明天，指向生命中你真正追求的事情。

## 发现你的动力方向

NLP发现有两种类型的动力，应用的情景和结果均有不同。这两种关键的动力因素在NLP中被称作动力方向。这种方向或者是趋向于我们想要的，或者是远离我们所不希望的。动力方向是影响我们一生的思维程序。在生理学或物理学层面，每个人都发展出远离或趋向两种动力：远离痛苦、不适和压力；趋向快乐、舒适和娱乐。两种激励方法迥异，也运用在不同情景中。毕竟，总有那些危险的地方、伤害性的行为和负面思维，我们需要远离它们；也有美好的地方、良师益友和积极思考值得我们追随。每个人都可以在某种程度上运用这两种动力方向。而有趣的是，每个人往往更趋向于其中一种。我们的动力或是追求成功、快乐和收获，或是逃离失败、痛苦和失落。

NLP的研究发现，人们会倾向于在非常不同的情景下使用相同的思维动力程序。例如，如果一个人早上不肯起床直到脑海中看到老板在怒吼威胁炒掉他的图像——他的动力方向就是远离痛苦、不适和老板威胁下的消极后果。在生活的其他许多方面，很可能他会采用同样的动力方向。也许他只有在感到不舒服时，才会决定休息一下。在交朋友的时候，他可能选择不会打扰他的人。他只有现在的工作没得做了，才会考虑职业发展。他远离那些他不喜欢的事物。

另外的动力方向是趋向你所喜欢的：快乐、奖励和目标。例如，早上醒来就迫不及待地起床去追随梦想的人。他会问，“我今天能做些什么呢？今天有什么机遇让我可以离我的梦想再进一步？”在决定最佳休息时间的时候，他运用同样的动力方向——这样他就可以和一位朋友聊聊天，或者作为完成任务的一个奖励。交朋友的时候，他选择那些激发灵感的人。他为了更好的机遇而选择跳槽。他追随他所想要的。

乍一看，如果两两比较，似乎趋向的动力理所当然更有吸引力。拥有趋向动力的人会说，“有更好的生活方式。想象一下你所想要的，去追逐吧！”但是请思考一下，当房间里的温度让人不舒服的时候，你需要做些什么去调整室温。当有人满口谎言、含沙射影时，你要采取应对行动。这些都是远离的动力策略在起作用。如果你是一位成功的商人，可能你童年的贫困记忆正是你成功的动因之一。如果过去的艰难岁月激发你现在为更好的生活而拼搏，你正是恰当有效地运用了你的远离动力策略。

趋向动力带来的好处更加显而易见。我们的社会弘扬人们追求目标与成就。浏览当地报纸上的招聘广告，所有都是在寻找自我激励、有企图心、有前瞻思维的自我激励者——如果换个词，正是那些趋向动力的人。对于趋向动力的人才的需求使许多求职者伪装成不真实的自己。这种做法害人害己。我们研究了两种动力方向的优势，发现趋向型更加目标导向，而远离型更侧重发现和解决问题。

## 动力方向的作用

两种动力类型各有优势与劣势。例如，有时一些人过于追逐目标反而忽略了可能招致的麻烦或一路将遇到的困难。这种“一脚油门踩到底”的心态是年轻企业家身上的通性，结果是他们必须“交足学费”，栽几个大跟头才意识到规避困难的重要性。他们要么自己亲自动手，或者请人帮忙解决。另外一个极端是，一些人如果是过度的远离动力类型，他们会因为恐惧而拒绝尝试任何其他方向。他们会非常投入地痴迷于解决问题，而忘记了他们这么做的初始目的。

读到这里，你可能开始思考自己的动力类型，希望自己是趋向型。记住，任何一种类型都可能获得巨大的成功。趋向型动力在许多成功者身上体现，而略显暗淡的远离动力类型其实同样能助你功成名就。

马丁·茨威格是备受推崇的股票预测师，管理着超过10亿美元的资产。他关于股票的著述为全世界的投资人所熟知。茨威格博士运用远离动力策略最小化自己的损失。在股票市场上，他如果觉察到“痛苦”就会离场。他设定了红线并严格遵守，造就了他的巨大财富。

茨威格博士极为有效的动力策略有三大关键点，是所有使用远离动力方向的人都必须明白的。第一，当有人远离某事时，因为他们感受到了不适、恐惧或痛苦。这些都是行动的强大动机。但是当他们逐渐远离问题，远离痛苦或不适之后，动机就越来越弱。结果是，采用远离动力策略的人会随着“威胁”越来越远而丧失了许多动力——直到问题或威胁再次降临。远离动力常常造成循环往复，可能忽冷忽热——从高动力到没动力，然后又反复。

第二，由于远离动力策略的人采取行动来避免压力、不适或痛苦，导致他们对最终目标的重视不足。“刚出火坑、又入狼窝”恰如其分地描述了只关注问题所带来的后果。他们的注意力放在他们不想怎么样，而不是他们想怎么样。换句话说，他们无法看到他们前进的方向，因为他们总在看着他们离开的地方——这有时被称为“意识贫困”。

第三，远离动力策略的人需要留意他们的焦虑水平和压力水平。他们在有动力采取行动之前往往承受许多痛苦和不快。如果他们在做出反应之前让焦虑或压力水平过高，将会影响他们的健康状况。在有些行业，抗压水平高被视作荣誉勋章，其实本可以在更小的压力之下做出同样的决策。长期在体内积蓄压力的结果，只能是高血压和严重性头痛。

他们本来可以学会更早采取应对措施，这样不适和压力的程度都会更低，就像茨威格博士等高效人士所做的那样。可是，电话铃声响到什么程度你才会接听？椅子令你不舒服到什么地步你才起身离开？这都取决于你的敏感度。成功者训练他们对于人和环境的敏感度，这样他们就可以更具灵活性，有选择地去行动，而不必等到痛苦、不适逼迫他们行动。他们清楚，选择何种动力策略会影响生活的质量。他们懂得在不适程度较小的时机做出反应，然后驱动自己朝向生命中真正想要的，并警惕需要避免的问题与困境。

幸运的是，使用NLP我们可以掌握如何善用远离和趋向动力策略。面对痛苦、压力和不幸，我们有更多的选择。你能够选择以最少的不适与更多的愉悦来获得最大化的动力。

## 经理人如何运用动力方向

既然远离和趋向动力都非常重要，我们可以对它们加以运用，达到有意识地激励自己，也同样用来激励他人。这方面的知识对经理和主管来说尤其有意义。在日常工作中，经理们能够通过言词和反应模式迅速判断不同人员的激励方法。例如，一些人更容易被奖品、奖励和表扬所激励。他们为了获得巴哈马旅游、一辆新座驾或有威信的上级的嘉奖，从而兢兢业业的工作。他们大谈目标和目的，告诉你他们期望获得、争取和实现的内容。对于这些人，高效经理运用趋向激励因子：目标、额外奖励和报酬。

对于远离动力类型的人，同样的奖励和报酬几无意义。作为经理，你可能自问，“我拿出了所有奖励，他们却坐在那里无动于衷。”你沮丧地冲他们叫嚷，“再不干活，就滚出去！”你也可能换一种轻松而严肃的语气，表达自己对于可能的裁员的担忧心情。忽然，他们开始发疯一样地工作，产量屡创新高。如果你是一位富有洞察力的经理，你就会意识到，“噢……这些人是远离动力类型的。他们的动力源于躲避任何不舒服和负面情形。”为了避免被训斥，释放他们的不适感，他们就会努力工作。

为了避免这听起来似是而非的老话："孩子不打不成器""没有痛苦就没有收获"，我们需要补充说明，持续的通过有预谋的悲痛或不适感刺激会令他们变得反应迟钝——就像狂欢节上的旋转木马一圈又一圈。还有一种危险情况就是逼得太过分。这两种情绪会令他们脱离整个环境，只要可能就会离开公司；如果不能离开，精神上也是貌合神离。

远离动力方向的更大益处在于远离问题。他们中的大多数人都是最好的问题解决高手。这也体现于他们的言语之中。他们会跑到你跟前说，"对不起，我们遇到了一个麻烦。"他们一旦发现问题，就必须解决才行。当他们攻克了刁钻的难题，他们感到神清气爽，心里大叫"啊哈""搞定啦"。

另一组趋向动力的人朝着目标前进。你可以听到他们的言语："我的目标是财富、获得认可、创造不同。"当他们取得实实在在的进步，他们体验到情绪上的巅峰时刻，以及内在的肯定。

## 将动力方向运用于制定计划

如果你是一名经理人，你有责任理解两种动力类型来激励你的团队成员。这里介绍一个战略规划模型，用于两种动力类型的团队成员。需要留意，因为他们的动力方向是相反的，如果你不提供指引，他们就会互相争吵不休。

举例来说，你希望你的团队进行团队目标规划。当你开始阐述你的期望时，环顾房间发现那些做出积极回应的成员。那些趋向动力的人会点头表示同意，或者开始急切地在你的领导下加入讨论。对于远离动力的成员，他们会停顿一会儿，然后打断你说，“这不可行”，然后开始罗列各种原因。这时，你表现出尊重和聆听非常重要，然后指出问题解决技巧在接下来的环节会发挥重要作用，但现在谈这些还早了一点。

记住NLP的预设原则：人们永远做出最佳的选择，以及每一个行为背后都有一个正向动机。当你看到团队成员提出反对意见之时，你看到的正是这些预设原则在起作用。他的个人经历和天生的动力方向使他感到，有必要在事情没有发展到更糟糕、更痛苦之前，就指出你和其他团队成员的方法中的错误所在。当你感到他的言论仿佛是在思想的火花星火燎原之际的倾盆大雨，他看到的却是将来失控的熊熊烈火，必须现在就扑灭。他和其他持反对意见的团队成员一样，都有正面意图。他们也是具有团队精神的人，只是现在的时机对他们来说还过早。

作为经理的职责，这时你需要为他们提出一个更好的方案。首先，让梦想家充分发挥。允许“目标控们”描绘他们最伟大的愿景，并讨论其中可能的局限性，而让“问题解决控们”有事可做。你也可以建议一开始就分成两组发挥他们各自的特长：目标和梦想组，问题处理组。在会议室里让两组人马分开坐，趋向动力的团队首先开始设定目标与愿景，这时要求远离动力的团队保持沉默，毫无遗漏地记录下所有的不足之处。

在趋向动力的梦想家完成目标设定后，向他们表示感谢。他们以最大的诚意已经做出最佳方案。接下来告诉他们，对于目标计划中可能存在的缺憾，我们可以等待市场上的竞争对手告诉我们，也可以选择请我们的问题解决小组加入，以进一步完善该计划。

趋向动力团队的任务是制定方向，解决问题的远离动力小组则讨论可能阻碍我们实现宏图的因素——发现问题，找到方案。在工作中运用两种动力方向，也是在顺序进行向上和向下计划。当队员们学会了这个模式，两组人就会建立起互相欣赏的动力风格与思维模式的沟通。这将激发出全部队员的才华与潜力。优秀的公司与经理人能够有效平衡这两种至关重要的动力风格。他们的重要性平分秋色：先趋向，后远离。

## 在沟通中运用动力方向

然而，如果你要给出指令，最好把顺序倒过来。我们每天都有机会给他人指令，可能是简单告诉别人如何打开车库，我们需要的报告怎么写，又或者是在为客户陈述时的结束语那样重要的事情。对我们自己和他人的多年观察发现，人们常常首先说出他们希望的部分，然后再说不希望的部分。例如，“把车库把手一直向右转动，但是不要摇晃，也别向外拉扯。”在办公室里我们也会听到同样的说法，比如一位主管说，“明天给我报告。不需要搞得很完美，这不是给客户的简报。”记得我们在前面章节讨论过负面陈述的影响。我们倾向于（结果也做到了）突出负面陈述的信息。当把负面信息置后，我们的大脑中就会更清晰记得不要去做什么，而不是要做什么。

你或许觉得我们对于小小的措辞大惊小怪，可以听听下面的两种陈述。想象这是出自一位你尊敬的人之口，留意你的感觉或态度有何不同。

“这一次，我们一定要遵照时间和预算完成。不要哗众取宠的宠物项目，也不要最后一分钟临时变卦。好吗？”

“这一次，不要哗众取宠的宠物项目，也不要最后一分钟临时变卦。我们一定要遵照时间和预算完成，好吗？”

大多数人会认为第二种陈述更动人也更积极。关键的区别在于在第一种陈述中，你首先被趋向目标，然后是要避免哪些问题。在第二句，你先被告知需要避免的问题，然后被指向目标。

这种重要的沟通模式存在于我们生活中的各个层面。在1992年的总统辩论会上，时任美国总统的乔治·布什首先阐述了他在任期间为美国所做的贡献，最后提到他未能所及或所犯的错误。尽管我们并非暗示这是造成他总统改选的唯一原因，但是试想他给数百万听众和选民留下的是何种印象和感受。当你对比布什总统与独立候选人罗斯·佩罗两人所使用的语言时，就愈发明显了。如果你回忆的话，佩罗先生并没有回避告诉大家现在的糟糕情况，以及未来会多糟。可是为什么我们会乐意听他的意见？因为他总是最后留给我们一个积极正向的行动宣言。他聪明地说道："美国深陷困境，而我们需要做的就是跳到沟渠里面，打开引擎盖，动手修理好。"他留给选民的印象是如此不同。

尽管你不需要竞选美国总统，但是你会为每天遇到的每个人制造印象。你可以通过运用动力方向的见解优化你要的效果：先否定，再积极。首先说出你不想要的，再说你需要的是什么。有些人坚持，他们从不想说也不会想负面的事情。这很美好，但不现实，因为你将无法给出纠正式反馈。当你谈到你不想要的事物之时，可能是一顿饭、一个会议、一部电影、一张音乐碟片或一个日期，你都在提供纠正性的负面反馈。负面反馈的价值在于，清晰地对比你不需要和需要的差异。先后排序的方法会帮助你达成需要的目标。

我们遇到的大多数人使用远离动力多过趋向动力。如果你也是其中之一，在你的自我沟通中增加这种新的顺序会带来巨大的改变。在通常的牢骚意见之后，有意加入积极的目标，在每次思考后都导向你想要的目标，从而令你的状态更和谐。

如果你是天生的趋向动力方向，学会这种沟通模式会极大改善你与大多数人的沟通效果。既然多数人的动力源于他们不想要的是什么，当你与他们沟通时你可以先从那里开始，然后协助他们找到趋向型的目标。

## 强大价值观的影响力

到目前为止，你已经清楚理解了什么是动力方向及人们受到它的激励。人们还有一个动力来源的增压器，那就是他们的价值观。价值观极为重要。它们是生活的计量尺。我们认为什么是有价值的决定了生命对于我们的意义，我们会采取的行动，以及我们会趋向还是远离。

正如我们前面讲到的，在躯体上我们的动力方向意味着我们远离痛苦并趋向快乐。在思维和情绪层面，它意味着我们是远离或趋向于价值观。关键在于，如果人们与他们的价值观分离，就会失去动力。我们都可能在认识的朋友中找到例子。与价值观失去联结的人会终日坐在电视机前，拨弄手中的遥控器一个一个地换频道，希望找些乐子或消遣。我们常常发现自己处于一种自动驾驶状态，猛然醒来时间已不知所踪。

老人们往往是知晓生命的珍贵和价值观重要性的专家。如果你问他们在过去的生命里什么是对他们真正重要的，没有一个人会告诉你，“我希望多看看电视”或者“我真应该多花些时间在杞人忧天上”。反而，他们常常回顾的是与亲朋好友在一起的重要性。他们回味生命中的种种挑战、冒险和巅峰时刻的滋味。当谈到遗憾，极少数人会提到他们很后悔自己做了什么，他们的遗憾在于那些他们没有去做的。大概他们会告诉你，他们常常让生命和时间在指缝间流走。他们没能够及时意识到生命中最为重要的事情，愿意为之赴汤蹈火。他们反而把时间浪费在追逐那些不值当的琐碎事情上。他们的这些智慧能够启迪我们做出更明智的选择。

那么，我们可以选择与价值观的联结吗？记得NLP的预设原则：如果一个人能够做到，那么其他人都可以学会。世界上有人可以完完全全地实现他们的价值观吗？当然有。那就简单了，我们研究这些专家们是如何运用他们大脑的，然后就可以复制。你将要运用的NLP技术会让你直接面对自己最为重要的价值观。它把你的价值观与行动相关联，你就可以把更多时间花在你真正想要达成的目标上。

找一支钢笔或铅笔和一些纸，记下下列问题的答案。

- 我的目标是什么？
- 什么对我才是重要的？

你的答案可能是职业成就、自己和家人的生活方式、一段假期、新的工作、一个机会或一段关系。无论答案是什么，现在想一想。让它出现在脑海中，也可能是几个目标出现在脑海中。尽管可能有些部分还不那么清晰，针对每个目标问自己下面三个问题：

- 这个目标为何重要？
- 对于这个目标我最看重的是什么？
- 这个目标带给我的意义是什么？

有时头脑中会出现一个词，比如自由、挑战、接纳、关联或安全。有时是一个词组，比如“完成人们认为不可能的任务”“证明我自己”“创造新意”或“让这个世界更加美好”。无论形式如何，这些词语都代表你的内在价值观。如果我们没有实践重要的价值观，或者无法实现价值观，尽管我们可能外在非常成功，但是我们仍然会体验到失望、空虚，甚至更糟。价值观衡量着生命赋予我们的意义。我们所有的目标、梦想和欲望，仅仅是实现我们价值观的工具而已。假如你的梦想是一间新房子，你的大脑中会出现若干价值观。你希望房子有很多房间，位于某个特定的社区，某种特定的建筑风格。你的筛选条件满足的价值观可能会是：每个人都有舒适的空间，奢侈、祥和，甚至可能是内在的成功、成就感。同样，当你想到购买一辆新车或者换一份工作的时候，你的价值观也将会发挥作用。我们所有人正是使用价值观来衡量我们的需求、成就与成功。

价值观影响我们的动力。如果我们的价值观不坚定，我们就几乎没有动力。如果价值观强烈，那么动力也同样强烈。通过NLP，可以直接对这种影响进行干预。当你描述任何体验时，你会动用一种或以上几种的感觉：视觉、听觉、运动知觉、嗅觉和味觉。对于大多数人来说，这比仅仅使用一幅图画或一个词语、声音要更有动力。使用多种感觉会令体验更真实，而你的反应会更强烈。

举个例子，在大脑中想到词语“柠檬”或快速想想柠檬的图片，留意自己的反应。现在想象你看到一个3D立体的黄色柠檬，使用一把锋利的水果刀把它切成两半。倾听刀在切下去的时候发出的声音，观察到有些果汁飞溅了出来，闻到柠檬的香气扑面而来。现在伸手拿起一片柠檬，慢慢放到嘴边品尝。聆听你的牙齿咬入果肉时的声音，感觉酸酸的果汁在你的口中流淌。再次留意你自己的反应。与你只是想到一个词语或一幅图片相比，这时你的口水是不是更多一些？非常有可能。如果你现在又去想象硕大、鲜红、芬芳的草莓，又会怎么样？

你构思一段体验的方式决定了你的反应是强烈还是柔和。现在，我们把这一发现运用到你如何构思与价值观匹配的体验之中。

## 【练习四】辨别是什么让体验打动人心

这个练习帮助你发现大脑如何“编码”图像，以强烈地增加你的动力，你自然而然地被吸引采取行动去实现它们。这里需要你把全部注意力集中于练习。

1. 强烈动机的体验。想一个对你而言真正有吸引力和动心的任务。这件事本身并没那么有趣，但是它所带来的回报让你非常想去做。你只要一想到，就激动不已。关键在于，你感到它有吸引力，并且你也在做。当你在体会这种吸引力的时候，用电影导演的方式看看你大脑中的图像。留意这些电影要素：布景、灯光和声音。把这些看仔细，就像拍摄电影的细节一般。完成之后，暂时把这段体验搁置起来。

2. 分离状态。吸入一口气，呼出来，然后看看四周。

3. 中立体验。现在想一个对你无关紧要的物体，比如一个纸杯、一支铅笔或一片纸。你选好物体后，在脑海中看着它。同样，像电影导演一样列出各个电影要素。

4. 分离状态。完成之后，深呼吸，清空大脑。

5. 体验比较。留意对你非常有吸引力的事情与那些无关紧要的事情之间的差异。我们的大脑擅长发现差异，做出比较，并欣赏差异所在。下面是许多人发现的一些差异：

"非常有吸引力"的画面更亮一些；"无关紧要"的画面暗淡一些。

"非常有吸引力"的画面是彩色的；"无关紧要"的画面色彩平淡或者是黑白的。

"非常有吸引力"的画面更大、更接近；"无关紧要"的更小、更远。

"非常有吸引力"的就在眼前；"无关紧要"的在一旁。

"非常有吸引力"的配有激动的声音和话语；"无关紧要"的是无声的。

罗列出你所发现的两种体验所有的不同之处。这些元素正是你的大脑在暗示你：什么对你是有价值的，值得你采取行动。这是你进入激励的钥匙。

## 发现次感元

现在来看你罗列的差异清单。其中有些项目指向感元：一幅图画，一个声音或单词，一种情绪、气味或味道。其中许多都是次感元。次感元是感元内部更小的因素。

例如，在视觉感元，图像可以是立体或平面的，动态或静态的，有框架的或全景的，清晰或模糊的，等等。听觉感元的声音或单词可能是高音或低音的，响亮或柔和的，有不同的节奏、韵律、音调和音色。感觉可能来自身体某部分或整个身体，存在不同的强度、温度、结构、运动、方向等。气味和味道也有多种不同的分类，其丰富度可能超越了英语语言的表述能力。大多数人描述非常有吸引力的次感元，比如：大、近、全景、三维、色彩丰富、清晰等。最为重要、激动人心的图像往往属于这一类。内在声音往往丰富而和谐，来自四面八方。然而，次感元在描述有吸引力的事物时也是因人而异的，因此重要的是你喜欢如何描述“非常有吸引力”的事物。

回顾前一个练习中“非常有吸引力”和“无关紧要”两种体验，寻找体现两者差异的其他次感元。现在，你已经把大脑创造有吸引力的体验的方法罗列出来，你已经掌握了在行为与价值观不相吻合时，改变你的反应的钥匙。我们多数人都有这种经历，明明知道做这件事的价值所在，可是我们就是缺乏动力去完成它。下面是一位NLP学员的做法。她希望在大脑中查看自己吃过的所有食物的图像。她尤其对那些诱惑力强的食物感兴趣。不出所料，巧克力蛋糕栩栩如生地出现了，三维立体，就在她的嘴边。与此同时，芦笋和其他各种健康蔬菜和瓜果，呈现出枯燥的黑白图片，蜷缩在角落里。

这位女士希望吃得更健康，实现她的健康和体重目标，她系统性地改变了构成食物内在图像的次感元。她通过在脑海中把巧克力蛋糕等甜食的图像变成黑白色的，扁平而遥远，让它们显得不那么有诱惑力。然后，她增加芦笋和瓜果的吸引力，把它们的图像变得色彩绚丽、栩栩如生，而且是立体的。这迅速自动改变了她的饮食习惯。她发现自己开始选择更健康的食物了。通过改变她的图像的次感元，她把行为与更强大的价值观——健康地活着——匹配在了一起。

这项技术能够激发我们把喜欢的体验带入我们的生活。这样我们就不必在年老时悔恨没有完成那些真正有意义的事情。我们所真正关心的事物现在变得更被重视、可见和现实了。

你会惊讶于许多人用来激励自己的内在图像。在他们的脑海中，他们看到自己工作中微不足道的黑暗情景，或者是完成项目时模模糊糊的黑白图片。难怪他们毫无动力可言。现在，你可以为你的所想所愿描绘一幅多彩而动人的画卷，越大、越丰富、越多彩、越三维立体、越清晰，越好。

## 【练习五】增强动力

1. 有价值的任务。想一个你自己清楚知道完成后的价值的事情，然而你没有动力完成它。

2. 检查反对意见。暂停下来，询问你自己是否有任何一部分对于你完成这个任务持反对意见。对反对的声音保持敏感。如果你无法满意地解决反对意见，你需要重新寻找没有反对意见的任务。

3. 结果与收获。思考完成这个任务的最终结果——不是做事的过程，而是为你带来的积极利益。完成后你将会从哪些方面收获成果？现在你如何看待这些收获？

4. 改变次感元。现在，运用在练习四中发现的清单改变你对完成任务的结果的看法。把图像变得更大、更近、更多彩，等等。加入愉悦的声音、鼓励的话音和其他任何让经历更具吸引力、更激动人心的元素。如同你在练习四中所做的“非常有吸引力”的体验，继续进行直到你强烈地感到这个任务的吸引力。

## 创造内在的生命剧本

NLP奠基人理查·班德勒认为，普通人的内在声音或对话是很弱很弱的。班德勒说，“大多数人都没有充满激励的内在声音。他们没有伴唱。”他引导NLP训练者在练习中倾听充满激情的内在音乐，让他们在遇到困难或挑战时倾听内在那丰富、深厚和充满力量的笑声。[①]当我们这么做时，我们的体验变得愈发生动、鲜活，带给我们对所做的事情有一种兴奋和期盼的感觉。

如果你期盼戏剧化的外部生命，你首先需要内在的戏剧化。如果你即将登台发表演讲，你可能希望在脑海中听一曲摇滚乐或交响乐，播放令你激动振奋的音乐。当你跨步走向讲台之际，音乐越来越响亮、快速，在你到达讲台时音乐达到高潮。你在脑海中强化的图像和声音让你能够把感受到的能量与兴奋自动地感染所有听众。

在练习四和五中，假设你在生活中有足够的趋向吸引力，你愿意竭尽所能地完成工作。但是，如果你的动力方向是远离呢？练习同样适用，你只需简单地把“极度吸引你的事情”变成“你极度避免的事情”即可。不同于把积极后果变得更大、更亮，距离更近，你需要把不完成工作的不幸后果变得更大、更亮，距离更近。许多人想到这些负面后果，于是他们日复一日、长年累月地拖延，事情的恶化程度渐渐累积，从而引起诸多焦虑和压力。在采取行动改变之前，他们不得不体味太多的内心痛苦。何不使用另一种方法。想清楚你希望避免的事物。现在它就在向你扑面而来，越来越大，越多彩而真实，它张开大口，发出阴险狡诈的笑声。如果你是远离动力类型又体验了刚才的情景，你会被激发出来立刻采取行动，省去了经年累月的慢性压力。这在NLP中被称为应用既有的动力策略。一些知名的激励大师和教练们已经运用它开发出完整的激励体系。它是一种选择，NLP认为一种选择好过没有选择，选择多多益善。

## 为你的健康运用动力策略

许多NLP学生都希望把他们的趋向和远离动力策略运用到锻炼身体和节食之中。多数人会想到，运用远离动力减肥。有些人则通过想象朝着健康的身体而努力，获得了不错的效果。记住，只要你大脑中存在有效的激动人心的场景，两种动力方向都能够发挥作用。趋向动力类型的黛米·摩尔在怀孕之后成功恢复体形，赢得了百万薪酬的电影角色。一些妈妈们希望给孩子们树立一个健康的榜样。在大脑中建立重要而动人的价值观会产生巨大的效果。选择何种价值观取决于你。

繁忙的公司高管常常做健康计划，但这从未成为优先事项直到有一天心脏病突发。直到那时，他们的内在图像和声音，如果是远离动力就是对残疾的焦虑，如果是趋向动力就是对失去的健康，才变得够大、够近距离、够亮，足以替代公司的业务需求。当然，他们本可以避免可怕而昂贵的医生办公室或者明亮的无菌手术室之旅，只要他们现在就改变那些内在图像的次感元，强化健康、家庭或继续工作之能力的重要性。记住：从运用远离动力策略开始，采取行动趋向你所希望的目标。

有些人没有为健康、强健、幸福创造出具有足够吸引力的图像。记住，有效的动力策略需要完成任务后的积极丰富的图像。许多人不愿锻炼身体——他们总想象自己在气喘吁吁、没完没了的运动之中。明明还有几分钟就完成，但时间似乎如此漫长。他们的内在对话无外乎两种：对自己连哄带骗、自我鞭策或对保持体形感到无能为力。也难怪他们很难激励自己。比较他们与高动力的运动员的内部世界。在训练之际，他专注在完成后自己看起来更好，感觉更棒。每一组健身器械或每一圈跑道训练都让他更明显地接近最终景象和良好的感觉。他的内在声音帮助他全神贯注正确地完成练习，以再获得最佳的运动效果。

这听起来像是不可能的梦想吗？记住，通过NLP，如果一个人可以做到，那么其他人都可以学着做到。我们要教给你的下一个NLP方法：如何建立有力的趋向动力策略。

## 【练习六】新行为发生器

1. 准备。寻找一个放松、安静的地方准备进入练习。练习过程中不一定要闭上眼睛。把自己舒服地安顿好，然后开始向右看。在脑海里，想象着看到一个人和你一模一样，在不远的地方。在练习中，“另外一个你”会参与学习，而你在一旁观察。只有在你感到对整个过程非常满意的情况下，新技能才会融入你身上。你可以想象自己身处一个玻璃球之内，这样你就彻底与练习中的“另一个你”脱离了。

2. 选择任务。现在，想一个你希望自己有动力完成的事情。选一个非常简单的，比如清洁厨房的水槽，做一下收支平衡，或是早上早点起床。这件事你不喜欢做，但是又很希望完成，因为结果对你很有意义。

3. 看见好处。观察“另一个你”，看看事情完成之后的情形如何，包括良好的结果、直接和立刻得到的好处，以及未来会产生的好处。

4. 执行任务。现在，看到“另一个你”在轻松地执行任务。当“另一个你”在工作时，“另一个你”不断看到工作完成后的图像，看到任务完成，感觉非常好。留意“另一个你”的内在声音一直在诱导和鼓励，提示着未来的回报，以及现在已经朝着目标完成的进度。最后，你看到“另一个你”开心地完成了工作，享受着任务完成后的回报。

5. 回顾和调整。如果你看到的还不是那么愉快，你可以让一层薄雾笼罩着刚才的情景，让无意识运用智慧做出适当调整。当薄雾散去，你会看到调整后的情景正是你喜闻乐见的。你希望成为那个刚刚运用了新的动力策略的“另一个你”吗？你对“另一个你”掌握了新技巧感到满意吗？让“另一个你”用同样的流程处理另一个任务，直到你感到满意为止。

6. 融合。当你感到完全满意后，让玻璃球退去，把你和已经掌握了新技能的“另一个你”融合在一起。有些人真的张开双臂，想象着把另一个自己融入怀里。在这个过程中，有时候人们会有刺痛感或能量流动的感觉。

7. 计划。现在，停下来思考你准备什么时间开始你刚刚充满动力去完成的任务。

## 回顾你学到了什么

到目前为止，你已经比较清楚如何运用NLP技术为自己和他人增强动力。在这一章节里，你学会了如何：

- 判断你的动力方向——远离或趋向
- 判断他人的动力方向，并加以运用以提高他们的生产力
- 发现你的重要价值观，以及它们如何影响你的动力
- 运用远离和趋向动力的措辞方法，谋求对他人的最佳效果
- 使用思维中的次感元改变和增强你的动力
- 学会如何建立更加积极的趋向动力的方法

关于NLP与激励的话题，我们可以写出整整一本书。每个章节为你介绍那些不可思议的挑战和杰出的成功案例。如果你通过阅读这些成功的激励故事，并决心利用本章创造你自己的成功故事，那么我们就成功了。如果你读书的时候很有兴趣，感到兴奋甚至惊讶，却没有尝试任何一个练习，那么你还没有体会到NLP的潜能。NLP集合了关于人类思维、情绪、行为和改变的惊人的真知灼见，它的功效还远远不止于此。NLP是去体验人类的成功——步入新的领域，看到新的机遇，具有新的动力。本章节为你创造了条件迎接后面的加速成功体验之旅。NLP的效果体现在你的实践之中。做好本章的练习，你就准备好了下一个阶段的旅程：辨明你的愿景。

# 第四章

## 辨明你的使命

一个人若能自信地向着他的梦想迈进……

他与成功将不期而遇。

——亨利·大卫·梭罗

## 一个重要的使命

你还记得观看阿波罗第一次登月的情形吗？我们都看到1969年尼尔·阿姆斯特朗在月球上行走的影像。这是多么伟大的成就！我们是如何以举国之力完成这一历史上的创举的？我们所依靠的是一个宏伟蓝图——一个使命。20世纪60年代末，肯尼迪总统在全国演说中倡议载人登月梦想的时候说，“我们选择现在登月，不是因为这件事情很容易，反而是因为其艰巨性。这个目标将动用和衡量我们国家最好的资源与技术。”[①]于是，整个国家团结在这个使命周围，最终我们成功了。

一旦我们明确了使命，想象力被激发，我们便有了目标。当我们明确部署了太空计划，梦想、愿景和使命便油然而生。

实现使命往往具有不可预测性。你永远无法预估追寻使命为你带来的所有收获。在肯尼迪发起的太空计划中，我们最大的收获不是对月球的认识，而是对地球的体验。当我们在电视中看到传回的地球在太空中的图像，听到宇航员的声音时，我们全体被震撼了。

阿波罗9号宇航员拉斯特·施韦卡特在太空漫步过程中，亲眼看到了地球的完整画面。他说这让他获得了一种不同寻常的认知——同一个星球、所有生命的依赖与共存。从此，他被改变了。

带来战火硝烟的边界在太空的角度看来是如此虚无。目睹整体地球的直观经验催生了个体的责任感，并领悟到在今天快速通讯、空间拓展、旅行和卫星的环境下，这个星球上已经没有一个绝对概念的“他们和我们”。我们必须认识到的事实是，地球上所有的生命形式都是相互关联的，而这都将体现在我们的行为、系统和态度之中。[②]

宇航员们让人类看到生命的一体和哺育我们的地球的整体。太空探索带给人类的启迪，你的想象力也同样可以做到。想象力可以帮助你理解整个生命的里程。想象生命的完整画面有助于你设定计划与使命，度过充实的人生。

## 使命究竟是什么？

使命是一种你展望生命的目标感。它使你的信念、价值观、行为和你对自己身份的认知相匹配。它像一架织布机一样梳理你千头万绪的兴趣、心愿和目标。使命可以很大、包罗万象，甚至是宏伟的。更重要的是，使命是愉悦的。当你身体力行使命之时，你会表现得像史蒂夫·斯皮尔伯格一样。他曾说，“我每天都那么兴奋地醒来，甚至早餐都顾不上吃了。”[③]

NLP研究那些骄人成就者的思维与行为发现，带给他们生命意义和方向的使命感，是他们身上最显著的特征。这是他们与普罗大众最重要的区别。

现在，你已经掌握了NLP的基本原理和你自己的动力策略，接下来你要做的重要的事情，就是建立你的使命。具备使命感的人孜孜不倦地提升自己的能力。用米开朗基罗[④]的话说，他们“调动每一根神经”，以“强烈的愿望”产生“巨大的推动力”，不知疲倦地追求他们的使命。他们日复一日，享受其中。你也同样可以。

## 工作与使命之间的区别

大多数人缺乏使命感。他们有的是工作或职业。他们“上”学校，他们“去”上班。斯图兹·特克尔在他著名的对美国人如何看待工作的研究中说道：

他们中许多人并不掩饰自己的不满。蓝领的苦闷与白领的牢骚平分秋色。电焊工说，“我就是一台机器”。银行出纳说，“我像是被关在笼子里”。旅馆的店员也深有同感。钢铁工人说，“我像头骡子”。前台接待则说，“是只猴子就能干我的活儿”。民工说，“我还不如农家的工具”。时装模特说，“我其实是个物品”。无论蓝领还是白领都使用了相同的词汇，“我是机器人”。⑤

他们对工作的不满意使得他们把生活割裂。他们把时间划分成他们不得不为谋生而工作，以及他们追求快乐的时间。这种割裂甚至从学校生活就开始了，上课与放假。然后持续整个工作阶段，直到退休。

然而，卓有成就者超越了或工作或玩乐的二分法——他们做他们喜欢的事情，喜欢他们做的事情。诺拉·诺森曾清楚地告诉斯图兹·特克尔，“我想我们大多数人在寻找一种召唤，而不是一份工作……大多数人拥有的工作对我们的心灵而言太狭隘。工作对于人们来说不够宏大。”⑥无论你称呼其为一种追求、一个召唤、一个宏大目标，还是一个使命——它让其拥有者活在这个世界上有了深远的行动理由。

你必须寻找到一个使命，吸引你、激发你，让你激动不已。一旦找到，它将燃起熊熊烈火，令你每天在兴奋中醒来，每天为最高标准而奋斗。这是身体力行个人使命的典型特征。

你如何知道自己是否发现了自己的使命？这是一种态度或生活方式。问你自己，你有的是一份工作还是你在创造自己的梦想？你是每天上班，然后下班后寻开心，还是你如此喜爱你的工作，甚至在假期中你也会联想到工作和使命？无论你的答案如何，本章的流程和知识都将会有助于你。即使你已经在享受着使命导向的生活，本章也会让它更清晰、更激动人心和富有激情。

如果你还在闷闷不乐地生活，割裂于为赚钱而苦苦工作，不时找些乐子，这一章正可以帮助你找寻使命。

有些人从没有考虑过使命，因为他们从来没有认为自己有能力达到。为了戳穿这种谬见，我们一起来回忆你是多么了不起的学习者。使用下面的练习，以帮助你建立学习者的形象。

你可以在练习中自己增加效果，加入精神层面、思维层面和任何你认为自己拥有的独特能力。然后，你需要每天花些时间练习。经过练习后，你建立的形象便能够转化为持久而立竿见影的信念系统，支持你的所有活动。

## 信念的重要性

通过熟练运用本章的练习，你可以发现自己独特的使命。因为你掌握了整合兴趣、心愿、技能和未开发潜能库的方法。一旦你建立了使命并身体力行，它会统一你的兴趣与内在才干，你内在的学习者便随之活跃起来。

应用这种能力，你能够学会并懂得在生命中的任何时刻，你可以选择一个新的方向、新的行为方式和新的使命。你可以建立和施行你的使命。只要你坚信自己，你就可以做到。如果一个人能够做到，那么其他人都可以学会。在接下来的使命发现之旅，我们会侧重于过去和现在的若干卓越成就者。你可以学会看到他们动力背后的模式。这些模式关乎于态度。

## 【练习七】你是学习者

1. 回到过去。还记得你是婴儿的时候，你是如何取得惊人的学习成效的吗？现在，你把自己置身于一台想象的时间旅行机，让自己回到早期的童年时光。假装你正在时间旅行机内。想象你回到还是一个孩子时的快乐学习时光中。看看周围的样子，留意周围的人个子很大——你在仰视他们。那时发生了许多事情。

2. 留意你的学习能力。你正在学习，兴致勃勃、充满激情。你在学习许多事物，尤其是语言。你每天学习15~30个新单词。你都从未意识到你学习着数以百计的语法知识。而这种学习能力仍然保留在你身上。

3. 盘点你的才干。你有150亿个脑细胞，当它们一起闪耀时，犹如上千座城市的电路系统。你的耳朵能听到1600种不同的频率，每秒20~20000赫兹。你的眼睛能够察觉到光子级别。每个视神经中有80万个纤维，从1300万个视杆和视锥细胞向大脑传输的信息超过世界上最大的光学计算机系统。你肺中的3000多万肺泡为你身体中1000万亿细胞提供氧分。你身上由206块骨骼和656条肌肉构成的多元功能系统的能力超越其他任何的已知生物。所有这些惊人的功能与学习能力可以被广泛地应用起来。你甚至无法数清楚你所具备的所有能力——数目极其庞大。

4. 成像。现在，获取你的学习能力的图像，你可以把所有这些能力视为一幅明亮的人类神经系统的图像——已知世界中最发达的功能系统。如果你还怀疑自己实现使命的能力，这幅图片就作为你的才干集锦弹跃出来，把所有的疑虑转换成信心。

## 砖瓦匠的故事

如果有人问起数百年前在梵蒂冈修建圣彼得大教堂的砖瓦匠："你在做什么？"他可能回答，"我在垒砖、修墙，做我的活儿"。这是一类人，他有一个具体的目标。他也许会回答，"我在修建世界上最伟大的教堂之一，它将屹立几个世纪，向世人展示在上帝的感召下人们取得的辉煌成就"。这是一位拥有使命的人。你在为自己创立使命的时候，就可以寻找这种感觉。

使命并非你强加于自己身上，或者从现在的焦虑中产生。使命更加宏大、深远。它源于你的内心。通过创立你的使命，你可以确信你在追寻的是自己的目标；你可以确信当你实现目标之时，你会很快乐；你也能够确信在你的生命旅程中将展现激情，让你的每个毛孔充盈着能量。

## 学习如何做你喜爱的事情

所有的卓越成就者教会我们的基础一课就是：做你喜爱的事情。这听起来简单。然而有时人们不相信有人会付钱让他们做自己喜爱的事情。更有时，他们已经忘记自己喜欢的是什么。或许阻碍人们建立使命的最重要一环是：他们根本不知道如何去做。他们不知道如何从每天的目标、价值观和兴趣中去寻找那个兴奋与成就相结合的方向——他们的使命。然而，我们仍然有方法通过有步骤的练习帮助你判别生命的激情，以及你生命中注定会取得的成就。

当你回顾自己的生活，你在生命中一路走来，幸存下来。但是，我们都知道幸存下来与活出精彩之间的巨大差异。

激励自己活下去是每天你都在做的。否则，你今天不会在这里阅读这本书。当你回顾过去的生活，可能有些时候你不得不激发强烈的动力活下去。现在，你可以重新引导那种来自求生本能的能量，让它超越求生去活出你选择的意义。

我们可以实现这种生活，通过我们的学习能力。正是学习——改变了我们思维方式、行为方式和沟通方式——这一切有助于我们实现呈现在面前的使命。

## 使命发现流程

寻找对于生命激情的绝佳例子莫过于苏姗·芭契儿，她曾经参加世界上最折磨人的竞赛——艾迪塔罗德狗拉雪橇赛。艾迪塔罗德比赛横跨1770千米的阿拉斯加冰冻荒原。选手要花费的时间超过十天。能顺利完成比赛已经是了不起的成就。而苏姗·芭契儿已经四次问鼎比赛桂冠。

苏姗·芭契儿是如何立志要成为该领域翘楚的呢？1975年，她还居住在美国东海岸。那时她20岁，对未来生活充满迷茫。她问自己，“我该如何寻求一种生活，让我从事最爱的两件事：荒野与动物？”她的答案就是发现自己个人的激情。她说：

我喜欢狗和所有动物。我第一条狗死去的时候，我宁愿是我替它去死。后来，我买了一只6周大的哈士奇犬。当时我想，“如果能教会他拉雪橇就太酷了”。于是，这变成了我的一个爱好。后来我又买了第二只哈士奇。两个月后，我和一位养了五十只哈士奇的女士住在了一起，那以后不久我就开始急切地开始雪橇运动了。⑦

此后，她决定参加比赛。开始往西往北走，后来到达阿拉斯加，在那儿她建了一个圆木屋。她在去的过程中甚至没有任何安全措施，完全追随梦想，可是她仍然成功了。现在，她是该领域首屈一指的顶尖选手——在她之前，这项运动完全是男人的天下。

从苏姗·芭契儿的故事中，我们可以很清楚地了解使命与目标的不同之处。她是这样描述的：

我们当时在费尔班克斯和一位朋友谈话。他说，“五年或十年后，你会看到自己在做些什么？”

我们（苏珊和她的老公戴维）尝试向他解释他们的想法。他还是继续询问我们的目标，我们的想法在他看来似乎不太对。我们的目标并不是要（在财务上）达到某种程度，然后说，“哈哈，太好了，我们成功了”。

我们发现并向他解释我们与他不同的观点，告诉他我们对现在做的事情感到非常满意。当然，我们工作非常努力，也非常忙碌。也许，你知道，我们未来的目标之一可能是要慢下来一点点，但不是改变我们的工作……我的职业肯定不会是有一天我告诉你，我通过雪橇犬赚到了第一桶金，我准备不再干狗拉雪橇了。我们热爱现在的工作，我们已经在实现自己的梦想。所以我们不会设定一个时间来赚到足够的金钱，我们成功了。我十三年前就成功了——那些年来我一直住在林子里和我的狗儿们一起努力工作。[8]

她谈到自己的生活，“很多人觉得我的生活过得太苦了。但对我来说，这是爱的工作。”[9]这就是你知道什么时候你在活出自己的使命——你感到爱的工作就去追随你的目标。这都源于发现你生命中的激情。

另外一位发现和追随生命中的激情的卓越成就者，是电影导演史蒂芬·斯皮尔伯格。许多人都非常喜爱他的电影。当他还是一个8岁孩童的时候，他已经开始制作电影了。他认定自己的使命是通过电影介质去讲述故事。于是，他不断创作，对他而言，制作电影就像在玩耍。斯皮尔伯格是这么描述他的工作的：

在我的电影中，我认为是想象力实现了鸿篇巨制……我是靠做梦为生的。每个月，上天都有一个好主意砸在我脑袋上，我定睛一看，又是一部要拍摄的电影。有时候我觉得我的脑子里有一个滚球轴承，这些想法一天到晚在里面滑来撞去。我的问题就在于，我没办法关闭我的想象力。我每天在兴奋中醒来，连早餐也顾不上吃。我从没有感到能量枯竭的时候。[10]

史蒂芬·斯皮尔伯格的例子告诉我们，当你做你喜爱的事情时，会发生什么样的情景。

泰德·特纳是另外一位激情地活在使命中的例子。他是友好运动会的发起人，他还成立了CNN、TNT和头条新闻，是一个惊人的有线电视网络帝国的创始人。他不仅把有线电视新闻带给美国，而且推向了世界。1991年，他被美国《时代周刊》评选为“年度先生”，正是泰德·特纳通过他的公司，把马歇尔·麦克卢汉的“地球村”概念变成了每天的实际生活。

他是如何开始他的使命的？24岁那年，他发现父亲艾德打算卖掉自己的生意，泰德对此强烈反对。在他们的口头激战中，他“把艾德·特纳自己永不言弃的观点悉数抛回去”。在他们争论后不久，他的父亲用一把手枪结束了自己的生命。从那时候起，泰德“加速了探寻答案的不归路”。[11]

父亲的死触动了他重新检视自己的深层价值观。在那之前，特纳说他完全被父亲关于成功的思想所左右，“真的，他当时是我心目中能够判断我成功与否的唯一一人……”对于到底什么是最重要的事情的重新思考，让他对成功的标准发生了重大改变。他说，“我花费了许多时间尝试想清楚到底他错在何处。他太过于重视物质成功了。我可以告诉你，那是愚蠢者的黄金……”[12]

我们生活中那些深切的悲剧能够转换成下一段新生命的跳板。在这个故事里，痛彻心扉的死亡激励他重新检视深层价值观和原则，最终建立新的价值观。

## 【练习八】发现你生命的激情

1. 触及你的兴奋点。像史蒂夫·斯皮尔伯格、苏姗·芭契儿和其他卓越者一样，了解你的兴趣是什么。或者像NLP创始人约翰·葛瑞德曾经问过的，“什么是你非常喜爱去做的，你甚至愿意花钱去做的？”

2. 了解你的激情、心愿和爱好。只有你清楚自己的真爱，可以是修补、教书、发明等令人愉快的事情。你可以从自己的爱好中发现线索。你也许喜欢人，或喜欢计算机，也许都喜欢。当你想到那些兴趣、心愿、爱好和激情，感觉从你的灵魂深处涌流而出的激动和兴奋的信号。好好感受。筛选生活中那些最有趣的事情。如果你有1000万美元，你愿意付钱做什么事情？

3. 聚焦你喜欢的。观察和倾听你喜欢的英雄和敬仰的人物，你最希望成为的人，你在过去曾经模仿、效仿的人。那些有类似兴趣、心愿和目标的英雄们。留意他们，欣赏他们。在脑海的电影院屏幕上看到他们的影像，感受你触发的兴奋感觉。

4. 持续。反复练习，直到你收集到足够的你充满激情地做事的影像。

另一个深入研究自己价值观和原则的是一位教练。约翰·沃顿带领的加州大学洛杉矶分校（UCLA）篮球队创造了重大体育赛事最伟大的连胜场次纪录（88场）。他是唯一一位分别以球员和教练身份被载入篮球名人堂的。在加州大学洛杉矶分校二十七年里，他的球队从未输过一个赛季。在后期的十二年间，他们十次举起美国全国大学生篮球联赛（NCAA）的冠军奖杯，其中七次是连胜。在大学联赛历史上，甚至从未有球队曾经接近其纪录。[13]

他的执着精神堪称传奇。他在加州大学洛杉矶分校二十七年里的每分钟训练纪录至今无人打破。但他绝口不提“胜利”一词。“对我而言，成功并非得分超过对手，它更是做到最好的自我满足感和带来的内心平静。成功是每一个人自己做出的定义。”[14]

他的运动技术结合了父亲带给他的生活信条与准则，以及对他人的关爱，让他成为世界上最受人喜爱的教练。那么，他是如何阐述他的使命的呢？

这些源自他父亲的生活信条成为他的使命的重要组成部分：

1. 对自己真诚；
2. 每天都活出你的最佳状态；
3. 帮助他人；
4. 深入汲取好书带来的营养，尤其是圣经；
5. 让友谊成为精雕细琢的艺术；
6. 早修雨棚防下雨；
7. 每天祈求指引、祷告和感恩。

除了尊奉这些生活信条，是什么让他选择教练作为自己的使命呢？他自己说道：

其实我经常会被人问起，为什么选择教练作为终身职业。当时我每年举办“芝加哥行走”，爱默斯·阿隆佐·史塔哥是芝加哥的足球教练，他对这个问题的回答恰恰归纳了我的感觉。史塔哥从事年轻人的教练工作直到九十多岁高龄。当有一次被问起为什么做教练时，他说，“因为这是我对上帝的承诺”。

……我感到对年轻人的爱是我留在教练工作中的最重要原因，我因而拒绝了许多更为有利可图的工作。[15]

他没有因循他人的价值观念，而是深入到自己的内在。他实践了父亲教给他的和他自己定义的价值观原则。你也能和泰德·特纳及约翰·沃顿一样做到这些。你能够发掘和接受内心深处的价值观原则。下面就是如何做的方法。

## 【练习九】重新检视你的深层价值观原则

1. 想一想你的兴趣、爱和心愿。审视你现在追求的那些目标。然后，眺望未来这些目标已经实现。这些目标在你心中已经思索良久。选择那些进入脑海中最重要的两三个甚至五个目标。这些目标正是你心愿中的未来。

2. 决定你的价值观和原则。用你最喜欢的方式，记住这些目标。依次选取一个目标，看到它、听到它，感受这是你拥有的一个目标。然后，问自己："这个目标对我而言最珍贵的是什么？"假如这个目标是旅行，也许答案就是"学习"或"快乐"。如果是新工作，对你重要的可能是"兴奋"或"挑战"。答案可能是一个或几个价值观。泰德·特纳的价值观可能是和谐、解决问题和兴奋感。苏姗·芭契儿似乎更看重爱、关心和不屈不挠。通常答案正是后面价值观原则表格里列出的单词或词组。

3. 列出你的价值观和原则。现在浏览你记住的那些目标，问自己："这个目标对我而言最珍贵的是什么？"为自己列一个单子。

4. 发现你最深层的价值观。完成后，你会有一个深层价值观和原则的清单。现在问自己"所有这些价值观里，对我最重要的是什么？"进入你大脑中的会是一个重要性更高的价值观。了解你的重要深层价值观是自我理解的关键步骤。意识到你的价值观是如何激励你、你的成就和你的每一个行动。

5. 记下你最深层的价值观或原则。把这些价值观和原则写下来做将来的参考。

## 价值观和原则

活力
自主性
美
关怀
挑战
勇气
创造力
尊严
优雅
卓越
兴奋
公平
自由
实现
愉快
魅力
幸福
和谐
诚实
创新
公正
爱
精通
不屈不挠
玩笑
革命
安全
保证
自我依赖
服务
简约
解决问题
激发改变
协同
真理
独特性
展现能力
活力
智慧
热心
帮助
幽默
快乐
学习
让世界更美好
次序

人们有三种途径意识到自己的深层价值观。最常见的是，当你的价值观被违背的时候。当有事情发生让你感觉不舒服、不安或不协调，这就是价值观体现出来的时刻。如果某人的无礼让你感到愤怒，你的怒火来自你的“尊重”价值观——你希望在人际关系中获得尊重的对待。如果你对马上到来的某件事情感到焦虑，不确定自己会表现得如何，“卓越”价值观正是你焦虑的根本原因。通常生活中最痛苦的创伤揭示了我们最看重的事情。

第二种理解价值观的方式是，当你实现它们的时候。如果有人对你非常尊重——在你最需要的时候他们即使身处险境也要帮助你——这让你感觉很好。这些感觉来自你内部的“尊重”价值观。当你观赏喜欢的体育运动或艺术表演，并被他们的精彩表演所打动，这是你内在价值观的体现，无论你称其为卓越、精通、美或其他。感觉本身要比称呼重要得多。这些名称并非价值观本身，如同你喜欢的餐厅的菜单上的菜名和实际的菜品是两码事。价值观是一系列的感觉，让你理解对你而言什么是重要的。

体验深层价值观的第三种方式是，通过有意识的内在探索。通过深入的冥想，可以发掘和体验最深层的价值观。

接下来，需要把价值观和原则联系到你所期冀的生活的宏大愿景。回到泰德·特纳的例子，他重新审视了价值观原则，然后开始切实追随他的使命。新的价值观和原则引导他找到宏大的使命。

例如，为什么他创立友好运动会，结果在1986年和1990年损失了8000万美元？“我这么做是为了让两个国家重回运动场。我能感觉到苏联希望和我们做朋友。”他说。

当被问及他为什么选择这样的生活方式时，他回应说：

我就是想知道我们能不能做到——就像克里斯多弗·哥伦布。你做的事情前无古人，航行在不可捉摸的海上，不清楚下一站为何处，到达之后会发现什么，但是至少你在前进……

我们责任重大，因为电视新闻影响力巨大，我们不是为了赚取财富，而是影响我们的社区。我们的社区……不仅是本土市场甚至我们的国家，而是我们所生活的世界……

我们何不致力于今后十年在地球上实现和平？到2000年，把时间归零为B.P.和A.P.——和平前与和平后。那是我们能够留给后人的最伟大的荣耀。如果我们实现了，那么人们就可以从今天起再延续2000年。⑯

这是典型的伟大卓越者的使命，他有一个宏大的、近乎难以实现的梦想作为动力愿景。这是他希望的方式。他认为人们需要设定永远无法完成的目标。“在世界上所有的问题解决之前，我不会休息。无家可归、艾滋病……我的状态很好，这些问题会让我活得更久，毫无疑问。”

当这是一个非常宏大的使命时，这个使命会不停地伸展演变。他为了实现它，积累着各种资源。他创立的友好运动会让数以万计的人在奥运会间通过电视感受到沟通和友情。他建立了基于有线电视的全球传播网络。泰德·特纳的使命背后，是激励他的宏大的可能性愿景。这是他生命的动力之一。

谈到在当今世界成就，不可能回避巴克敏斯特·富勒，举世瞩目的网格穹顶、分子家族、巴克敏斯特富勒烯（简称巴克球）、戴马克松世界能源地图、流线性汽车等的发明者。他被誉为20世纪首要的思想家和发明家。截止1968年，每年与富勒的研究相关的原创出版物数量已经超过2100件。

巴克敏斯特·富勒是如何取得如此成就的呢？这始于他在一个孤独的黑夜里挖掘出的个人使命。当时，他4岁的大女儿亚历山德拉患病死去，他被哈佛大学驱逐出门，公司倒闭，财务破产，紧接着是第二个孩子出生，他发现自己抑郁消沉，已经濒临自杀。巴克敏斯特·富勒眼前的未来一片漆黑。

1972年的一个孤独的晚上，他凝视着密歇根湖的茫茫夜色，感到危机重重。“我为什么会如此落魄？”他自问。在跳湖和自省之间，他选择了自省。他开始谋划生活的使命。在经过一番严密的逻辑思索后，他决定求教于上帝的终极智慧而不是自己去判定生命的价值意义。他生动地描述了自己的发现过程：

我信任预知未来的知性智慧，我们称之为“上帝”……“我是否自己最清楚或上帝才最清楚我生于万有世界的价值所在？”我的答案是，“你不知道也没人知道。但是，你建立的源于体验的信仰会赋予你对于自己存在事实的先验智慧。”我对自己说，“你无权消灭自己，你不属于自己而属于万有世界。人们可能永远无法清晰自我的价值所在，但你可以做到把自己所有的一切奉献于实现他人的最高利益，以此实现你的自我价值。你和所有人一样均是为了他人而存在于此。”⑰

在实践使命的过程中，他渐渐明确了自己的专业身份。他称自己是“综合性的超前设计科学的探索者”。⑱正如你在这段描述中所见，他经历了使命发现流程的前三个步骤。最终完成了步骤3——他建立了关于自己生命意义的宏大愿景，以及作为个体的身份。

## 【练习十】建立一个宏大愿景

你可能希望在一个自然环境里，独自一人完成本练习。

1. 观想你的兴趣、价值观和能力。下一步要做的是，发掘你的兴趣和深层价值观如何与你的使命双向联系。你可以通过观想一幅描绘着你愿意奉献终生的生命意义的雄伟而意义深远的图画来完成。这幅图画与你的兴趣、价值观和当前的目标有关。从这幅代表着你的行动方向的图画出发。当你开始感觉到你的使命是什么时，观想各种快照，你在做自己喜爱做的事情，以及你拥有的能力。

2. 聚焦英雄。想一想你最喜欢的英雄的所作所为。想象你自己在做同样的事情，这种感觉与你想到他们时的感觉一模一样。看到你希望成为的那个人的快照。把你不喜欢的形象都消退掉。

3. 导演一部你自己的电影。看到你自己喜欢的生活方式——做着你喜爱做的事情。你就是斯皮尔伯格，作为导演你可以选择屏幕上的内容，看到那些令你激情澎湃的影像。假想你身处一个内心深处的立体电影院里。在那里，你能够看到、听到和感觉到高保真的视听效果。

留意你能够看到多少内容，让你的内在智慧引导你看到眼前的景象。图像化，感受它，欣赏它。图像通常距离很近，颜色丰富。看到你自己生活在那个场景里，你的脊椎可能有些刺痛感。你可以把镜头推近，观察那些辉煌、充满乐趣和激动的未来景象。身在其中你可以做所有你想做的事情，取得所有想要的成就。

4. 回忆你的深层价值观。当你在观想使命场景时，列出你的深层价值清单。留意你的价值观和图像之间以惊人的一致性相吻合。

5. 寻求内在智慧的帮助。寻求你的内在智慧，来自更高层的力量，或上帝引导你的宏大愿景。这个愿景将是发现而非创造的过程。让内在智慧接近你。请求，然后它就会出现。花些时间去看和听最让你感受到激情的生活的方方面面。观想更多的图像。看到时间在流逝。看到你为生命创造的各种亮丽的、光芒四射的、近距离的彩色图像。可以从某个方向开始，聚集合并，代表许多你现在的目标和你喜欢的事物。看到图像整合起来形成一个宏大的视觉结合体，代表着你的目标和使命。

6. 努力完成。你需要花费的时间——五分钟、一小时，还是整个下午。你所创造的是你的生活、你的未来。完成后，用笔记录下来。你看到的图像如此有吸引力，你已经隐约看到了你的使命是什么。现在，你可以把它开发得更完整一些。让你内在的影像导引着你发现你的礼物——这个宏大愿景。

现在你能看到你愿意倾力付出的宏大愿景，接下来就是制定一个具体的努力方向。宇航员拉斯特·施韦卡特非常重视宏大愿景与具体方向的关联性。他在外太空的所见帮助他发现了自己的使命。他是这么形容的：

我们的制度在服务于这个目的（作为完整星球的需求）方面存在根本性的局限。这是因为制度本身仅能够服务于等级更低的事物，对于高等级的目的则成效很差。不幸的是，制度的运作是源于和针对恐惧的。

你我有限的思维能力让我们理解到，我们的生存绝不可能以自我为中心，而是依赖于我们的群体。我觉得，关于这一点从制度到新领悟的思维飞跃还没有发生。

基本上这类制度，无论是政府或是公司的，都是局限性的思维……对个体而言，唯一改变的方法就是为自己还是群体代言。[19]

施韦卡特赋予自己的使命的努力方向是：与他人一起创建了太空探险家联合会，推广从太空的角度的整体地球观。联合会出版了书籍《地球家园》，并一直致力于众多的创新工程。

看到宏大愿景而获得的灵感体验，需要落地为一个具体的努力方向。这正是拉斯特·施韦卡特所完成的。这也是一个散漫的梦想家与具备使命者的区别。

## 【练习十一】为你的宏大愿景找到具体的努力方向

1. 初步提议。让你的内在智慧在脑海中演绎那些具体的场景或短片。在你的内在电影院中，体验那些场景，它们代表着你的使命可能的演绎方向。享受这一体验。观看所发生的情景。这都来自你的内在智慧。

2. 增加特效。加入你个人独特的立体环绕声、高保真的音乐。你看到一个弹出菜单，列出各种各样的音乐供你选择。其中有几种音乐对你而言感觉特别，让你感受到履行生命使命的深远意蕴。

3. 描绘成句。开始你可能听不清楚音乐，把音量调大。当你在观察场景时，倾听音乐；看着它，描绘出一两个句子——一个简短的关于使命的阐述。

史蒂夫·斯皮尔伯格在看到他生命中最喜欢做的事情时，他可能会这么说，"我是地球上的故事家。我讲述故事帮助人们成长。"假设自己就是他，体验那种感觉。

苏姗·芭契儿可能会说，"我是这么一个人，居住在旷野之上，与动物为伴，帮助它们成长。我的所作所为意义重大。"假设自己就是她，体验那种感觉。

泰德·特纳眼前看到的也许是一幅明亮、有趣的全景画面，他可能会说，"我是和平使者。我为人们搭建和平的桥梁。"假设自己就是泰德·特纳，你会感受到什么？

4. 加入价值观、原则。用你自己的话阐述使命。观想在你面前代表着你的总体使命和目标感的画面，你看到你在一段言语表述的原则指引下履行你的目标。

5. 感受情绪。伴随着那些画面、音乐、原则和词汇，一种非常意义深远的感觉从你内心冉冉升起。那是一种使命赋予你的重要性之感觉。这种感觉从你的内心涌流而出，并引导着你。

6. 走进使命方向。现在，看着眼前的那些画面和使命的方向，下一步是：走进那个使命。现在就进入其中，享受当使命层层展现出来时的状态。活在美好的未来里——去想象、经历，假想你真实的生活在富足与充实的未来的那个时刻。那个时刻正是当下，享受它。

通过跳跃进入未来，进入层层展现的使命之中，你能够体味到它是如何美妙地表达了你的目的和最重要的内在价值观。你可以反复这么做。这是一种愉悦的思维练习方法。

7. 持之以恒。持续反复进行这种思维流程，直到你看到自己的宏伟愿景和使命中的具体努力方向。走进你的使命而获得的感觉，是能够帮助你实现使命的一种深层价值观和资源。把你明年的使命方向记录在日记本上，这样你每天都可以看到。

本章节中提到的那些卓越成功人士——苏姗·芭契儿、泰德·特纳、巴克明斯特·福勒、约翰·沃顿、拉斯特·施韦卡特和史蒂夫·斯皮尔伯格——无一不与他们的使命协同一致。他们把所有可能抵触实现自己使命的障碍都转化为协同的支持力。下面的练习教你：如何为了追随使命而建立内部和谐。

## 【练习十二】与你的使命协同一致

1. 从自我发问开始。当你问自己下面的一系列问题时，有时你的感觉和答案会支持你的使命。有时，你的内在会发出反对的声音，“天啊！你为什么要彻底改变你的生活，去做这种什么使命？”每一个反对的声音都蕴藏着如何实现使命的重要信息，关键是你要倾听和尊重它。

下面是一些自我发问的问题：

- 这个使命与我当前的工作职责如何关联起来？思考你的工作职责和相关活动。
- 这个使命如何与我的家庭关联起来？考虑你的家庭成员和朋友圈。
- 这个使命与我自己和我的日常行为如何相关？冥想使命为你带来的可能影响。
- 使命如何与我的社区和未来相关，如何联系我所在的省（市）、国家，还有我的生命？

2. 与你内部的反对意见谈判。任何一个使命的内部反对声音都需要倾听、尊重和郑重回应。当反对出现时，倾听然后回应。你如何处理反对意见对最终建立内部与使命的和谐一致至关重要。与你内在的每一个反对意见谈判。谈判的方式就像你与一位深爱的朋友谈话一样。步骤如下：

a. 倾听反对意见；

b. 发现正向意图和深层价值观；

c. 找到实现该价值观的替代方案；

**d. 如果这个替代方案获得一致同意，就建立一个合约。**

对于反对声音，比如“我不确定我的配偶如何看待这个使命”。你可以问：“在这个担心后面的积极价值观是什么？”答案也许是，“我希望他（她）能全力参与到使命中”。那么你可以寻找合适的备选方案，例如推心置腹的倾谈或针对细节的探讨。最后你和“反对部分”在备选方案里面就一些行动达成一致意见。

3. 正视死亡的现实。明白有一天物理身体将不复存在，而在此之前，你可以留下自己的生命痕迹。还记得巴克明斯特·福勒站在密歇根湖边的情景吗？激发强烈的意愿力去展现你来到这个世界的意义。对死亡的认知，能够帮助你赋予生命不可思议的目标。

4. 发现支持的原因。当你目睹你的使命在眼前展现，听到价值观原则的阐述，问自己：“这对我的好处是什么？”“这如何代表了我是谁、我爱谁，以及什么才是有意义的？”这些问题是你的老师和向导，帮助你重新检视、加固和强化使命感。思考另一个问题，“充满激情的履行使命如何让我找到实现生命意义的方法？”

在回答问题的过程中，你能愈来愈强地感觉到你的使命——这种感觉告诉你，“是的，这就是我的使命”。这时，你就知道你和你的使命已经协同一致了。

5. 持之以恒。继续循环重复练习这些问题，直到你得到这种感觉。这种感觉来自将会受到新的或修正的生命使命所影响的全体，它们达成了协同一致。

这里所讲的自我协同一致的基本方法——寻找和欢迎内部反对声音，恭敬地讨论满足全体的你的解决方法——效果极好，前提是你那真诚、尊敬和谦恭的态度。这个流程不仅仅提供单一的满意方案，还可以反复使用。

务必确保全体的你与你的使命达成了完全的协同一致。统一的承诺为你带来的将是胆识、热情和具惊人成效的行动力。同时，这种内在承诺带来的能量会感染其他人愿意与你协作，并施以援手。

要发展你对使命的承诺度和开发具体的行动去实现它，你可以朗声念出在练习十一中你的使命宣言："我的生命使命折射了我是谁，决定了我如何施展我的内在能力，引导我在世界上的一言一行。"你也可以制订其他宣言进一步加强对使命的承诺度。

在内在协调创造一致承诺的过程中，你做好了采取行动的各项准备工作。在过渡到新使命期间，重要的是得到来自你最在乎的人的支持。你应当维持和他们的关系。或许他们中的一些人愿意帮助你的使命。我们与周围众多的人互相关联，我们要得到真正统一一致的承诺，就必须也获得他们的支持。这很重要。

当巴克明斯特·福勒否认了赚钱谋生是自己追求使命的前提条件时，他清楚这不能是自己一个人的决定。他还有妻子和一个小女儿。他需要得到妻子的支持，于是他回家告诉妻子"他的决定是把自己奉献于服务全人类，而不是为钱谋生"，[20]她也表示认同。

史蒂夫·斯皮尔伯格早期获得了家庭对制作电影的支持，然后他又继续得到众多朋友的帮助。他为电影制作创造了如此协调一致的承诺度，让他能够以富有胆识的惊人行动力去追随使命。

在17岁时，他去环球影城游玩，遇到了查克·西尔沃斯，时任编剧主任。斯皮尔伯格说，"他没有喊警卫把我从现场轰出去，反而和我攀谈了一个小时……他说有兴趣看看我拍摄的小电影，然后给了我一张第二天的现场通行证。后来我给他看了大概四部我拍摄的8厘米胶片，给他留下了深刻的印象。"[21]

从环球影城游览回来的短短几天之后，他拿着父亲的公文箱，前往电影工作室。他没有寻求任何人的批准，也没有等到大学毕业，或者收到一份邀请。他就这么走入了电影工作室。他回顾道：

我的包里空空如也，就一个三明治和两个巧克力棒。那个夏天，我穿着套装，混迹在导演、作者、编剧和配音演员们中间。我发现了一间闲置的办公室，就索性占了下来。我从相机店买了些塑料铭牌，把我的名字贴在楼层索引里面，上书：史蒂夫·斯皮尔伯格，房间23C。[22]

## 为使命寻求支持

为了寻求使命的支持，你需要列出你生命中的重要人物，他们可能会受到你的新使命的影响。与他们一一约谈，详细讨论你的使命对于他们和你们之间关系的影响。在和他们会谈时，描述你的使命，以及你发现使命的过程。告诉对方你们的关系是何等重要，让他们了解你希望追随你的使命，同时保持与他们的良好关系。请求他们支持你的生命新旅程。找出你的使命与对方的计划与目标有协作效用的地方。

现在，你已经为行动做好准备。你将不仅享受到追寻使命的过程，而且你还获得了帮助他人的满足感。无论在你活着时还是在你离世之后，为他人留下遗产会带给你不可思议的成就感。

## 使命：为他人而创造

著名的意大利文艺复兴艺术家米开朗基罗，是为千千万万人留下遗产的绝佳例子。米开朗基罗被教皇委任在西斯廷教堂的天花板上所创作的绘画，成为当今艺术史上最伟大的成就之一。他业已建立了自己的使命：成为一名伟大的艺术家，通过艺术丰富人们的生活。西斯廷教堂，位于罗马梵蒂冈的教皇宫内，建成于数百年前。它将继续传承至将来。

米开朗基罗当时的主要身份是雕塑家。他早期的使命便是缔造伟大的艺术。在他18岁时，他一年里的大半时间都用于尸体解剖，学习人体的内部结构。他写的这首诗概括了他的使命的本质：

### 艺术家和他的工作

夫人，什么是某些人长期劳作的结晶？
为什么用坚硬磐石雕成的形象，
比它创造者的寿命更长，
而几何时，艺术家却化为尘土。

凡事皆有因果；
艺术战胜自然，显得更加辉煌。
我致力于雕塑，对此心里雪亮：
艺术超越时间和死亡，万古长青。

因此我能使我们俩不朽，
努力使你的脸和我追求的一模一样，不管用的是石块，还是色彩。[23]

本章节里那些卓越成功者都是闻名于世的人。这里重要的一点是，你不必为了成就伟大的使命而要成为名人。

## 一个关于辉煌使命的故事

玛丽·简·谢帕德于1992年12月18日离世。她并不知名，也没有发明范式转移的技术或者创立任何商业帝国。但是，她成就了一段辉煌的使命。玛丽·简·谢帕德的使命和那些名流的使命同等重要——抚养一个健康和慈爱的家庭。居住于加利福尼亚州的圣马特奥市，作为哈瑞·谢帕德的妻子和四个孩子的母亲，对于这个成长中的家庭及朋友们来说，她带来了仁爱之光。

然而，玛丽·简的家庭范围不仅仅是他们的直系孩子和孙辈们。她把“收养”孩子们的朋友和更多陌生人变成了自己的习惯。她传播着爱的感觉。她的温暖和对人的关心如同磁石一般吸引着周围的朋友。丈夫哈瑞称她为圣徒，儿子查理描述她是一位伟大的导师，帮助他发掘了生命的激情。

吉姆·康福，玛丽·简社区的邻居为她写了一首诗，《造物者》。其中的一个章节如此描述她：

造物者是杰出的魔法师或圣徒
生命充满爱意、魔力和亲密
造出烘焙的面包和家中花园
造育出孩子和孩子的孩子
编制慈悲的织锦

在她生命的早期，她同样经历了发掘使命的流程。她清楚自己最大的激情是与人们情感的关联。她发掘出自己的深层价值观——爱和慈悲。然后，她把这些激情与价值观融合为一个宏大的愿景——服务于他人的辉煌生活。她选择的是非常清晰、具体的方向，或称作她所努力的事业——社区的朋友和家庭。她深入核实自己与使命的协同一致。实现使命的任何内部障碍或被抛在一边，或被克服或更好地转化为资源。她建立了统一的承诺，不仅是在自己内心，更是与每天指引着她的人们。而她的遗产，以众多朋友和家庭群落的形式展现在她的面前。

在68岁时，癌症终结了她的生命。在痛苦的患病期间，她对他人的关爱和恩慈仍然照耀着那些对她的出现心怀感激的人们。在她生命的最后时刻，她告诉儿子查理，“我完成了所有来到世上的使命”。这可能是对每一位探索使命的人来说的最终极奖励。

我们如何知道我们在生活中履行着自己的使命呢？除了我们自己，没有人能够告诉我们。这是每个人只能自我发掘和理解的。

## 回顾你学到了什么

在进入下一章节前，写下你的个人使命。你可以在任何时候做出更改，而且你很可能会更改。重要的是，总结运用本章所学流程的结果，以便你能更好地学习下一章的内容。使命务必要包括生活中你的激情和爱好、你最深层的价值观和原则、一个宏大的愿景和具体方向（行动）。最重要的是，你的个人使命必须符合使命的本质悖论：你永远无法完成，但是你能够每天去做的事情。

达到你的使命的关键步骤总结如下：

- 发现你生命中的激情
- 重新检视深层价值观和原则
- 发展一个宏大的愿景
- 找到具体的方向
- 与你的使命协同一致
- 获得他人的支持

现在，是时候为你的使命设定具体目标，并重新评估现有目标与之的关联性了。你希望自己成为一位修墙的泥瓦匠，每天仅仅是垒砖和刷水泥呢？还是你愿意修建一座展现人类成就的丰碑？没有使命的目标，缺失的是激情和深邃的内涵。而关联使命的目标将你想象的情景转变为现实，为你做的每一件事情赋予意义、热情和快乐。

# 第五章

## 实现你的目标

凡是那些你能做到的，或梦想着自己做到的，现在就行动吧。胆识会赋予你才干、力量和魔法。

——歌德

## 实现目标的两种途径

设定和实现目标的途径有两种。最传统的是强调由外及内的目标设定方法。表述出来就是："如果你成功获得了外界的某种巨大成就，你就是一个成功人士，那种感觉好极了。"这样设定的目标通常与你每天渴望去做的事情没有关系。既然这些目标很无趣，最好抛至一边，因为它们不可能帮你实现伟大的成就。让我们一起审视一下，传统的目标设定途径的四个大陷阱。

### 陷阱1——度假生活

人们在设定非使命类型的目标时，往往为度假型的表述："我希望五年后退休，然后在帆船上度过余生。""我想在湖边舒舒服服地待着，一觉睡到自然醒。"

这种目标指向的是个人想要逃避痛苦的、不和谐的生活。当痛苦让你什么都不想做，你应该意识到，适当的休息和放松可以帮助你意识到自己的使命。在痛苦被治愈后，对使命的追求将引导我们迎接各种挑战。教练约翰·伍德说过，"世上凡是容易做到的事情，都不可能为你带来巨大的喜悦、满足感和欢乐。"①

## 陷阱2——被描绘身份的广告诱惑

许多人为自己选择的初始目标是模式化的、象征身份的画面："我想拥有一栋900多平方米的房子，那就是我的城堡。我还想有一部豪华奔驰轿车、一艘游艇。"这些物品的确令人赏心悦目。但是，在你花费数年时间去追寻这些目标之前，最好检视一番这些到底是谁的需求，否则最后可能享受它们的不是你，而是你家的清洁工和游艇船长。

还记得当阿尔奇·邦克看到一则啤酒的电视广告后，朝着伊迪丝嚷嚷要来一瓶啤酒的情景吗？这是一种对广告的膝跳反射，与他的生活目标毫无关系。类似的是，我们许多目标画面也来自广告。在完成了一些内部探索之后，你是否发现自己的美好生活画面来自一种社会阶层体系，它鼓励你"向你的邻居看齐"？如果是的话，建议你研究一下广告在美国阶层体系中的角色。有两本关于广告的好书，保罗·福塞尔的《阶层》和丹尼尔·博尔斯汀的《画面》。

你一旦意识到被媒体主导的消费价值观与支撑你的使命的深层价值观相比，是何等粗鄙肤浅，你就能够避免被炫耀身份的广告陷阱所诱惑。

## 陷阱3——"如果……那么"的财务目标

"如果我先干不喜欢的工作赚到足够的钱，那么我就能做我真正喜欢的事情了。"追逐金钱本身的人，通常都缺乏深层价值观引导下的使命。人们在生命的终结时刻惋惜不已的，并不是没赚到足够的金钱，他们往往更关注的是金钱、权力、地位和名声之外的深层价值观。

我们赚钱营生，但我们的生命意义取决于我们所提供的服务。我们有必要对支撑你的使命的金钱做出定义。这里有个不错的说法："金钱是一种我们选择用生命的能量去交换的东西。"②我们用生命能量去交换金钱，因而它是每个人使命中重要和必要的。金钱对于使命就如同空气对于身体——金钱本身不是目的，而是要达成重要目标的必要手段。想清楚如何尽可能多地赚钱，会让你有用力呼吸过度的感觉——有点眩晕，对现实的认知变得有些模糊。

以赚钱为最终目的的另一个问题在于，你并不是做自己喜爱做的事情。除了每天承受身心不和谐之外，这种“如果……那么”的财务目标所实现的时间往往比期望的晚得多。

这并不是说，在追逐使命的过程中赚很多钱是错误的。很多伟大的成就者一边创造财富，一边成就自己的事业。埃维·马里昂·考夫曼就是最好的例子。作为马里昂·梅丽尔陶氏制药公司的创始人，他累积的个人财富超过了十亿美元。他将几乎全部财富都用于成立基金会，帮助社会改善事务，并为堪萨斯州组建了堪萨斯州职业棒球队。

埃维·考夫曼通过他的公司和基金会实现了他的使命——通过帮助他人而获得快乐。埃维·马里昂·考夫曼基金会资助了数百位堪萨斯州的年轻人完成大学学业。他说，“你的生命意义在于你给予了什么。我活在世上，花钱帮助他人使我享受快乐。”③创造财富从来都不是他的首要目的。他希望改善社会，他的遗赠是美国现有最大的基金会。

## 陷阱4——手段还是目的

我们假设一位销售人员设定了一个销售目标，以在某个时间段实现一定数量的销售额。这位销售人员会使用什么方法实现目标？如果这个销售目标成了这位销售人员的使命，与他（她）的深层价值观割裂开来，他（她）在面对客户的时候可能会使用压力战术，而不是展现诚信和正直。这位销售人员可能愿意对产品做出虚假说明。那样的话，这位销售就陷入了手段和目的的陷阱。

这些方法可能短期会帮助他（她）完成销售额，但牺牲的是销售人员和公司的信誉。尤其是由于这位销售人员一开始并没有意识到问题所在，他（她）将来也会感到痛苦。当设定的目标并未与使命保持一致时，不择手段实现该目标将产生自我欺骗的问题。随着深层价值观不断被背弃、疏离，这位销售人员会在迷途中渐行渐远。“我们自我欺骗的能力要多大就有多大，”[④]堪萨斯市洛克号斯特大学的校长托马斯·J.萨维奇说。与之相反，当我们依深层价值观的准则行事，我们的目标与已经深思熟虑的使命一致，我们就会取得成功、健康等成就。

## 使命导向的目标值得你实现

到底什么样的目标才是真正值得追求的？是那些我们称之为使命导向的目标。如果你已经完成了前面章节的各个练习，你的使命与方向已经从你最深层的价值观中浮现出来。并且，我们假设你已经躲开了传统目标设定的四大陷阱——你清楚知道自己有意义、快乐和充满激情的生活方向，也就是你的使命。接下来的事情，就要关注值得你实现的有意义的行动目标。伟大的使命总是通过达成一些具体目标而最终实现的。

使命赋予你不同的角色，由此采取行动而达成目标。为实现使命的行动来自并体现于使命之中。你扮演的每个角色都表现出你的兴趣、热情、愿景、价值观和原则。正是通过这种方式，使命导向的目标与传统的由外及内的方法截然相反——它们产生于内部。

对伟大的成就者来说，在他们所热爱的事情面前，困难根本不值一提。世界一流的雪橇犬运动员苏姗·芭契儿这么说，“我希望找到一个地方，可以在荒郊野外与动物们一起生活工作。那么，问题的关键就是，如果你想做一件事情，就行动吧。”⑤

## 使命创造有意义的行动

卓有成就者通过热爱的事业而成事，堪称我们的楷模。我们通过模仿所知的方法也能够学会。回忆一下第三章里史蒂芬·斯皮尔伯格的使命是要成为电影制作人。作为电影导演这个角色，他必须提高与编辑们协同工作的技巧。如果你还记得的话，当他只有17岁的时候，他就跑到环球影城，未征得任何人同意占据了一间空办公室，把自己的名字贴在门上。他向编剧们展示自己拍摄的8毫米电影，获得他们的反馈，帮助自己提高导演技巧。这正是实现目标的大胆行动!

因为他已经发现了自己的使命，思维中既定的电影制片人的身份让他自然而然地采取了实现目标的这些大胆举动。要制作出伟大电影的承诺，源于内心、富有情感、以使命为导向，为他今后实现一个又一个具体的目标注入了源源不断的动力。

当制定一个目标之时，确保你的目标是值得实现的很重要。它需要是使命导向的目标——也就是说，它是你的使命所赋予的角色要采取的必然行动。那么，怎样才是使命导向的目标？下面的练习可以帮助你体验一下。

## 【练习十三】利用你喜爱的英雄

1. 想一个英雄。选择一位你极为倾慕的男士或女士。挑选那个其成就让你激动和激发你灵感的人。有人选择的是历史上的伟大人物，像温斯顿·丘吉尔、甘地、马丁·路德·金、苏珊·安东尼或埃莉诺·罗斯福；也有人选择的是伟大的宗教领袖，如耶稣、摩西或穆默罕默德。你也可以选择自己认识的人，例如一位家庭成员、同事或朋友。你甚至可以选择故事和神话人物——罗宾汉或神奇女侠。把自己交给你的灵感引导吧。

2. 观想一个特别的目标。选择一个你的英雄在他们的使命中实现的目标。可能是安德鲁·卡耐基创造了一个新的行业，后来捐赠了众多的美国公立图书馆；可能是甘地在发表演讲或参加游行；可能是埃莉诺·罗斯福在会议上能言善辩，确保了《人权联合宣言》的通过；可能是玛丽·蒙台梭利全神贯注于一个孩童；可能是比尔·盖茨在撰写MS DOS命令。无论你看到什么内容，你看到一系列有目标的行动在实践着那个英雄的使命。把那个目标制作成三十秒钟的电影。在脑海中播放电影，近距离看到完整的画面，色彩艳丽。让电影充满意义、触动心灵。然后，回到电影开端，按下暂停键。

3. 步入角色。把自己变成电影中的英雄的那个具体角色。体会作为这位英雄时，你的价值观、目的、原则和使命。解除脑海中电影的暂停键，播放电影，你身在其中扮演这位英雄。在内心完成所有场景。在你完成所有动作的过程中，体味你所感受到的情绪。

4. 自我询问。留在角色中，询问自己以下问题：

我的动机是什么？

为了实现最终结果——目标，为什么我要这么做？

这个目标如何与我更大的使命相吻合？

追寻目标的感觉如何?

5. 回到自己。反思实现那些匹配你的使命的目标，变身成为你的英雄所带给你的资源。这个练习的目的在于，让你体会追寻使命导向的目标过程所带来的感觉。

## 阅读过程中运用英雄练习

许多成功者都阅读过他们喜爱的成功人物的自传。埃维·考夫曼在他12岁时阅读过所有美国总统和主要企业家的自传。在他精彩异常的生命使命中，他是销售员、企业家、医药公司高管、社区活动家、棒球队老板、儿子、父亲、丈夫和慈善家。

你也一样，当在阅读自传时可以进行之前的练习。有规律的练习能帮助你发掘出你的内在资源，支持你的生命角色。在外人看来，你可能只是在阅读和思索。在你的内心深处，这个强大的工具会极大帮助你感受你的角色。如果你持续进行练习，将会重新激发你获取成就的巨大能量，帮助你实现自己使命导向的目标。

## 角色为什么重要

我们已经屡次提及角色。为什么它们如此重要？你越善于创造你自己的各种角色，你越能够实现你选择的生活。角色身份是我们信念系统的重要一环，其组成形式多种多样。伴随生活中每一个新的使命，你都会拥有新的角色身份。你的使命决定了你的角色，而你的角色决定了目标。

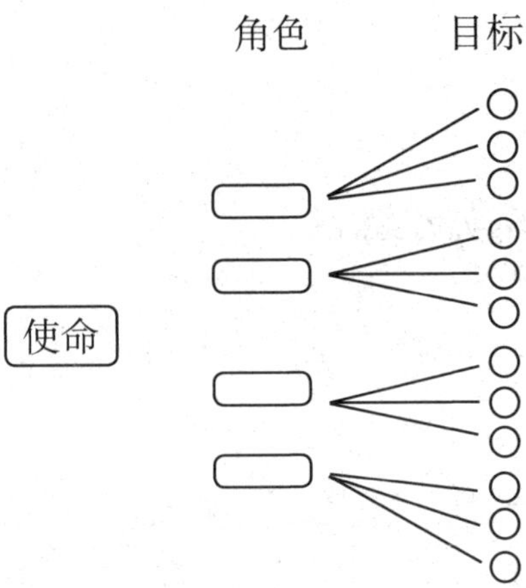


例如，一个人可能博览群书。然而，如果那个人没有作家的角色，他（她）就不可能通过阅读学会如何写作。一个有强烈的“我是一个作家”信念的人的阅读方式与其他人是截然不同的。他（她）会关注到不同的信息。作家阅读的时候不仅仅是获得信息，他（她）在阅读的过程中学会了如何改善自己的写作技巧。

如果一个人的使命是成为最好的汽车机械师，同时在他的技术中显露出艺术和对家庭、朋友及顾客的爱和友善，他的使命需要多重角色。他的角色可能会是会计师、艺术家、兄弟、电脑程序员、父亲、丈夫、调查者、解决问题者、服务人员、儿子、舅舅和工人。每一个角色都有一套自己的具体目标。你如何对待每种角色，决定了你如何扮演那个角色。

## 目标实现过程中的角色

让我们谈谈在你复杂生活中的各种角色。在本章节，我们把生命角色归纳为四个主要类型：个人角色、工作角色、个人和家庭角色，以及公民角色。其中某些角色可能有重叠，也存在许多其他的分类方法，最重要的是由你来决定哪些角色对于你的使命尤为关键。

### 你的个人角色

你的个人角色是所有其他角色的基础。个人角色有很多。[6]以下罗列了其中的部分内容和一些生活中的典型例子。

| 个人角色 | 典型例子 |
|---|---|
| 艺术家 | 毕加索、米开朗基罗 |
| 运动员 | 迈克尔・乔丹、玛蒂娜・纳芙拉蒂洛娃 |
| 发明家 | 托马斯・杰斐逊、埃默里・洛文斯 |
| 发现者 | 尼古拉・哥白尼、艾萨克・牛顿 |
| 傻瓜 | 史蒂夫・马丁、李尔王的傻瓜 |
| 自己的朋友 | 休・普拉瑟 |
| 英雄 | 马丁・路德・金、苏珊・安东尼 |
| 猎人 | 小汤姆・布朗 |
| 领导者 | 莫罕达斯・甘地、温斯顿・丘吉尔 |

| 个人角色 | 典型例子 |
|---|---|
| 学习者 | 阿尔伯特·爱因斯坦 |
| 魔术师 | 梅林 |
| 思考者 | 教皇约翰·保罗二世 |
| 圣人 | 耶稣 |
| 圣徒 | 特蕾莎修女 |
| 战士 | 诺曼·施瓦茨科普夫将军 |

完成使命需要多种不同的角色。以上清单罗列一些典型的例子，帮你更清晰地理解角色。需要记住的是，里面的人在完成生活使命的过程中也担当过（或仍在担当着）许多其他角色，就像你的情况一样。角色可以是真实的，也可以是隐喻性的。例如，如果你在使命中扮演圣人的角色，并不意味着你把自己当作耶稣，不理世事、整日祈祷。圣人的角色可以是你内心深处的一个基础身份。

你可以对自己说，“我是圣人。那么今天我如何担当这个角色，展现爱、悲悯和智慧？”担当圣人的角色可能是预见自己在行动前更深入地思索，或是经常阅读灵性文献。这些活动就成为你作为圣人角色的目标。请记住NLP基本预设原则：如果一个人可以做到，那么其他人都可以学着做到。换句话说，只要你相信，你就能够成就。

要让这些角色真实地服务于你的使命，重要的是区别哪些角色对应你的特殊使命。如果你仍然不清楚自己的使命是什么，回到第三章，运用其中的流程发掘你的使命。请记住：发掘使命就是找到你生命的目的。没有什么比这个更值得你付出时间了。

我们从最基本的个体角色开始——成为你自己的好朋友。每个人都需要这个角色。这个角色的意义在于，你如何在友谊中与自己进行沟通。你的身体健康、情绪健康和精神幸福全部取决于健康、积极地与自我进行沟通。你是否像对待好朋友一样对待自己？你经常对着镜子以友好、关爱和好奇的方式与自己对话吗？如果你发现答案还不那么确定，你就需要想想怎么和更好的自己做朋友了。

我们可以做的事情不限于对着镜子里的图像对话。许多人没有意识到他们可以用强大而智慧的大脑直接与自己对话。这种对话带来的是温暖、关爱自己的情绪。我们会在第九章里详细阐述。与你自己不同部分的内在进行沟通是一个有趣而迷人的过程。你有一个部分需要安全，也有一个部分需要良好的关系。你有许多不同的部分，它们有着不同的需求、愿望和优先度。你与自己的关系能够通过有效的内部沟通加以改善。有些人关爱并理解自己，而有些人则与内在自我唠叨、批评、争辩。如果你是后者，好好考虑一下如何加以改善。

当你经过目标实现流程的时候，自然而然会产生许多想法以成为自己的好朋友。你会确定在自我关系方面，你最想达成的价值观是什么，以及你希望发生的变化。这些价值观对你而言了然于胸，例如尊重、信任、爱、内在和谐、内在协作和全神贯注。那么，关键是那些对你的使命至关重要的个人角色。

现在，你可以使用一个甄选流程，选出实现你的目标所需要的角色，以下是练习。

## 【练习十四】为你的使命寻找个人角色

1. 察看个人角色清单，询问自己：“担当________角色是否对完成我的使命至关重要？”

2. 找一张纸，写下所有你认为对完成使命至关重要的角色。

3. 如果你发现有些你认为重要的角色没有包含在使命中，你可以重新润色使命的表述，把这些重要角色囊括进去。然后，把它们添加在你的清单中。

## 你的工作角色：为客户服务

工作中的角色往往变化很大，持续较久。与之前相比，工作正变得越来越倾向于自我发展。当你在审视自己的职业、工作和财务状况之时，你或许期待一些改变。留意在你脑海中出现的图像和词汇，认识它们的重要性。思考什么样的职业和财务回报会有助于实现你的特殊使命。如同埃维·考夫曼一样，意识到在给予他人过程中所收获的快乐。

与我们生命中的其他角色一样，我们的职业、工作角色需要投入同样多的时间、精力和学习，有时甚至需要投入更多。首先，想象在你的工作中可能会发生哪些激动人心的变化，然后浏览下面的工作角色列表。

### 工作角色

| | |
|---|---|
| 艺术家 | 有权有势者 |
| 合伙人 | 小兵 |
| 教练 | 服务者 |
| 同事 | 学生 |
| 合作者 | 下属 |
| 顾客 | 主管 |
| 医生 | 教师 |
| 懒惰者 | 梦想家 |

| | |
|---|---|
| 企业家 | 拿工资的奴隶 |
| 律师 | 工人 |
| 领导者 | 作家 |

想想你目前的工作角色。如果你是律师，你可能有许多可能的角色选项：枪手、弱势群体捍卫者、调解人、正义维护者和揽财奴。每一个职业下面都有各种不同的角色。你目前的工作角色是什么？你是拿工资的奴隶、有权势的人、领导者、打手、顾问、促进者、机器操作人员或者企业家？

把你现在的角色罗列在一张纸上。你是否喜欢它们？它们与你的使命一致吗？记住哪怕是一个具体的工作，你也可以有许多种角色身份去实现你的使命。

当你的工作角色匹配你的使命，你就需要辨识和发展担当这些角色的具体行为。如果你并不真心喜欢你目前的工作角色，就改变它们——从思维开始着手。展开你的使命，想象你的工作角色是什么。无论你在当前的组织中担任何种角色，你可以为了你的使命创造出你所希望的角色身份。

## 【练习十五】为你的使命寻找工作角色

1. 察看工作角色清单，询问自己："担当____角色是否对完成我的使命至关重要？"

2. 找一张纸，写下所有你认为对完成使命至关重要的角色。

3. 如果你发现有些你认为重要的角色没有包含在使命中，你可以重新润色使命的表述，把这些重要角色囊括进去。然后，把它们添加在你的清单中。

## 你的个人和家庭角色

在你的使命中，良好的家庭和个人关系处在什么位置？与他人的关系构成了丰富的生命。许多卓有成就者回顾他们的生活，发现他们的职业生涯极大地受到亲密的个人关系的影响。正因为意识到这一点，前IBM董事会主席小托马斯·沃森说，如果一个公司高管没有在个人关系方面花足够的时间，就不会是一个好高管。

想想你与现在及将来的重要家庭成员之间的关系，你的配偶、孩子、父母与兄弟姐妹。谁是你生命中重要的人？有一个方法叫作肾脏测试。如果你生命垂危，需要进行肾脏移植，谁会把自己的一个肾脏给你呢？

姑妈
兄弟
妹夫
堂兄
女儿
父亲
岳父
朋友
母亲
岳母
侄子
侄女
姐姐
儿子
继父
继母
舅舅

选择一个重要的角色，也许是一个你觉得还不那么满意的。想想你所希望的这种关系的模样。你如何知道你已经拥有了一种非常好的关系——与你的使命相一致？与你有关系的那个人是谁？

### 【练习十六】为你的使命寻找个人和家庭角色

1. 察看个人和家庭角色清单，询问自己：“担当______角色是否对完成我的使命至关重要？”

2. 找一张纸，写下所有你认为对完成使命至关重要的角色。

3. 如果你发现有些你认为重要的角色没有包含在使命中，你可以重新润色使命的表述，把这些重要角色囊括进去。然后，把它们添加在你的清单中。

## 公民角色：与更广泛的社区和自然的关系

在更广阔的背景下，社区、城市或你所在的国家，审视你的生活与工作。你也可以把地球作为一个整体来看。在你的市民角色中，可能有社区问题的改善或变化。你的英雄们是否也有公民角色？你的使命中包含了公民角色吗？

人们需要担当个体的责任，以让这个世界更加美好。有时是通过他们的工作角色或作为父母的角色来实现的。的确，母亲和父亲的角色可以被视作公民角色。有些人则认为，公民角色有别于他们的工作和家庭角色。也有人把工作角色作为公民角色。马丁·路德·金博士的牧师角色和他作为社会活动家的公民角色是合二为一的。他通过这个角色创立了非暴力行动，挑战19世纪50~60年代的种族歧视和隔离等不公平现象。我们都需要一种方式让外部世界与我们作为个体所发生的事情关联起来。富有远见卓识的文化史学家莫里斯·伯尔莫用一种轻松的方式描述了这种需要：

我们身体也属于地球的躯体……要想了解你自己的肉体，体会其中的痛苦与喜悦，需要从更宽阔的层面…… 有些事情显然关乎我们的文明之外，存在于自然与灵魂间的相互和谐关系，如果我们想作为物种延续下去，我们就需要领会它们。⑦

如果你喜欢户外运动，是一位自然爱好者，你的角色可能与环境相关。你希望城市有更清洁的空气，更便利的公共交通系统、自行车道，更好的交通管理。你也可能选择更大和更长期的课题，比如我们与地球上其他物种之间的关系。这种宏大的范畴常常出现在许多人的使命中——记住你能够在这个世界上做出自己的贡献。个人和小众群体一直都是改善世界的力量源泉。正如伟大的人类学家玛格丽特·米德所说的，“永远别怀疑一小群执着信念的人改变世界的力量，历史的情况正是如此”。改变世界始于改变我们自己的社区。个人、商业、家庭、全球性问题，莫不如此。

这里有一些例子帮助你在运用“目标实现流程”时选择公民角色。

## 公民角色

| | |
|---|---|
| 倡导者 | 自然爱好者 |
| 美化者 | 邻居 |
| 教练 | 公职人员 |
| 变革代言人 | 组织者 |
| 社区活动者 | 慈善家 |
| 议员 | 革命者 |

| | |
|---|---|
| 年长者 | 义工 |
| 书信家 | 选民 |

## 【练习十七】为你的使命寻找公民角色

1. 察看公民角色清单，询问自己："担当______角色是否对完成我的使命至关重要？"

2. 找一张纸，写下所有你认为对完成使命至关重要的角色。

3. 如果你发现有些你认为重要的角色没有包含在使命中，你可以重新润色使命的表述，把这些重要角色囊括进去。然后，把它们添加在你的清单中。

## 罗列出实现使命的角色

这里概括了人们实现使命的各种角色。你在浏览时，标注那些对你的使命尤其重要的角色。补充一些进入到你的个人清单里。

### 角色概括

| | |
|---|---|
| 个人角色 | 艺术家 |
| 运动员 | 发明家 |
| 发现者 | 傻瓜 |

自己的朋友
猎人
学习者
思考者
圣徒
英雄
领导者
魔术师
圣人
战士

## 工作角色

艺术家
教练
合作者
医生
企业家
领导者
小兵
学生
主管
梦想家
工人
合伙人
同事
顾客
懒惰者
律师
有权有势者
服务者
下属
教师
拿工资的奴隶
作家

## 个人/家庭角色

姑妈
妹夫
女儿
岳父
母亲
兄弟
堂兄
父亲
朋友
岳母

侄子
侄女
姐姐
儿子
继父
继母
舅舅

### 公民角色

倡导者
美化者
教练
变革代言人
社区活动者
议员
年长者
自然爱好者
书信家
公职人员
邻居
慈善家
组织者
义工
革命者

## 角色与价值观

你生命中的每一个角色都服务于实现那些特别的目标。实现这些目标的行动让世界有所不同。这些都是展现你的价值观的方式。你的使命的实现，正是仰仗每个生命角色中各个目标的达成。

联系到你的使命定义出的各项角色，例如兄弟姐妹、医生、工人、革命者、知识分子、朋友、学习者等。针对每一个角色，你可以问自己："有什么证据证明了我是一位出色的____？"显然你的回答会反映你的价值观。这一点非常重要，你必须理解每天践行的你的使命源于你最深层的价值观。在练习十中，你罗列了你的最深层价值观清单。把这个清单与《角色样本评估表》比对使用，确保你的角色与价值观是吻合的。

当你对你的价值观体系和它们每一个的名称了然于胸，你就可以应用价值观对你每一个角色的表现进行评估。

## 评估你的生活角色的有效性

我们假设在你的使命中有十个主要角色，分别是父亲、兄长、叔叔、朋友、合作者、主管、革命者、发明家、做自己的朋友和当地活动家。我们还假设，你的深层价值观是实现、快乐、爱和勇气。下面的表格提供了一种检验你的角色如何体现价值观的方法。根据你如何在每个角色中展现出价值观进行评估，计分从A到F。例子如下：

### 《角色样本评估表》

**深层价值观**

| | 实现 | 快乐 | 爱 | 勇气 |
|---|---|---|---|---|
| 兄长 | B | B | A | B |
| 合作者 | C | C | C | C |
| 发明家 | B | B | B | C |
| 父亲 | A | C | A | A |
| 朋友 | B | C | B | D |
| 自己的朋友 | D | D | D | C |
| 当地活动家 | A | A | A | A |
| 革命者 | A | B | C | B |
| 主管 | C | C | C | A |
| 叔叔 | B | B | A | B |

## 如何使用评估表

这个表格其实是一组评估问题，即“在我的____角色之中，我多大程度上体现了我的____价值观？”从左上角开始，问题依次为：“作为兄长，我多大程度上体现了‘实现’的价值观？”当你浏览上面的《角色样本评估表》，你能发现角色与价值观不吻合的例子。在表格中最不合格的角色就是“自己的朋友”。当这个人问自己“在自己的朋友这个角色里，我多大程度展现了实现、快乐、爱和勇气？”答案并不理想。你可以复制下面的空白表格进行自我角色评估。

### 《你的角色评估表》

**价值观**

| | | | | |
|---|---|---|---|---|
| | | | | |
| | | | | |
| | | | | |
| | | | | |
| 角色 | | | | |
| | | | | |
| | | | | |
| | | | | |
| | | | | |

如果你在某个角色上给自己评估为A，那么你应该更关注其他角色。如果所有角色都是A，你可以增加更多价值观或者角色。这里的重点是，建立一直持续的改善流程。测评中总会出现高低分分布的情况。你对于每一个使

命角色的充分演绎都有助于持续改善你的使命，令你活出充满快乐、富有挑战和生命意义的人生。

## 聚精会神于具体目标

实现你的使命需要选择具体的目标。当你去一家新的饭店用餐时，你会饶有兴趣地浏览菜单上的每个菜品，在脑海中考虑、想象、品味。当你审视生命中的主要角色，你可以使用看菜单的同样方法。然后，你选择生命中某个领域的一个具体角色，带着这个角色完成“目标实现流程”的四个步骤。类似于浏览美味可口的主菜餐单，然后选择某个生命角色来设定目标。

现在花些时间选择一个角色，有了这个角色，你就有强烈的意愿做出某种改变，或是实现你的新目标。如果上面的《角色样本评估表》是你自己的，显然的选择可能是“自己的朋友”，因为这个角色没有很好展现你的价值观。每次选择一个生命角色用来着手建立相关的目标。每次当你重新阅读本章节的时候，你也可以为实现使命而选择不同的角色，原因是“世上没有笼统发生的事情，每件事的发生都是非常具体的”。这个流程有助于你检视自己的生活和希望发生的改变，让这个过程更加具体和富有细节，从而实现你独特的使命。

既然你已经累积了对于使命的越来越多的激情，是时候采取行动了。随着你对使命愈发清晰，你的角色也就愈发清晰和顺理成章。通过下面的“目标实现流程”，你的角色会焕发新生。除了进一步改善你已经担当的角色，你的新角色还会每天涌现出来。现在选择你的角色，进入这个流程吧！角色不仅仅意味着目标设定——你的角色的集合及你如何扮演这些角色，正代表着生命中你是谁。

## 目标实现流程

了解你自己想要什么，是运用NLP的基础。另外，确认你想要的真正值得你追求，因为只有这样，在实现目标之际你才会有满足感。以下一系列问题会帮助你开发值得追求的目标，匹配你希望成为的那个人。这在NLP概念中被称作“构建良好的目标”。

### 选择一个具体目标

首先，你想要什么？在本章你做的练习中，选择一个想要的目标。如果你脑海中立刻涌现几个目标，那么它们是否有共性？例如，如果你希望项目按时完成、结束任务和开始健身运动，这些都与被激励有关。如果这些目标没有相似性，就选择其中之一开始练习。

NLP揭示了考虑目标的方式大有不同。你可以使用两种方式思考同样的目标，一种看起来目标很容易实现，另一种是视为几乎不可能的任务。接下来的问题会帮助你使用第一种思维方式。

确保你对目标的描述方式是你想要什么，而不是你不想要什么。例如，你的目标可能是“我希望同事们停止抱怨”，或者“我希望自己的建议被否决时感觉不要那么沮丧”，或者“在做演讲时，我不希望讲话速度太快”。这些目标统统是你在考虑你不想要的是什么。

你能很容易把它们转换成你想要的表述：“我希望同事们真正为他们的工作负起责任来”，或者“我希望把收到的反馈当作提高我的提案质量和我的沟通技能的良机”，或者“我想在讲话的时候留意我的声音，在需要的时候加以调整”。

当人们总在想他们不想要什么，或想避免发生什么事情时，他们的思维就聚焦于此，结果他们在生活中往往适得其反。使用负面语言进行表达的害处的例子不胜枚举。把你不想做什么转换成你想做什么，就这么简单，取得的结果却迥异。

确保你的目标表述是你自己可以实现的，而不是取决于他人的。如果你的目标是要求其他人改变，就算这个想法很好，它却只会让你处于被动和无助的情形。它就意味着你没有能力获得你想要的，除非你可以让他人为此改变。我们都有可能对他人有所需求，但重要的是我们的目标需要表述为：不管他人怎么样，我们都能够达到。

这么做听起来似乎不太可能，或者过于自我为中心，我们来看一些例子。当我们运用自己的能力和优势时，情况是何其不同。假设你的目标是“我希望老板别再批评我”，既然这是寄希望于老板去改变，那么它并不在你的控制范围内。这个目标让你处于劣势，需要依靠你的老板。

如果你重新表述为“无论老板是怎么评价的，我能做些什么找到更好的方法呢？”这就把自己放在了主导的位置。它让你感到即便老板批评了你，你仍然有自信和能力采取行动。在你被批评时，你希望感到自信，理清楚哪些批评内容你可以接受，哪些你不认可。这令你处在更强大的位置，因为你能够保持自信和睿智，能够得到你想要的，哪怕老板仍然会继续批评你。

我们再看另外的例子。假如你的困难是：“我最好的员工辞职了，我想让他（她）回来。”但是你根本无法掌控最后他（她）是否回来，你不如问自己：“他（她）回来工作对我意味着什么？”也许你们之间有最好的工作关系；也许他（她）工作效率很高，在你的指示不清晰时会及时反馈给你；也许你在授权给他（她）时会感到很放心，对取得的结果感到非常满意。

现在，你已经有了自己可以控制的目标列表。你可以找到更高效的生活和提升沟通技巧的方法，能够发现让自己满意的方法和授权给高效能同事的技巧。其实，这个员工回来与否已经不重要，你能够得到所有你想要的目标。

## 了解你的目标实现的证据

你如何知道你已经实现了目标呢？有些人对此一筹莫展。因为他们没有办法判断自己每天的行为是让他们距离目标更近还是更远。他们从未感到实现某个目标的满足感。比如，你的一个目标是更加成功。如果你没有感官的具体证据——你将看到、听到和感受到的——来衡量“成功”带给你的含义，你可能终其一生成就斐然却从未体验到“成功”的感觉。你完全可以把成功定义为让某人眉开眼笑、获得一份工作、得到某种水平的薪水等具体事情。但是，如果你不定义的话，你就无法体会。

回顾你之前选择的目标。实现的证据与目标关联紧密吗？确保这些证据能够让你切实感受到你有没有实现目标。例如，你的目标是成为高效经理人，你的证据是每天下班的时候都感觉良好。“每天下班的时候感觉良好”本身是再好不过的事情，但是它与成为高效经理人并没有必然的关联性。更好的证据可能是，你观察到下属在处理不同的任务时比之前表现得更好。

例如你的目标是成为一个合格的主管，当工人告诉你“你真是太棒了”，然后你便感到自己做到了。同样这也远不是最好的证据。如果你希望工人告诉你“你真好”，有可能情况是你疏于对提升工人绩效的监管。那么，更好的证据应该是观察和倾听他们的生产率、工作绩效和工作满意度。

另外，典型的错误是把目标实现的证据放在了过于遥远的未来。很多未来的公司高管把他们的幸福感和满意度关联在豪华的房子、理想的伴侣和丰厚的薪水之上。这些的确美好，可是它们是否真的重要到那个程度，以至于不实现你就宁愿不幸福吗？大多数人发现，在过程中得到的回报往往更加激励斗志。把目标设定成小步骤，每个小目标的实现就更容易。如果你的目标是完成报告、出建议书、达成协议、获得新的客户、打破销售纪录和有资格晋升，那么你在完成报告环节就可以奖励自己了。得到晋升之前你完成相当多的报告，你对完成报告的感觉越好，你完成的报告也就越多，早晚你的晋升也就实现了。

现在，检视自己的目标，你需要多久会高兴地看到目标达成，做些调整让它们更加有激励效果。考虑如何做到每次向你的宏大成就迈出一小步。

## 选择你愿意何时何地与谁一起实现你的目标

想清楚你希望何时想实现、何时不想实现目标很重要。例如，你的目标是“感觉自信”，你希望任何时候都感到自信吗？当你没有飞行经验却要驾驶飞机时？在30米高空走钢丝时？只有人们根本不相信自己能做到时，他们才会特别想获得某种感觉。如果你得到专业的培训，并且有足够的技巧，你的自信会很踏实、合理。同样的，你可以探索生活中可能的其他感觉：好奇、渴望、竞争、同情、敏感、信任、不屈不挠、爱，等等。

当你准确地了解何时何地与谁一起才合适的时候，你的目标会更容易达成。如果你希望一个目标贯穿你的生命，思考一下，在生命中的哪一步它最有意义，然后从那里着手。当你看到、听到或感到什么的时候，你知道你的目标实现时刻来临了？比如，“当我看到某个机会的时候，我会感到受激励”。

现在，把你愿意何时何地与谁一起实现，加入你生命中的目标，结果就会实现。

## 检查目标的生态系统

有时候当我们匆匆忙忙追求目标，我们会忽略了生命中的其他部分。“不顾一切”这个词就是这个意思。那些做事情“不顾一切”的人有他们难以言表的故事。故事里往往是破碎的婚姻、背弃的友谊和疏远的孩子。当成功终于来临的时候，他们却发现很难享受成功的味道，因为他们的生活除了工作之外已是如此单调。第三章节的使命练习，正是为了让你获得对生命和你存在于世界的更广泛的视野，这样你就能享受生命的累累硕果。现在，是时候考虑你生命中的其他部分了。实现你的目标对它们有何影响？同时考虑到积极和消极的方面。目标会占用其他时间吗？会影响你与伙伴、同事、朋友或家庭的关系吗？探讨实现你的梦想会带来的困难并非让你退缩，而是帮助你提前做好准备。为了让消极后果转换成正向的机会，你可以如何更丰富、更细化地调整你的目标？有时候很简单，你需要做的只是把其他人也包含在你的成功目标之内。其实，每个人都渴望与成功有约。现在就可以对目标进行调整，以便你愉快地实现目标。

有四个练习帮助你体验“目标实现流程”。第一个练习是关于你今后的生活目标的。

## 【练习十八】创造一个迷人的未来

1. 设定舞台。想想你明天你会去哪里——把它视觉化为图片。留意图片的样子，以及其中的颜色等细节。这幅未来的图片在你内在剧场的某个位置。留意你已经设定好的内在三维剧场——有声音和图像。你甚至可以把自己放置在舞台之中。

2. 看到自己担任未来的角色。现在，在内在的思维剧场里，看到自己栩栩如生地达成未来的目标。看起来，未来就在那里——很近、很亮，富有色彩。经过多年时间，你看到自己实现了那个独特的目标。以一种愉快的方式观察和聆听展现出来的所有细节。

3. 让目标更完整。当你看到自己扮演那个角色的时候，仔细检查下面的六个目标条件，以确保你的目标是完整的。

• 你看到的目标是积极的——以你想做的方式呈现，而不是逃避你不想做的。

• 你想要去完成目标。关键是“想要”而不是“应该”。

• 是你在做，而不是别人。

• 你能够做到——目标并非不可完成。

• 目标是具体的，而不是空泛的。

• 目标是生态平衡的：你能预见目标带来的影响，确保对受影响的方面都是积极的。

4. 创造吸引人的图像。在你看到的实现目标的未来想象图画上使用各种视觉特效。你可以使用X射线更清晰地看到你的思维和身体的内部构造。你也可以为了表达你愉快的情绪而使用特定的颜色。通过多个屏幕看到不同的事件正在发生，与具体目标相关的不同情景或时间。你所看到的目标是鲜艳生动的、三维的。当你把实现目标的场景变得够大、够近，充满生气和吸引力，同时也感受你的身体和情绪状况。花时间享受这个场景——你正在创作、导演和成就的大师之作。

5. 看到通道。把注意力集中到你所获得的成绩上，是多么有吸引力——把你引导过去。

现在，留意从当下时刻到那个特殊的未来时刻有一个通道。这是一种时间通道。

现在，你能够看到、听到和感受到这个富有吸引力的未来——正是你的特定角色下的目标。你需要找寻到达那里的通道，知道如何走这条通道。区别白日梦患者和视觉化成就者的最大区别在于：制定实际可行的计划。通过下面的练习，你可以学习如何成为视觉化成就者。

## 【练习十九】制定计划

1. 访问目标。回到你在未来角色中实现目标的时刻。留在那个未来时刻，享受你的成绩。在你四下张望的时候留意你的感觉。倾听你自己思维的声音。因为目标的实现，你在庆贺中。感受那一天那一刻。你达成了使命的目标，何其享受。体会实现目标的甘甜滋味。

2. 看到未来。现在，转身从实现目标的这一刻展望更远的未来。观察你的使命如何在未来继续延展开来。

3. 回顾过去。现在，转过身回顾过去。留意你一路走过的通道。看见过去那个“早期的你”正在阅读这本书。看到那个自己，留意从那里一直到你现在位置的通道。

4. 沿着通道边走回去。现在，检视你实现目标的道路。看着这条通道，站在边上开始在时间中往回走。你的智慧和无意识会为你展现你一路走来所做的事情——你能看到和听到是什么让你取得目标成就的。也许一些人曾帮助过你，也许发生过一些有特别意义的事情。观察、享受你为了实现目标而采取的行动。你有一些特定的步骤和行动。可能只有一部分非常清晰，也可能你看到了所有的步骤。对于那些模糊的部分，你需要更多的信息。

5. 留意路上的具体步骤。当你观察通道的时候，你会注意到许多具体步骤。问你自己：“我过去是如何展现能力采取行动以‘完全实现’这个目标的？”

观察和倾听所有那些一步步引导着你实现目标的元素：那些能力、行动、与人的互动。花些时间在这里。开心地看到你为了实现目标所做的事情。留意每一个行动后发生了什么。看到许多的行动和新的资源、能力出现了。当你看到那些步骤之时，意识到是你未来使命的一部分。在走完通道并观察到许多具体的行动和能力之后，记录下事件发生的顺序，以及完成那些步骤所需要的时间。

6. 回到现在。带着对实现目标的那些行动的感激之情，返回现在的时刻。

7. 感激你的目标。在你展望目标之时，关注目标是多么美妙，多么吸引人。如果你还希望多花些时间把目标变得更加激动人心，那就继续做吧。

在你第一次走这个流程的时候，可能有些空缺出现。通常出现空缺的正是你需要寻找的外部资源——书籍、朋友、顾问——帮助你完成某个具体步骤的地方。如果是这样，可以重复这个步骤。重要的是通过反复练习，这些步骤已经成为自动的大脑软件程序。这前两个练习需要成为你自己大脑中的NASA（美国国家航空和宇宙航行局）项目管理软件。它们可以在每天早上或任何你需要的时刻运作起来。

通过沿着你的目标实现路径的旅行，你的智慧和无意识已经揭示了如何实现你的目标的关键因素。未来进一步改进你对该角色达成目标的步骤顺序的理解，接下来很重要的是，在你的大脑中演练你将如何按顺序完成这些步骤。

## 【练习二十】快速演练

1. 扮演角色。告诉自己："我的角色是要做一位伟大的____，我希望以行动展示我的深层价值观。"展望这个未来角色的目标，看清这个目标。

2. 沿路行走。看见那条你将要实现目标的道路。在时间中行走，速度刚好能够快速地按顺序演练路上的各个事件。

3. 把自己"发射"回来。当你达到目标时，留意实现的时刻。然后回到当下的时间。

到目前为止，你已经为自己的某个特定角色建立了激动人心的未来；你已经在时间旅行中访问了那个目标；你看到了到达目标的路径；你也演练了实现将来目标的计划。想象力拥有多么令人惊叹的力量！现在是行动的时刻了——"实现它"，就像《星际迷航》中的舰长尚-卢克·皮卡德的指令。行动源于你的想象力。要成为一位视觉成就者，而不是白日梦患者，还有一步要做。

## 【练习二十一】采取行动

1. 设定一个现实的完成日期。看看你的日历，写下一个实现目标的庆功日。

2. 计划步骤。为你目标实现道路上的每一个行动步骤安排一个绝好的时间。在日历中记录下这些时间点。

3. 留意你的使命。注意你的思维之眼始终看得见你的使命。目标带来的强烈吸引力赋予你能量，引导你前行。享受着看到你的角色、目标和你如何去实现它们。你能够从多种不同的角度欣赏自己的愿景。你可以从现在到未来，看到你在走的步骤。你能去到未来，回首看看你是如何走到那里的。你也可以从观察者的视角沿着路边行走，看到你自己的行动。

4. 行动。现在，当日历上的时刻到来，执行你计划好的每一步。同时明白你正走在光明的未来之路上，当下时刻正享受着自我实现的愉悦。是行动的时刻了，以全部的承诺和资源，来自世界上最聪慧和最足智多谋的生命——人类：也就是你！

## 回顾你学到了什么

做白日梦的人和梦想实践家的区别是：做梦的人不全能够实践，但所有的梦想实践家都爱做梦。他们用行动为梦想充电。幸福属于那些大胆做梦并一丝不苟为梦想实现而行动的人。在本章里，我们一起讨论和练习过的重要概念有：

使命——发现你生活的目的

角色——为实现使命而担负的多种身份

价值观——对你而言什么是重要的；从对履行你的角色的情绪反应显现出来

目标——你希望以不寻常的方式履行角色而取得的具体结果，与你的使命与价值观一致

记住使用“目标实现流程”的关键步骤，以帮助你达成使命：

- 设计一个完整的目标
- 创造一个迷人的未来
- 制定计划
- 快速演练
- 采取行动

当你反复运用这些流程，你的使命及为实现使命而设立的具体目标会以加速度的方式呈现出来。

当你在各种角色身份中清楚你是谁，你的深层目的感将得到强化。在内心深处，你能听到并获得实现使命的指引原则。你能感受到目的性和重要性的内在信号，因为你的价值观充盈在你内心深处。

当你的具体目标被你的使命照亮，它们便呈现出独特的意义；因为它们兼具趣味与重要性，因而你对它们充满激情。使命导向的目标源于你是谁。它们并非一个需要完成的任务清单。当你在追随价值观和使命的时候它们会自然显现出来。如同你心中的英雄们一样，在你锐意追寻使命里程碑——你生命旅程的地标——的过程中，你体会到一种特有的和谐一致的感觉。

# 第六章

## 创造亲和有力的关系

## 良好关系的重要性

大多数成功人士都直觉地意识到，别人在自己的生活和事业中所发挥的重要性。可以毫不夸张地说，人是我们所拥有的最为宝贵的资源。关系如此重要，且各个领域里的大多数成功人士都建立了强有力和持久的关系，那么重要的是，他们是如何做到的。

许多个人发展类型的培训课程试图通过描述成功人士的做法来解决这个问题。有些较好的课程会告诉你要做些什么。如果你曾经学习过一项新的技能，比如体育项目，你就会意识到这种方法存在问题。知道要做些什么是一回事，知道怎么做又是另外一回事。还有些课程告诉你不要做什么。如果你学习过如何打高尔夫，有人会指导你说要避免你的辅助手发力去推。这就是典型的不要做什么。其实，只要打过高尔夫的人可能都会告诉你这一点。要做什么会更加有帮助："使用前手引杆。"然而，很少有人能够告诉你实际如何完成那个看起来简单的指令。如果你真的希望学会某种技能，你需要清楚要做什么，以及如何去做。你需要学习那些非常具体的"如何做"，才能让你成为最有效的人。

研究结果显示，在所有的销售行为中有83%的原因是因为顾客喜欢销售人员。研究指出，人们更倾向于留在被别人喜欢和欣赏的工作中，而不是薪水更高的工作。成功人士如李·艾柯卡和玫琳凯都深谙关系的重要性。艾柯卡常被人形容为开放而直接。他在与人交往中总能得到别人的喜欢和信任。人们在他周围感觉很好。玫琳凯的巨大成就与其主要的业务关注点——人，有很直接的关系。当问及她关于管理的话题时，她说："以你自己喜欢被对待的方式去对待他人——无论是在工作还是在生活中。仔细倾听他人关心的内容，让他们知道你很重视他们。" NLP 的研究发现，许多卓有成就者能够很快建立起喜欢和欣赏的关系。他们能够很自然地让人们在他们身边感到很舒服，并展示出对他人价值观的关注。那些功亏一篑或者失败的人，则往往缺乏这种能力。

许多销售和管理沟通培训都认为，亲和感很重要。他们常常建议通过与对方的服饰或者生活经验相匹配的方式建立亲和感。也就是说，如果对方喜欢棒球，你也要努力喜欢棒球。这种方法有时是有效的。但是，有些人尽管在没有棒球等共同兴趣爱好的情况下，仍然能够建立有力的关系。

我们使用"关系"这个词汇而不是"亲和感"是有原因的。亲和感仅仅是各种关系的一个方面。而成功建立和维持亲和感是如此重要，你需要掌握几种方法去达成。现在，很流行培训一些亲和技术——确切地说，如他们所承诺的"瞬间亲和感"。然而，大多数关系的持续时间远远更为长久。除非你面对的或销售的对象每次总是不同的面孔，或者你的生意都是一锤子买卖，否则你就需要长远地来考虑你的关系。成功人士都有能力建立持久的关系。

## 如何建立关系

作为商务人士，有必要问自己一个问题："我做的是什么生意？"有些人认为自己销售东西，因此自己的生意就是销售。其实不然。他们的生意其实是建立关系——因为这才是他们如何把东西卖出去的方法。在管理层的人同样也是在做建立关系的生意，正是通过关系他们才能完成任务。

那些最成功的公司（包括他们的员工）都理解其中不同的意义。麦当劳销售快餐，而他们的生意是通过他们的产品价值和在餐厅用餐的娱乐价值发展关系。IBM销售电脑，但他们盘踞市场数十年归功于他们提供给客户高质量的服务关系。在商业管理领域，许多畅销书都很重视客户关系。这种重视缔造了许多公司的成功，许多成功人士也领会到无论做什么事情，关系的重要性。

最为成功的人士在建立关系是有三个步骤：

1. 确定共同满意的目标。
2. 建立和维持非语言的亲和感。
3. 培养对他人的积极感觉

## 第一步：确定共同满意的目标

成功建立任何关系的第一步：你建立这段关系的目的是什么？你想要哪种关系？往往人们对建立关系的目的没有清晰的想法，这有可能造成重大的误解并丧失许多机遇。

回想一下你的第一次工作面试。可能你的关注点完全在工作上面。你认为会谈的唯一目的就是得到那份工作。其实，你在那次会谈的最主要目标是让面试官喜欢你……或者至少让他（她）认定你对公司来说是笔财富。如果你达成了这个目的，你得到那份工作的机会就大大增加了。

有一家成功的商业地产开发商很清楚这个原则。当她首次与某人见面讨论项目合作的可能性时，她大脑中有非常明确的目标。她走入会议室是要建立亲和关系，让对方留下积极的印象，从而同意下次继续会面。

为了你的成功而经营关系，你需要清楚地知道各种关系的目标何在。你可能已经把生活的目标做了非常好的规划。思考一下，你是否把实现目标的关键人物也考虑进去了？举例来说，你大脑中已经想好了某个销售指标。但是，如果在规划目标时你只是看到你想要销售出去的产品或者服务，你就遗漏了更为重要的东西。人们在规划目标的时候，眼前只看到那些具体的目标，而罔顾那些能够帮助他们实现目标的人，好像这些人根本不重要似的。这种方法很有问题。

经营关系的大师（像李·艾柯卡或玫琳凯）清楚知道自己要什么，他们会告诉你秘诀何在：把人放在视野中更近、更栩栩如生的位置，因为正是你与存在于你的世界的这些人的关系才能让你实现目标。

哈维·麦凯，作为畅销书《与鲨共泳》的作者和成功的企业家，深知与顾客关系的价值所在。他是销售领域的传奇人物，尤其是他在自己公司办公室产品潜在客户的关系经营方面。他训练所有的销售人员搜寻顾客的点滴细节。销售人员要了解他们顾客的个人或职业方面的66项内容，包括：他们去哪里度假，他们喜欢怎么找乐子，他们个人最重要的事情是什么，在与销售人员建立良好关系时他们最看重什么，等等。销售人员学会了寄送贺卡、感谢卡和发送客户可能感兴趣或有用的信息。麦凯知道他的销售团队可能无法收集到所有方方面面的信息，但是通过收集众多数据，他的销售团队就更有机会建立起卓越的顾客关系。正是因为了解关系对于成功的重要性，哈维·麦凯获得了商业成功。

## 【练习二十二】让人成为你的目标的一部分

1. 选一个目标。挑选一个你希望实现的具体目标，可以是非常熟悉的目标，或者花些时间想一个新目标。无论哪种，记得使用你在第四章学会的“目标实现流程”。

2. 确立目标影像。留意在你脑海中这个目标是如何呈现的。当想到这个目标时，你看到什么样的画面？听到什么声音？你对自己说了什么？想到这个目标，你的内心感受是什么？

3. 决定参与的人。现在，考虑哪些人对于实现目标来说是必不可少的。你是否把他们包括在脑海中的影像、声音和情绪之中？如果没有的话，把他们加进去。要实现这个目标跟谁的关系是你希望且必需的？确保这些人的影像和声音合理地出现在你的目标景象之中，他们将要帮助你实现这个目标。

4. 设定人与目标的关系。现在，留意这些人与目标之间的关系。他们是在你的影像中的前部还是后部位置？他们是彩色的还是黑白的？与周围的景物相比，他们的影像大小如何？建议你把这些人放置在目标景象的前部位置，越清晰越生动越好，因为你需要通过与他们的关系才能够实现具体目标。对目标景象做出调整，为了成功实现目标，让你与这些人的关系更加显著和不可或缺。

5. 未来规划。设想未来的一个时间你正在为这个具体目标而努力。在情景演练过程中，有意识地想到你刚刚描绘的目标景象，重点突出这些人以及与他们的关系的重要性。

## 设定包含他人的目标

当你学会了有效达成目标的方法，你会非常专注于你自己的目标。如果需要花费我们的精力去帮助他人实现目标，我们都知道那种感觉可能不太好。实际上恰恰相反，我们的研究发现，一个考虑他人目标的非常自私的原因——就是让你能够更加成功。

成功的大型组织把这个“黄金法则”运用在他们的顾客身上。知名的美国麻州策略协会建立了一个名叫PIMS的数据库，其中记录了各个经济领域中超过三千家公司的公司策略与对于盈利影响的数据。这一针对商务经理人的浩大数据库在皮特斯和沃特曼关于优秀商业实践的著作中被多次引用。PIMS的数据告诉我们，那些产品品质位列前三分之一的公司（意味着这些公司以客户的目标为己任）的平均投资回报率为30%，而位列后三分之一的公司只有5%。这个故事其实说明生意就是关系，只有以客户的目标为己任的公司才会成功。

大量数据显示，长期业务规划的重要性。长期来看，仅仅着眼于下一个销售订单的销售人员肯定不及着眼未来的同行成功，不仅考虑一次销售，更注重关系的营造，从而自然而然地产生后续销售、客户推荐，以及将来的其他生意。

当你的目标涉及他人，你就需要考虑他人的观点。我们懂得了黄金法则［并非你在最近的销售会议上听到的那种：“谁手里黄金（钱）最多，谁就说了算。”］，希望在考虑我们的关系目标时也能够加以运用。“我所想要带给别人的好处跟我的一样多吗？”如果不是，你需要改变你的目标，加入带给别人好处的内容。如果一个人不考虑朋友、同事、客户或顾客的兴趣的话，是不会成功的。

好好考虑何时何地运用这个原则。你实现目标的具体背景是什么？有一位非常成功的住宅地产销售，他很清楚他的客户和他自己想要的是什么。当然，他希望他们在消费过程中感到愉快。此外，他还希望当客户愉快地带着朋友们参观新家的时候，如果他们的朋友有兴趣买房或者卖房，能够首先想到他。在和他的客人的沟通中，他有意识地传达他希望客户转介的信息。在他交钥匙给客户的时候，他会为笑容满面的客户在新家前面合影留念。然后他冲印放大，把照片装帧好寄送给他们。通常，这些照片都会摆在客户的案头几年之久。

## 【练习二十三】设定关系的目标

1. 定义你的关系。首先，选择某个你已经认识的或者你准备结识的人。在同这个人的关系中，你希望得到什么？把重点放在这个人身上，涉及他人的目标和你自己的目标会有很大差异。

2. 使用“目标实现流程”。接下来，带着这个目标进入第四章末尾你学会的“目标实现流程”中。留意其结果再次验证了你所学习的那些关键要素。如果你想成功，就需要满足以下完整目标的五个条件。

3. 决定你的条件。

a. 想要。从这个关系中你想要什么？关系的目标是什么？使用积极的词汇描述你所想要的。记得表述你的目标时用“做什么”而不是“不要做什么”，“我想要客户转介”或“我想要一个特别的朋友”（而不是“我不想打陌生拜访电话”或“我不想孤孤单单”）。

b. 行动。要实现这个目的，你能做些什么？如果你对一个关系的目标是你无法控制的，你就会很容易沮丧受挫。例如，在冲突之中你无法控制另一个人，那么如果你希望他（她）表现出你所喜欢的行为方式，这是毫无意义的。有意义的目标可能是你随机应变、保持冷静，这样你就可以提出些高质量的问题，辨别另一个人真正想要的是什么。这是你所能够控制的。

c. 证据。你凭借什么知道你已经实现了目标呢？你看到、听到和感到什么让你明白你在达成目标？尽可能具体和实际。

d. 背景。思考目标的时间、地点？在何种背景下你想要这个目标？

e. 结果。如果你成功实现了这段关系的目标，对你产生的后果和影响是什么？对于另一个人产生的至少是同等程度的影响是什么？当你考虑实现这段关系目标的影响时，你期待立刻产生的影响是哪些？你希望六个月或一年后继续产生的影响是什么？再长久一些呢？在有必要的时候，对结果做出相应调整。

现在，我们使用一个简单有效的方法帮助你建立关系实现成功。

每次当你想到一段重要关系的时候，试着回答下面这些问题：首先，我希望从这段关系中获得的积极目的是什么？第二，为此我可以做些什么？第三，当我看到、听到或感到什么的时候我就知道我达到了目标？第四，我所希望的目标的时间、地点、与谁一起、背景是什么？第五，达到这个目标我预期的影响有哪些，对我和对涉及的相关的人——短期、长期和更久远的影响是什么？

无论何时当你考虑关系的时候，你的目标应当满足这五个条件。然后，随着关系的进一步发展，记得把这些目标始终置于脑海中的前部位置，来帮助你和其他人都获得所想要的目标。

## 第二步：建立和维持非语言的亲和感

尝试完成一个小实验让自己体验亲和状态的重要性。回想曾经的一次失败的沟通情形，你没有从对方获得你设想的目标——最后可能变成一次冲突或者沮丧的经历。然后回想曾经的一次成功的沟通情景，你达到了预想目标，你和对方都对这次互动的结果感到满意。现在，比较两次沟通中是否存在亲和状态。当人们反复进行这种比较时，就会发现成功的会谈是亲和的，而失败的往往缺乏亲和状态。亲和感是所有有效沟通的先决条件。如果你没有亲和感，你就无法和他人有效沟通。

亲和感是人类天然的能力。我们会很自然地运用多种方式建立亲和感。当一对夫妇在一起很多年后，人们会觉得他们长得越来越相像，实际情况也的确如此。观察那些有自己尊敬的导师的人，你会发现他（她）会穿着和导师一样的服装品牌，说话时用同样的词汇和语气。商业人士的穿着会符合公司的文化氛围。保持适应是人类很强的一种需求。我们都有许多这些行为，因为我们就是这么做的。他们都基于一种模式，即相似、熟悉或相同。想办法保持相似度减少了我们之间的差异，于是我们就能找到建立关系的共同基础。

在无意识中，你每天会处在数百次的亲和状态，非亲和状态也同样多。重要的是，你要有能力辨识何时你有亲和感，何时没有亲和感。如果你无法觉察亲和状态的缺失，自然你也无力采取应对行动。

如何辨别呢？下一次有机会的时候，你可以尝试下面这个实验。选择一个场景，你和一位已经建立亲和感的朋友或者同事在一起，在一种随意的气氛中，并没有重要的话题要谈——你可能只是随意拜访一下。你们的聊天很顺畅，你处在自然的亲和状态，然后试试下面的动作。选择一个和你的朋友非常不同的坐姿，你也可以试着与对方相反的方向做动作，或者使用很不同的语速和音量说话。留意接下来你们之间的互动情况。很可能聊天会变得不那么顺畅了。你的朋友甚至可能问你发生什么问题了。留意这时你的情绪变化。那种不舒服的感觉正是你不在亲和状态的信号。许多人感到自己不在亲和状态时会使用“不舒服”这个词。花些时间体会当没有亲和感时你自己的感觉。今后，当你有同样感觉的时候，你就知道你需要做些什么来建立亲和感。那种感觉就是你的“亲和感丢失探测警报”。我们的目的是训练你在警报触发之后，采取措施重新获得亲和感。假设在这个实验中你已经成功破坏了跟朋友的亲和感，请使用接下来介绍的方法迅速重新建立亲和感。

有两种不同的建立亲和感方法。第一种方法是，无论何时只要你开始与对方互动而你又希望沟通很成功，你就有意识地去建立亲和感。第二种方法是，你假设已经与某人有了亲和感，确保你的“亲和感丢失探测警报”开启了最高灵敏度，帮助你随时监测亲和感是否还在。两种方法都是有效的，前提是你已经熟练掌握了亲和感建立的技巧。

无论你熟练运用哪一种方法，都应当重视“亲和感丢失警报”的价值所在。举例来说，在贵重商品（如房子）的销售过程中，销售员与买家的关系往往持续数周乃至数月时间。尽管最初的关系有较高的亲和感水平，亲和感的丧失也很常见，尤其当出现不可预期的困难之时。这种情况下，最重要的是销售员有能力发现亲和感丧失了，并懂得如何再迅速重新建立。否则，顾客自然就流失了。这个道理在销售中是显而易见的，同样的情况也适用于任何商业或者个人的关系当中。就如同结婚多年的人们，婚姻关系的初期有很多亲和感，当然他们希望继续保持这种亲和感。多数情况下，我们都选择建立在亲和感基础上的舒服、流畅的沟通流状态。然而即使最好的关系也会出现亲和感丢失的情况，而必须重新建立。你需要运用亲和技巧让你们的关系回归共同基础——无论是经营生意，还是拥有良好的婚姻或者维持好朋友关系。

## 如何获得亲和感

当你和他人没有亲和感时，你们的行为方式是不同的。重新获得亲和感的方法是：变得更相似一些。最有效的沟通专家通过非语言的行为匹配获得亲和感，这也被称作匹配、映现或同步。[①]举例来说，如果你在某人的办公室，你和对方相向而坐，你仍然可以建立亲和感。让你们双方都感到舒服的一种办法是，一个人匹配另一个人的姿势。你坐下之后留意他（她）的坐姿，慢慢调整你的身体去匹配对方的姿势。注意对方腰杆的角度——是非常笔直吗？还是稍微倾向一边，或者向前倾斜？观察对方的头部是倾斜的还是直立的。如果你忽然把姿势调成和对方一样，他（她）会认为你故意模仿，这样反而破坏了亲和感。你需要慢慢地以不易觉察的方式接近对方的姿势。这并非什么新方法。你肯定留意过当你和朋友的互动非常顺畅的时候，你们彼此的坐姿或站姿是非常相像的。

当两人已经处于亲和状态时，匹配会自然出现。你也可以有意识地运用匹配去建立和增强亲和感。你能够匹配任何你观察到的动作。姿势、面部表情、呼吸频率、说话音调、节奏和音高——这些都是匹配对方的有效途径。所有这些非言语行为都是他们思维状态的表现，通过有步骤地匹配对方，你可以更加接近对方。匹配并非模仿和控制他人，而是一种你调整自己的行为和对方“同步”的特别方法。它帮助你感受和理解当下对方的状态，这不仅有助于获得亲和感，也会推进你的沟通效果。有意识的亲和感行为能让你重新关注你们的关系，避免大家忧虑重重或者直接予以忽视。

### 匹配音调和节奏

有时候你没办法匹配对方的姿势和面部表情，比如在电话中。无论是面对面还是电话中，有一个建立亲和感的强大方法就是：匹配对方声音的音调、速度和节奏。也就是说，你在回应对方的时候，使用相同的音调、速度和节奏。你这么做的同时，也在匹配对方思想的高度与节奏。你是否曾经经历过因为某件事而兴奋异常，你的思维速度简直就像飞驰在时速145公里的快车上，如果这时对方连车门都还没摸到，你和那个人实在没什么共同语言。

你可以记住，建立亲和感的一个诀窍是留意对方节奏的某些特点。注意他们的语言，总体来说是一直很快还是一直较慢。有些人常常会停一下然后继续说，有些人一直在说，连喘口气的机会都没有。当你留意其中的模式之后，你就可以调整你自己的语言接近他人的模式。有时候有人说这个技巧不管用，十之八九的原因是他们并没有真正改变自己的语言模式去匹配对方——他们以为自己已经改变了。因此，重要的是关注语言的微妙之处，并练习如何匹配。

位于科罗拉多州丹佛市的一家电话公司发生过一个典型的关于语速的事例。客服代表玛丽需要把一位新电话客户的服务从他的旧地址新奥尔良转移到新地址丹佛。在转移过程中，玛丽和另一位员工简在电话里讨论了资料转移的问题。玛丽和简在通电话之前从没有交谈过，彼此也不认识，但她们的交流很热诚，很快就把事情搞定了。如果有人听到她们双方的谈话就会发现，她们的声调非常相似，语速也保持一致，都比较快。

在和简谈话后不久，玛丽就给新奥尔良打电话把服务记录转移过去。来自新奥尔良的露西语速要慢一些，语调也更轻柔。玛丽仍然说话很快，音调较高。玛丽和露西也互相不认识，她们的对话就工作谈工作，很明显的是，两人谈了几分钟后情绪就紧张起来了。从她们的声音中可以听出沮丧的情绪，通话结束后双方都明显感到心烦意乱。这其中最可能的问题就是，她们在语速和音调上的明显差异。

另外一个声音匹配的例子来自贝尔系统公司。该公司旗下有几家区域运营公司。其中一家区域公司在顾客满意度评分中垫底。那个区的居民通常讲话的特点是，带着鼻音的单音调方式。经过顾问培训他们的声音匹配效果之后，他们训练了所有的接线员去匹配客户说话的节奏和音调。在培训后的九个月内，这个区域公司的客户满意度从垫底跃居到第二名。他们唯一的改变就是声音。

尽管你需要对亲和感丢失的非语言信号保持敏感，你也可以在下面的练习中询问对方在每个步骤的感受如何。通常他们会告诉你对话在何时顺畅或不顺畅——尽管他们未必了解其中的原因。

## 【练习二十四】建立声音匹配

1. 挑选一个不重要的场合。选择一个没有风险的情景，例如与同事的闲聊或者在公共场合与陌生人的聊天。你也可以找一位朋友背对背和你一起做这个练习。如果对方不知道你接下来要做些什么，此时练习的效果最佳。

2. 尝试匹配。当你和对方谈话时，留意他（她）声音的速度和音调。随着谈话的进行，轻微调整你的声音直到尽可能接近对方的速度和音调。留意沟通的质量：信息的流动顺畅还是阻塞？是否有亲和的感觉？

3. 尝试不匹配。在几分钟顺畅的谈话后，改变你的速度和音调，与对方有明显不同。注意改变对于沟通质量带来的影响。

4. 现在回到匹配。把你的声音改回到匹配对方声音特色的状态下，留意你如何重新获得亲和感让沟通得以顺利进行。

你同样可以匹配另一个人的动作节律。与讲话一样，一个人的动作也有其规律。有些人好动，有些人少动。有的人动作幅度大而连贯，有的人动作小而突然。轻微调整你的动作节律以与对方相似，这会极大帮助你营造关系。你可以使用与上面练习类似的方法更熟练地匹配对方动作的规律和节奏。

经过这些技巧的练习，你能够在当下迅速建立亲和感，当失去亲和的时候快速且容易地重新建立起来。接下来，你要考虑长时间保持亲和感。建立持续的亲和感是区别于“瞬间”亲和感与高质量关系的关键。

## 学习调整你的身体一致性

当身处亲和状态的时候，人们常常会表现得与对方一致。一个简单的实验可以说明。当你身处慢慢围拢的人群之中，留意人们彼此刚开始接触的几分钟里的情况。你会发现彼此处在亲和状态的人，他们很自然地与对方的姿势和动作保持着一致。这种一致表现在几个层级，当两个人有共同兴趣点的时候，他们会更加接近对方。例如，当你在飞机上与人搭讪，结果发现你们是老乡，你们的共同点会让你们在飞行过程中交谈更长时间。

另外一个更加有效的调整一致的方法是，运用空间位置。当你与人一起坐在客厅里，希望向对方展示你的相册或者一本书的时候，你通常会坐在他的旁边。这种位置会自然地引发归属和分享的感觉。在公司里人们坐在办公桌旁会谈时，通常都坐在与对方面对面的位置，也有人选择坐在靠近对方桌子邻近的一边。你能从接下来的会谈语言中发现这两种选择所带来的不同影响。

你愿意和对方“拳脚相对”吗？我们都知道在“西部时代”你要那么做的话接下来会发生什么！或者你更愿意“分享空间”？通过身体的匹配你们朝向一个近似的方向，你们看问题的时候就会更有共识、更和谐，产生同步的感觉。当你们坐或站得一致的时候，感觉好像你们分享着共同的空间，朝向共同的方向。你和对方在谈话中，会自然地朝着共同的空间做手势。如果你们彼此认同且有共同的兴趣，就很容易达成一致。如果你们有些冲突或者正在建立共同兴趣的过程中，你们的身体进行一致性的调整有助于加速达成合作。

在一家小型服务公司，一位高效经理人很好地运用了这些原则。她的办公桌按照常规的方式摆设，她的座椅在办公桌后面，对面则是一对椅子。当她想和某人保持距离或坦诚地谈一些不好的消息或反馈时，她会让对方坐在办公桌对面。但是，当她想建立亲和或深化已有的关系时，她就从办公桌后面走出来，坐在桌前的椅子上，和对方保持合适的角度。这样，她和对方谈话的时候，他们在共享一个空间，感到更加一致。

协同一致所产生的强大影响，首先是被一些日本公司发现的。在许多日本公司每天开工之前，会将员工聚集起来做保健操或群体操。这些公司的生产率获得了提升，而且工人们对工作也更加满意。最近更加有趣的发现是，这对减少工伤事故也有益处。这些都源于工人在开始工作前的协同活动帮助他们建立起的高亲和状态。

协调你和他人一致是一个隐喻的方法，帮助你牢记当你希望建立更好的关系时你要做些什么。你可以通过共同兴趣、身体朝向或情绪状态获得一致。

## 发展情绪的亲和感

当别人在焦灼不安的状态下，你可以通过情绪状态的匹配建立亲和感。与一些心理学培训所教授的方法相反，这些方法主张当他人处于愤怒状态时，你应该保持平静。也就是说，当有人大喊大叫："我要被你气疯了，我无法理解你为何那么做！"你应当平静缓慢地回应说，"那么在您看来问题出在哪里呢？"这么做可以平复那个人的情绪吗？当他们正在生气的时候，这么做会不会让他们感觉好一点儿？通常都不会……事实上，可能事与愿违让他们更加恼火。

当有人在情绪上很低落时，与对方说话或行为上展现出情绪状态的匹配是更加有效的方法。这并不意味着你同意那人所说的事情，只是表明你注意到对方切实的感觉。当注意到对方言语或行为上的情绪状态，你就可以与之匹配，甚至无须了解他们情绪背后的原因是什么。

所以，当有人说，“我要被你气疯了！”你可以回应道：“你真的生我气了，我感到很担心。”当然，关键是你的担心也是真诚的，这样你的声音语调才会与言词表达一致。当你留意对方的言语或行为的情绪状态并做出回应，你让对方了解你在接受他们现在的状态。这种非批判式的接纳，可能是你给任何人类成员的最好的礼物。

下一步是核实对方的确听到了你的认可。通常对方立刻放松了一些，焦虑情绪看起来有些减少。正因为大多数人生气往往是因为他们感到没有被倾听或不被关心，所以认可会降低他们的愤怒情绪。

在你确信对方对你的认可做出了回应之后，你就接着去解决问题。“我们是不是可以坐一会儿，谈谈什么让你那么生气。既然我相信你这么跟我说的目的是要解决问题，维护咱们的感情关系，是吧？”对方对此很难回绝，而且也令对方感受到你是真心倾听和理解他的。

这种反应假设对方喊叫的背后有一个正面意图——真正的原因是那个人希望跟你对话解决这个问题并维护你们的感情关系。当你回应时这么思考，就能帮助你和对方意识到每个人的意图总是正向的，尽管有时候看起来并非如此。有大量的NLP技术基于这个假设。人们的意图是不是总是正向的并没有关系，如果你的行为表现得就像这是真的，这将毫无疑问改善你的沟通甚至生活质量！依此行动和发言能够化解甚至更高程度的对抗冲突。

## 建立他人对你的正面感觉

营造关系的第三点在于，认识到我们每个人在他人的生活中都会有所象征。问题是，你希望你象征的是什么？你也许希望自己能够决定自己所关联的象征是什么。你可能希望人们把你和正面的事物关联到一起，尽管具体的反应仍然取决于你们关系的背景情况。你可以测试一下其他人对于你的出现的反应是怎样的。当你走进一个房间或者偶遇你认识的人时，特别是大家都没有预料的时候，留意对方的反应。当他（她）看到你，是如何反应的？你看到对方眼睛一亮，充满热情和高兴吗？还是你看到的是浅浅一笑或者眉头一皱，紧张或忧虑？这个测试能够很好地测量出你在对方眼里象征的是什么，甚至在你都没有开口说话之前。

鲍勃是一位中层经理人，他很好地学会了MBWA（走动式管理），最近在公司内部调岗到另一个部门。他认为随时出现在下属周围了解他们在做些什么，并提供帮助，这是很重要的。他履新第一天就决定四处走走看看，同时希望建立一些亲和感。但是，鲍勃没有料到的是员工们对经理在周围走来走去很不习惯，甚至觉得他的出现有点儿吓人，尽管他的态度是温和而友善的。你可能已经猜到，鲍勃的前任是一个给人颇有威势感的人。鲍勃通过观察下属的反应意识到了这个问题。第二天，他给办公室带来了新鲜出炉的油炸甜圈。当下属们在品尝甜圈的时候，他就有机会跟他们聊聊他们在做些什么、有什么问题等。经过在办公室分享油炸甜圈几天后，他留意到人们对他的反应已经与之前大有不同。鲍勃成功地改变了员工对他的看法。

让他人对你产生正面感觉的策略很简单。首先，确认你希望自己所关联的感觉或情绪状态。然后，表现成为那种情绪状态的最佳案例，做各种有助于在他人心中营造这一情绪的事情。在做的过程中，真诚至关重要，因为不可靠的人其非言语行为最容易背叛其言语。大量的最新研究都证实，非言语行为与言语一致的重要性。报告显示，当人们接收到不匹配的言语与非言语信息时，他们总是针对那些非言语信息做出反应——声音和面部表情——而不是口头所说的。甚至小朋友也能学会口头撒谎，只是因为他们很难控制自己的非言语行为，才会总是露馅。这解释了为什么当两者不匹配的时候，我们倾向于相信非言语信息。如果你希望传递强有力的信息出去，你需要面部和声音都反映出和支持你的言语信息。这么做最简单的方式就是真诚，这样你的所有行为自然而统一，也传递出同样的信息。

确保人们对你的正面感觉的另外一个重要因素，是你的胜任能力。通过设定清晰、完整的目标，与对方的行为（尤其是非言语的）相一致和匹配，并把正面感觉联系到你身上，你将拥有与他人建立高质量强大联系的基础。使用亲和感工具，你能够即刻与他人建立关系。然而，要拥有长久的关系，你需要“履行诺言”，需要胜任能力。如果能力不够完成工作，无论多少油炸甜圈和咖啡都毫无用处。

因为超群的亲和技巧，一家小型高科技公司的总裁一开始获得了员工的钦慕，然而随着他差劲的管理能力让公司江河日下，最终不得不宣告破产，员工们最终的感觉无不是愤怒和背叛。

在商业关系中，胜任能力才是长期亲和关系的硬通货——对于个人关系也是一样，你有能力兑现曾经做出的协议或诺言。顾客、伙伴、上级、同事和朋友来找我们的时候，无论他们有没有意识到，都有自己的目的。我们的诚信、能力和技巧如何满足他们所想，将最终决定他们对这段关系的满意度。如果你的亲和技巧让别人对你感觉良好，却无力提供他们所需的价值，他们将会充满困惑地离开，对你的评价也一落千丈。营造关系的技巧是对胜任能力的锦上添花，但不可能取而代之。

## 回顾你学到了什么

这一章讨论了在你的各种关系中建立亲和感的技巧和价值。在个人互动中，让双方都感到被尊重和倾听，让每一段关系发展得更为顺畅，需要三方面的技能：

- 学会从对方的观点看待你们的关系。确定共同满意的目标。留意对方的情绪和反应，并认可它们。确保别人听懂了你。赋予别人的行为以正面意图。开始着手解决问题。使用第四章学习过的“目标实现流程”澄清你对一段关系的目标。
- 通过模仿对方的姿势来建立和维护非言语的亲和感。这有助于你从对方的视野看世界。匹配对方的音调和语速来建立亲和感，从而消除两人的距离感。匹配对方的情绪状态同样如此。
- 通过表现最好的行为事例和不断的行为强化，在对方心中建立你所想要的正面感觉。

将这三个技能纳入你的才能库，将帮助你获取更大的成功、业绩、自由感、幸福感和满意的生活。练习建立关系的技巧，将改善你以及与你共事者的生活。想到那些你不太自信的关系或者你希望建立的新的关系，运用你的新技能去建立亲和感。

# 第七章

## 强大的说服策略

## 说服力的迷思

关于伟大说服者的迷思之一，是认为他们都是天生的说客。请你再思考一下：我们没有人是生下来就会讲话的……更别提说服别人了。就如同我们学习其他事情一样，说服力是我们习得的一套技能。我们每个人都拥有某些技能的天赋，但没有人可以不经训练就完全掌握这些技能。最好的沟通大师会告诉你，他们都曾立志探索、研究和学习，因为只有这样才能成为大师。学习与收获是直接关联的。学得越多，收获越大……无论在个人满意度方面，还是财务方面都是如此。

第二个关于伟大说服者的迷思，是认为他们都是巧舌如簧的人。有些人的确是。然而，更关键的其实是他们都是最好的倾听者，这正是很多功力高深的顾问和励志演说家们早已发现的秘密所在。

倾听如此重要，至少有两个原因。首先，当人们知道自己被人倾听的时候，他们感觉很好。在绝大多数交易和我们的日常对话中，对方其实很少真正倾听我们。我们感受到真正被人倾听仅仅存在于一些最好的关系中。被倾听，是人们喜欢而且希望多多益善的一种独特的体验。

其次，倾听是一个很好的方式去发现对某人来说最重要的事情是什么。这让我们了解他们的需求或对我们的期盼是什么。当你了解了某人的需求和期盼，那么就有两种可能：你的产品或服务能够满足或无法满足他们。

如果可以匹配对方的需求，那么你就可以充满信服力地向对方展示你可以如何满足对方的要求。如果无法匹配，你则可以直接说明，有风度地继续其他话题，从而避免了彼此都感到沮丧和浪费时间。有一位成功的地产中介，每次当她发现按照客户的需求在市场上无法找到房源时，她常常会这么说：

你告诉了我想找的房子类型，我们也看了最接近你的需求的三套房子。看来目前市场上的确没有符合你期望的房子。我也不想推销你不太满意的房子，那样只是浪费你和我的时间。我会把你的名片放在手边，市场上一旦出现你满意的房子类型就立刻联络你。

很多销售培训与沟通课程会告诉你，当客户不想购买的时候你应当鼓励他们按你的想法行事。试图让别人做违背他们的需求的事情有两大弊端：首先，你会花费大量的工作和时间尝试说服对方接受实际上并不适合他们的产品；第二，就算他们没有感到被你操纵，最后的结果也会是很不满意。重复销售和客户转介是达成销售的最主要方式，与其制造一位不满意的客户，不如以礼待人告诉对方你的产品现在还不适合他（她）的需求。顺便要说的是，上面提及的那位地产中介大多数的转介都来自那些她并没有销售房子的人。

老电影《34号街的奇迹》生动阐述了这个方法的益处。在一家百货商场工作的圣诞老人建议顾客去其他商场采购，因为那儿的产品质量更好，价格更便宜。当商场经理发现他的做法后大惊失色，正当他准备炒这个圣诞老人的鱿鱼时，却发现人们纷纷向他表示感谢，赞扬他有这么一位乐于助人而实诚的圣诞老人，他们纷纷表示将来肯定会先来他的商店采购货物。

说服力，是一种为他人提供令人信服的价值的能力。这个定义的关键词是对他们的价值，而不是对你的价值。他们只会对自己的价值观感兴趣。拥有说服力的人能够看到和听到对方是如何表达他们的价值观的，他们懂得使用关键问题来发掘出价值观。然后，他们就能够展示所提供的产品是如何符合对方的价值观和带来收益。

你也可以认为说服力与激励他人的方法类似。应用你在第二章学习到的激励你自己的同样的方法，你要记住，最重要的是你在激励别人做他们想做的事情、他们最感兴趣的事情、能够满足他们的价值观的事情。

许多优秀的沟通大师都深谙此道。他们总是迫切地想了解他们的客户、同事和朋友想要的是什么。如果他们发现能够满足对方，就很积极、愉悦地服务于客户。谨记这条原则有助于你成为合格的说服家，游说潜在买家为他们的最佳利益买单。要运用好这一原则，你需要有能力快速发掘顾客、客户、伙伴或朋友的需求或者说他们的价值观是什么。

## 发现他人的价值观

有几个简单的方法帮你发掘对方的价值观。人们往往会显现出许多线索，他们的衣服、所持有的物品、他们的习惯，以及他们待人接物的方式。还有一些典型特点，例如整洁、关注细节、粗枝大叶、热心关怀同事、对隐私的需求等都在表达他们的价值观。你能够以很自然的方式留意到这些信息。

你也许希望发掘他人在购买决策、工作质量、管理风格、个人关系等相关情形下的价值观。方法很简单，你只需要询问，“你最看重电话系统的哪些方面？”或“你最看重员工身上的哪些方面？”或“你认为斗志盎然的员工对公司意味着什么？”或“想想你最好的经理人，是哪些特点让他（她）从那些普普通通的经理中脱颖而出的？”

所有这些问题询问的都是价值观，在对方做决策时，你希望施加影响的绩效标准有哪些。这些和你发现自己的动力策略、激励自己的问题如出一辙。

许多成功的销售人员都使用这个方法：

我坚信我有优秀的产品（服务）。同时，我也清楚它只适用于那些希望、需要和重视这个产品（服务）的客户。有人认为我是一个销售人员，但我自认为是一名顾问，我的工作是寻找你们的需求和我们的产品（服务）最佳的匹配。所以，我需要了解你在________时想要的是什么。

你的探寻将告诉你，她想要买的是什么。当你清楚了解了，她就会买单。

## 说服力与价值观之间的关系

你可能发现，人们的欲望和价值观常常以不同的方式体现出来。对你而言，你需要区分两种类型。第一种可以被称作“材料规格”。当你询问一件商品或服务的重要特征时，你会得到非常具体的回答。答案可能会告诉你，它的运行温度多少、输出值多少、占用空间的情况或颜色等。

一旦产品或服务满足甚至超越了材料的要求，你想核实的就是第二种类型的价值观——“标准”。标准是更综合的价值观的具体体现。例如，一个产品必须是满足材料规格的某种特定尺寸。因为这种尺寸，产品的使用寿命更久（这是一个标准）、更耐用（这是另一个标准），并且减少了库存（还是一个标准）。所有的这些标准都有利于最佳利润，而这是更为重要的一个标准。这和你在第三章制定使命和激发动力所做的很类似。你诉诸的标准重要性越高，它所包罗的范围和价值就越大。比如你对机械尺寸的要求，其重要性往往不及耐用性，而与耐用性相比，增加利润则更为重要。

当你为汽车购买轮胎时，尺寸必须正确，这是材料规格。很自然的是，你希望轮胎寿命更久、价格更低。这是你的标准，更综合且没那么具体。但是，对你来说个人安全更为重要一些。大多数人会购买的轮胎可能寿命有限，但是他们确信会更安全。当米其林轮胎公司宣传道，“你的轮胎为你承载更多！”他们真是诉诸对许多人而言非常重要的标准——他们及家人的安全。

如果你清楚对方最重要的价值观是什么，例如安全性，那么达成销售就容易多了，原因有两个。首先，如果你的产品和服务的确满足他们更高层级的标准，对方购买的动力会很大；第二，你可以用许多种顾客想不到的方法去销售安全性。

例如，假设一位顾客需要某一尺寸和类型的轮胎。如果你了解到他最大的关注点是安全性，你立刻就能够想到该尺寸的哪种型号是最为安全的，同样你也知道这个产品一定对他非常有吸引力。然而，你可以更进一步地满足对方的需求。也许通过使用其他尺寸的轮胎能够获得更佳的安全性，这样你就不但卖了轮胎还附加了轮毂。你甚至可以进一步指出，无论轮胎有多好，一套防抱死刹车系统能够更好地保护家人的安全。因此，购买一台新车其实会更符合他的安全需求。当你拥有了更多推销机会的时候，你达成的订单也就更多。

这个道理简单而至关重要。你能够发掘的对方的标准层级越高、重要性越大，你满足该需求的可选方案就更多。可选方案越多，你就更可能成功地展现你的产品或服务的价值所在。请记住：你满足的价值观层级越高，你的说服力就越大。

要发现更加重要的价值观，你只需简单询问，“拥有____对你而言的有什么重要性？”每次通过这个问题你都可以得到一个更为重要的价值观。一个（销售退休金投资的例子）的对话可能是这样的：

| **“我想投资些钱。”** | **标准** |
|---|---|
| 问：“你的退休金投资想买什么？” | |
| 答：“我想买政府公债或国库券。” | 公债或债券 |
| 问：“政府公债给你的好处是什么？ | |
| 答：“业绩记录好，有担保。” | 业绩记录和有担保 |
| 问：“业绩记录和保险对你的好处是什么？” | |
| 答：“那么我退休就有保障了。” | 保障 |
| 问：“那么说这份投资对你最重要的就是保障了。” | |
| 答：“嗯，我也希望高回报，不过保障更重要一些。我不想冒险，然后输个精光。” | |

通过了解客户最重要的标准就是有保障，财务顾问就能够更好地帮助客户满足所需。他有很多选择，其中一些可能比客户开始寻求的公债或债券要好得多。

在你自己的领域里演练，了解客户通常有哪些类型的高价值标准。之后，你就能很容易定制你的阐述方法，选择满足他们需求的产品和服务。

## 探究动力策略

通过探究人们的价值观可以获得更全面的信息。还记得第二章里对趋向和远离动力策略的讨论吗？现在，我们看看如何运用这些策略影响周围的人。当你询问某人，“搞定那件事情对你而言的意义是什么？”他（她）或者以价值观词汇回应，或者在回答中透露了他（她）的动力策略的方向。

例如，许多客户在找房子时想要大空间。当中介询问，“大空间对你的意义是什么？”客户可能回答，“空间大了，我就可以自在地四处走动”。另一位客户的答案也许是，“空间让我感到不那么拘束”。

这两位客户是相反的动力方向的例子。趋向动力的人们使用词汇如“得到”“获得”“达成”“奖励”。远离动力的词汇如“避免”“减轻”“放松”“逃离”。

这里所讲的是神经程序中关于语言的部分内容。你实际上可以从某人的语言中听到区别。有些价值观词汇清晰地显示出动力方向。例如，快乐的价值观属于趋向动力方向，挑战同样是趋向型；安全的价值观属于远离方向；自由则可能两种兼有。因此，你需要追问一句：“拥有自由对你来说意义是什么？”如果他说“我要摆脱束缚”，你就知道这是远离性质的价值观；如果他说，“让我可以体验更多”，就是趋向价值观。

许多人说，“我想成功”。当你问道，“拥有成功的意义是什么？”一些人告诉你，成功会让他们向前行动：“这样我就可以旅游了”或“这样我就可以结婚了”或“那么我就可以有一个农场来养马”。另一些人的表述，会是他们要远离的事情：“那么我就辞职了”或“那么我就摆脱债务了”或“这样我就能离婚了”。同样，金钱也可以是趋向或远离型的价值观。当你获知他人的动力方向时，心里默默记下或者干脆用笔写下来。这些信息有助于你的沟通更加富于说服力。

当你尝试激励或说服某人时，确保你在使用他们喜欢的动力方向，并使用他们的标准词汇。如果他倾向于使用远离词汇，那么你想激励他的话就指出，如果购买了你的产品将不会发生什么事情。“如果你买了这辆车，你就不用担心（远离词汇）后期昂贵的维修和护理的费用了。”（他的标准词汇=费用）但是，如果他在具体事情上是趋向动力的人，你就要描述积极的收获增加他的动力。“购买了这辆车，你会赢得那些钟情于高性能汽车的人的钦羡和尊重。”（他的标准词汇=钦羡、尊重、性能）

## 决定思考策略

运用对方的思考策略是另一个激励和说服技巧。你如何知道运用哪种思考策略呢？NLP最知名的部分是眼部运动与感官思维模式部分。其共同创建者理查·班德勒和约翰·葛瑞德与当时的学生罗伯特·迪尔茨发现，一个人的眼睛的无意识运动反映了其内在的思考策略。对于眼部和身体运动的了解能大大增加阐述的说服力，原因就在于人们有时会停留在某种思考模式之中。回忆你在第二章所学习的，我们在五大感官系统中，主要运用于思考的有三个：视觉、听觉和感觉。当人们无意识地向上看时，你可以辨别这个人正在进行视觉化处理信息。也就是说，并没有注视外部的事物，而是在看内心深处。其他线索还有：他们在指向空间中虚拟的屏幕，他们以很快的语速说话，有时候他们的思绪明显游离在外，或当他们使用许多关于图片、图像或电影的词汇时。当这些行为持续几秒钟的时候，这个人当时主要以视觉化在处理事情。

区别于视觉化处理的人，有些人会不停地往下、往左方看；当他们陈述要点的时候会数手指头；当他们喃喃自语时或者用一种单调的声音说话时，常常触碰或者抚摸自己的脸部；或他们常常使用的词汇是提及人们说过、听到或读到些什么。如果他们持续做这些动作，他们就主要是运用声音和词汇处理自己的体验，也就是听觉型的。

第三种类型的人习惯往右下方张望，伴着叹气声或用手触及心脏的部位，或者把手在胳膊或大腿上磨蹭。当他们用缓慢的语速说话时，使用的词汇通常是他们如何感觉、理解或感动这个世界的。当他们持续几秒这种动作，他们处理体验的主要方式就是感觉型的。

所有人都能够在思考中运用这三种感觉形态。随着我们体验的变化，通常我们会快速地从一种形态转换到另一种，然后再回去。当你留意到有人在较长时间里使用其中一种形态，你就可以匹配他（她）的思维模式来增加亲和感。

视觉化思维模式会描绘一幅图片或电影："对于你如何看待这次购买行为，我是这么来看的……"听觉型的思维模式是提供词汇，尤其是喜欢列清单："根据你跟我说的这些，我听到你在说……"而感觉型的则谈感觉："如果我理解了你目前为止所提供的信息，你感觉现在的情形是……"当你的客户感到有人能理解她而面露微笑之时，你也可以确认你所讲的内容对方很容易理解并做出了回应。

## 在动力方向中加入次感元

在之前的章节里，你已经学会如何通过增加你脑海中次感元的生动性来让事物更加富有吸引力和激发力。你能够通过拉近距离、加大尺寸，更加艳丽和三维立体，让吸引你的或你要逃离的事情变得更加强烈。专业的说服者可以很自然地把这些强大的因素加入他们的建议和简报中。你可以有意识地学习应用这些。举例来说，你可以向远离动力方向的人说，"你已经告诉我你希望避免的窘境——故障停工、生产力损失、成本超支——在这些事情还没有大祸临头之前，我跟你解释一番我可以做什么帮你脱离困境吧。”

对于趋向动力的情形，你可以说，“我还不了解您将把公司引向多么富有光彩和行动力的未来。让我们谈谈你的宏大计划和我的贡献，让公司如何做得更大、更多元化吧。”

当你用这种方式组织措辞，把次感元的丰富度和生动性加入你的对象、客户或员工所展示出的价值观及图像之中，就会非常具有说服力。这种方法让你的产品或服务更瞩目、更有吸引力和影响力。

做到这一点最简单的方式是，通过调整你自己的内在次感元把你自己的内在图像和声音变得更强烈和引人注目。如果在你自己的大脑中它是宏大、引人瞩目和激动人心的，很自然地在你的行动、措辞、表情、姿势和语调中也会表现出来。以戏剧化的方式思考，超越生活。你会像一位讲述故事的长者，为你的思想和愿景注入生命。这正是所有彩色胶片、电脑图形和那些精彩简报的真正目的所在。这些都是为了捕捉听众的注意力，帮他们体验到他们的深层价值观能够通过你呈现的影片、图形、激光或音乐得以实现。现在，你可以比任何电脑以更富个性化、更准确和更切题的方式与客户交流了。

当我们听到，哪怕是旁人谈话的内容时，脑海中都会不自主地产生图像和声音。职业说服家对此心领神会。在NLP里，我们同样有透彻的理解。你无法不沟通。我们自始至终都在沟通之中，唯一的问题是：“如何精确地沟通？”或者“如何有意识地沟通？”

你是希望仅仅让别人看到你的建议书就可以了，还是想让他们领会到你的建议是如何照亮那些重要的目标，实现更大更有影响力的结果的？你可以运用这个影响力模式，使用次感元词汇，在你的语言中加入亮点和色彩。

通过少量练习你就可以很容易地把这些简单的说服模式融入高质量的访

谈、每次新的业务会面以及其他固定场合之中。这会让你的个人有效性产生重大变化。很快，这一影响力能力就会变成你的第二天性。

请记住：倾听不但令你的客户感受很好，而且为你提供了了解客户需求和价值观的良机。价值观包括具体的材质标准（例如尺寸、颜色和产量）和更通用的标准（例如耐用性、盈利能力、安全性）。要确认价值观，你可以问，“在……方面你最看重的是什么？”判断这些标准之中哪些对客户是最重要的，因为那些才是最吸引注意力和富有激励效果的，并为你满足客户需求提供了最大的发挥空间。要发现更多标准，你可以问，“关于……你觉得最重要的是什么？”了解了客户需求与价值观，你就能够轻松判断你所提供的产品或服务与客户是否匹配。了解客户的动力方向是趋向型还是远离型，你就可以顺着客户思维的方向去描述产品。对于趋向型，“这个产品带来的益处是……”远离型，“有了这个产品，你再也不会有……问题出现”。判断客户处理信息的主要方式能够帮你以更有力的方法匹配他们的体验：对视觉型使用“我看到你的意思了”。对听觉型，“我听到了你所说的”。对感觉型，“我已经把握住你所展现的内容了”。使用次感元的语言描述你的产品质量和带来的益处，会在客户的脑海中产生更宏大、更鲜明和更为瞩目的吸引力效果。

## 建立个人一致性

现在你还有一个必须学习的影响力模式，这个模式同时强化了我们所谈到的所有其他模式，并作为一个坚实基础支持它们。它并非一个技巧，却是其他所有模式的超级增压器。谈到它会有不同的名字：兴奋、热情、魅力、个人力量等。在NLP语言中，我们称为个人一致性。一致性意味着，在那个时刻组成你的所有部分都与你正在做的事情完全和谐一致。它意味着如此一种自我和谐的状态，你所表达的内容来自强有力的你的内在，甚至在你一字未说之时，别人已经被你吸引和影响了。

也许描述一致性的最佳方式是，先来看看非一致性是什么。如果你曾经在做简报时，被账单或孩子的学校之类的事情而烦扰，你意识到自己一心二用于现在的简报和需要处理的其他麻烦事情。你发现，当你如此这般分神的时候你的简报过程也会很难受。

一致性，是全神贯注于你现在正在做的事情上。在罗伯特·海因莱因的经典科幻小说《异乡异客》中，一位女士如此描述迈克尔·史密斯的全神贯注："当他在亲吻你的时候，他把任何其他事情都放下不管了！"

当我们在非一致性状态，我们没有专注于手头事情的部分会通过非语言行为表现出来，如抖脚、眼睛瞄向窗外、高音和偏紧的语调等。最好的情况下，你的客户只是略为分神和疑惑。最糟糕的情形是，他会把这些信号解读为你能力不足或者不诚实。众多研究都显示，约80%的沟通是非语言沟通。同样的研究发现，当人们接收的语言信息与非语言信息不一致的时候（例如用窃笑的语气说出"我尊重你"），他们通常只会对非语言信息做出反应——甚至他们自己都没有意识到这一点！人们是如此显著地针对非一致性进行反应，尽管你在其他各方面都处理得很恰当，非一致性却能破坏乃至毁掉你的沟通。

在之前的章节里，你学会了许多与他人建立强有力关系的具体方法。那些你决定与他们做生意或者建立某种关系的人都非常值得你付出心血，还有另外一个人同样值得你注意——就是你自己，涵盖了组成你自己的所有部分。一位智者曾经说，"每天清晨唯一需要你唤醒的人，就是你自己……既然你生命中的每一天你都将这么做，何不让自己为此感到快乐并享受其中。”生活中我们常常督促自己，因为有时候我们需要被猛推一把才能前行。但是，你很快就会为此感到疲惫厌倦。很多时候，你想好好照顾自己的感受。回忆一下，当你希望更多关注你自己而不是手头在做的事情的时候。

当我们关注自己时，一些人的经验往往是破坏而不是建立亲和感。回想你曾经在哪些时候忽视了自己的直觉，它告诉你什么才是正确的——当时你没有去做你认为更有价值的事情。当你那么做的时候，事情的结果往往也不令人满意。有时候你甚至会感到与你自己也失去了亲和感——一方面你想要这么做，而你的另一部分却想着其他方面。人们往往在事情出了差错之后才留意到这些情绪。“你知道吗，当时我就对那种情况感到很好笑。”处理内在一致性的第一步是，在一开始就清晰地留意到它，在为时已晚之前你就可以做些补救。

## 【练习二十五】发现你自己一致性和非一致性的信号

1. 非一致性。处理好与自我关系的第一步，是了解关系糟糕时的情况。回想一次你没有处在自我亲和状态的经历。你在非一致性的状态。当时内在冲突很严重，你没有“全身心投入”。当你回忆起当时的情景，留意你看到了什么：谁在那儿，正在发生些什么，你的选择是什么，你对内在的自己大声说了些什么，以及其他人在说什么和做什么。

2. 非一致性的信号。现在，留意你的感觉如何。用意识扫描你的身体，你发现自己在某些方式上与自己并不完全一致。可能你无法用词汇精确地形容你是如何意识到这种冲突状态的，重要的是，你清楚这种感觉或感受是一种你处在非一致性状态的警报信号。往往非一致性的信号是一种身体某部位不舒服的状态——感到胸部或者胃部“不对劲”。有时候人们感到该部位的左侧是一种感觉，而右侧又是另一种感觉。在中间线上，这两种感觉相遇的地方会有一种不匹配的感受，通常会觉得不舒服。你自我感觉身体的哪一部分处于非一致性？这种感受有什么特点？现在就记住这种感受。记住感受的细节，将来你就可以在非一致性状态时给自己发出信号。现在，放松一会儿。

3. 一致性。接下来，选择一次处于完全一致性状态的经历，在大脑中重温这段经历。你看到了什么？听到了什么？正在发生什么？

4. 一致性的信号。你感觉如何？有一种信号告诉你，你在“全身心投入”，这是一种什么样的感觉？通常一致性的信号往往是整个身体的愉悦感觉，感到兴奋或准备就绪。人们有很多种方式描述这种一致性的感觉。他们会说，“我没法描述出来，我就是知道。这是一种直觉”。有人会听到一个响亮的声音说，“好，行动吧！”几乎所有人都说，他们的身体也随着感受到“动起来吧”。身体里常常有种完整的对称与和谐感。有一种开放的感觉，往往在胸部的位置。另外就是感觉被推着向前，也同样主要在胸部。

留意你自己身体的哪个部位带来一致性的感觉。找到形容这种感觉的特点的一些词汇，记住这一感觉和相关词汇。未来，当完整的你处在强大的一致性状态，这些就是带给你的信号。

5. 比较感觉。现在，把你刚刚体验到的一致性的感觉与之前非一致性的感觉进行比较，留意它们之间的差别何在。两者间的比较会让你更加明了。如果是身体不同部位的感觉，你可以在同一时间体会这两种感觉并加以比较。不过，多数人采用更容易的方法是按先后顺序比较两种感觉，快速地从一种切换到另一种。

仔细比较这两种感觉，记住它们的区别所在，将来你处在一致或非一致状态时你就可以及时给自己一些反馈。如果你感到很难辨别一致性和非一致性，可能你还需要足够的时间切实记住每种感觉的细节。那么你需要重温这两种体验，捕捉其中全部的感觉和感受，然后再比较。

## 重获你自我的亲和感

既然现在你可以辨识你何时处在自我一致性或非一致性状态，你还需要学会在非一致性状态下如何采取行动。许多沟通类或自助类培训课程提倡“突破”和“克服”自我的抵触。我们都曾经暂时忽略或压制某些部分以把事情顺利完成。然而，当你内心深处存在抵触的部分之时，很多人都发现你越是尝试突破它，它反而抵触得越强烈。如果你和一位朋友或公司同事有所冲突，他们“强行突破”了你的反对意见，你的感受恐怕不会很好。许多人会感到被忽视、遭到蔑视甚至更糟，你的内在部分也会有同样的感受。你需要更好的方法处理内在冲突。

有时当你做好写报告的准备时，你发现自己一直在注视着透过窗户的灿烂阳光。你的思绪翻腾，想象着在林中远足或在湖边散步。如果你尝试停止这些想法，当你加以抑制的时候，它们很快就隐藏了回去。这种内部冲突令人不愉快，不利于你的成功。这就像你向某个方向开车，但同时有一辆拖车拽着你朝向相反的方向。一些人把冲突的部分当成是受干扰所致。这是不对的。有时候相互冲突的不同部分正是我们作为复杂的、独一无二的、独特的个体的丰富的多种行为的体现。可以肯定的是，降低内在冲突能够改善心理健康，并且长远来看，这对身体健康也有好处。

自我的纪律训练是个人发展的有力技能，但这并不等同于忽视或践踏我们内在的部分。当你压抑你的某一部分时，它会经常反弹——而且以更大的力量出现。那个反复出现的部分背后存在许多能量，无论你多么努力去压抑它。

看似矛盾的是，如果你暂时接纳你纷繁的思绪并加以关注，你就更能够控制它。关注树林或湖泊的念头，你能意识到它所表达出的是你可能久已忽视的某种重要需求。你的某一部分意识到你太需要休息和娱乐了，僻静的树林和湖边运动恰恰能帮助你。

一旦你承认令你分心的部分对你是很有价值的，你可以决定下个周末甚至是今天傍晚就去树林或湖边。一旦你给自己一个承诺，令你分心的那部分会满意地等待周末，确定你会遵守诺言，因而无须再侵入你正在做的事情了。采用这种方式处理，你的那部分能量就会皈依于你，而不是成为你的敌人。同理，你的各部分是你最伟大的资源，你应该竭尽所能地使他们成为伙伴，各部分的你都可以成为你的伙伴，一起协作为你谋取最大利益。内在的伙伴和那些外部的伙伴同等重要。

即便没有内在冲突的时候，你仍然需要与你生活中最重要的人物……也就是你自己，建立最强有力的关系。强化你与自己的关系，你可以使用前面章节所学到的与他人建立关系的同样的步骤。与之类似，第一步是设立一个共同尊重和满意的目标。你对与自己的关系方面的目标有哪些？

下一步是把你的其他部分放置于目标规划的前端位置，凸显其重要性，以便你更多地接纳和运用它们。例如，如果你关注幽默部分，你就可以把所有的活动变得更富有幽默感。

然后就如同跟其他人一样，使用“目标实现流程”与你的这部分设定你们之间的关系目标。把这些规划步骤包含其中——使用积极语言思考你需要的是什么，想象要实现目标你能够做些什么，哪些证据表明你的成功，何时何地你希望目标实现，留意相应的所有收益和后果有哪些，有必要的话，进行相关的目标调整。

当我们获得了更大的自我内部的和谐，我们就可以考虑在具体环境中哪些部分以最恰当的方式被表达出来了。通常我们讨论的并非某个情景，而是整个生命。开始与你自己的良好关系的方法是，清晰了解你在为你的生命和使命做些什么事情。留意当你感到自己全身心地“有目标”时你对自己说了些什么。问自己来到地球的目的带给你的感受是什么。看见自己在为实现使命而前行。

## 与你的内在声音一致

在之前的章节里，你学会了如何与另一个人获得亲和感。你也能够运用类似的内在协调流程建立与自己的强有力关系。这个完整的流程被称为“协调感知位置”，由康妮·安德鲁斯所建立。你将学会这个流程中的一个重要步骤——与你的内在声音一致。

我们都有一些评论性的内在声音。有时我们对自己说“太蠢了！”或“我简直不敢相信你又犯了那个错误！”或“你应该干得更漂亮一些！”通常这些声音响亮而迅速，有时带着严厉和嘲讽的音调。

有些人的内在声音为他们带来麻烦。可能是些评判、责备和批评他人的声音：“如果那人不那么混蛋就好了！”有些声音通过一番分析，把我们和他人区分开来：“这里真正起作用的是x、y和z。”有时候是一种声音反复地预测、否定未来：“我就是怎么学习也不会成功的。”

如果我们真正倾听这些声音，我们会发现些有趣的事情。这些声音与我们正常说话时的发音部位——胸腔、喉咙和嘴，都不一样。这些声音发自不同的部位，而且通常都是朝向着我们，而不是远离我们的。有时候感到这些声音位于我们的身体之外，在我们上方，或右侧、左侧。如果在身体内部的话，声音常常来自耳朵，或头的后部或前额，或其他地方。如果这些声音与我们自己是充分一致的，他们本应变得如同我们讲话的声音一样，随着呼吸从胸腔发出，通过喉咙，经过口腔和嘴唇发出来。内在的声音却几乎从没有以这种一致的方式出现过，而当我们花时间重新协调的时候，就会发生许多积极的变化。声音会变得柔和，听起来更愉悦，来自我们友善的部分，而不是敌人。接下来的练习会让你体验这种内部协调。

## 【练习二十六】创造内部协调

1. 讨厌的声音。回想一个批评你或某种方式烦扰你的内在声音，让自己回到当时的情形之中。当你身处当时的情形时，倾听那个声音，留意它说了些什么，听起来像什么，声音从何而来，传导的方向是哪里。

2. 把声音移向喉咙。现在，慢慢把那个声音移动到你正常讲话时你自己声音的发声部位。留意随着声音越来越靠近你的胸腔和喉咙的位置，声音渐渐发生的变化。它所说的词汇、音调和音量常常会发生某种改变。

3. 留意其中的差异。当声音完全移动到喉咙区域，在你自己声音的发声部位之时，注意现在有何不同。通常声音会变得柔和，音调会变得更加像是你友善的一面。有时候，措辞不再是批判谴责，而变成了事实陈述或有益的建议。词汇也变为清晰地陈述你的感受、你的想法或你所想要的是什么。

4. 检查“我—你结构”。讨厌的声音通常以“你”开头，然后是一段评判，例如“你个蠢货……”。我对自己使用这种声音说话的时候就好似在对着另外一个人——我说“你”而不是“我”。随着这些声音移动进入你的身体，他们常常立刻就变成以“我”开始的一段陈述，接着“感受”“看见”“听见”“想”……“我不喜欢发生的事情”。“我希望从你那里得到不同的回应。”如果你的声音没有发生这种变化，邀请它发生变化，并注意这种变化如何改变了你的体验。邀请你的声音使用“我”开头的陈述：“我想……”“我感觉……”“我希望……”

5. 未来计划。思考未来哪些情形你希望有这种内在协调。把自己置身其中一种情形，快速完成以上四个步骤，留意这种重新协调如何让你感到更加完整和富有资源，并让当时的情形更容易处理。

大多数人在与内在声音协调一致后，会有资源更加丰富的感觉。人们常说他们现在对他们的想法和感觉更加清晰了，而正是这种清晰度让他们更容易采取合适的行动。也有人感到轻松、开放和完整，不再是混乱、沮丧和紧张不安。

然而，也有少数人感到这个流程让他们不舒服。如果你也是如此，这意味着你需要经历完整的“协调感知位置”的流程以获得充分和舒服的协调。[①] 现在，你可以把声音放回到你最初发现它的位置了。

## 深层个人一致性的重要性

我们越深入研究成功、高效和富有成就感的原因，我们就越发清晰个人一致性的至关重要性。往往阻碍我们的并非缺乏能力或技巧，而是我们自己。假如我们心存梦想的生活，却妄自菲薄，那么我们就会踌躇止步于追逐梦想的道路上。我们大多数人都偶尔有些阻碍我们的情绪性反应，可能是心存恐惧而无法采取合适的行动。害怕、嫉妒、自以为是或不安全感，这些情绪往往会是我们做选择的道路上的绊脚石。当我们观察别人的时候会看得更清楚。你可以猜测，是什么让你的某个同事无法与大家更好地一起工作。这种观察也会让我们自己大受裨益。

我们大多数人过去某个时候都曾经绕过我们的某些部分。我们都体验过，粗暴地把恐惧、愤怒或不安全感等情绪推到一边去，并不能解决问题。只有当我们尊重并欢迎我们所有的部分，让它们成为完整的一体，我们才会拥有更丰富的机会去获得成功与满足感。

本章节介绍的各种方法能帮助你更多地做到内在一致——与你自己建立更为和谐的关系。如果你期望在内在和谐方面有更深入的探索，NLP Comprehensive机构的联合创始人康妮·安德鲁斯最新的突破性研究会对你大有帮助的。②她的“核心转变流程”被誉为NLP之花的盛开，能够帮助你以极富同情心的方式进入个人一致性。你曾以为的个人缺点都转化为你有价值的朋友。当我们成为完整的自己，我们将打开实现生命梦想的大门。

## 建立你的身体的一致性

与你自己的内在声音一致是增进你个人一致性的强大方法。类似的，匹配你的行为与你的价值观一致，将产生更大的自我亲和感、内在和谐和自我满足感。人们常说他们想过上“好生活”，要牺牲一切去实现。如果牺牲的意思是克服困难或不确定性，那么这是要获得任何成功都必须做到的。但是，如果你是指为了成功而不得不忽视乃至否定你的价值观的重要组成部分，你最好要三思而行。一些人打着成功的名号牺牲他们的婚姻、亲子关系或他们的身体健康。如果他们真的不在乎那些人和事，他们可以做到忽视它们并保持一致性。然而，如果你看重一件事物，你会渴望拥抱它，花更多的时间在上面，在生命里充分地接纳它。

尊重你的价值观你需要展现如何与之匹配，并花费时间追随你的价值观。如果你看重身体健康，就做些事情把身体照顾好。如果你重视高质量的亲子互动，就找时间去做。如果你想要与配偶的亲密感，就着手建立起来。在你采取行动之前，你必须认识、承认和尊重什么是对你真正重要的事情。要实现与你自己的和谐关系并没有速效技巧，关键的是觉察力——了解你最重要的目标和目的是什么，然后采取与之相匹配的行动。当你拥有了一定的觉察力，接下来就是建立你与自己的信任关系。如果你曾经频繁地破坏自我亲和感，就更像是与一位经历严重考验的朋友之间重新获得信任。这个过程会花费时间、耐心及谦卑，但这一切都是值得的。

## 让自己感觉良好

建立强有力的个人一致性的第三个方面，是为你带来良好的感觉。将你的内在声音和你的行为与价值观一致会对你大有帮助。另一个好主意就是好好对待自己。现在，今天，就力所能及地为你自己做些什么。一双上好的运动鞋、一瓶古龙水或一份巧克力，花费不多却让你感觉到现在你很欣赏自己。一次按摩、一次周末逃离喧嚣之旅、一部电影或赛季门票，是我们欣赏自己的另外一些方式。要知道善待自己最重要的并非花钱本身，也不是炫耀或者因为我们应该要买些什么，或者其他人也都在这么做。如果那不是你真心想要的，就毫无价值。我们的目标是找到最合适你的，提醒自己你是多么照顾完整的自己。

关注自己的目标和价值观，匹配你最深的需求和渴望，和善地与自己对话，好像你是自己最好的朋友一般，做些或大或小的事情让自己开心，你就能够建立起延续整个生命的惊人的个人一致性。当你拥有个人一致性，你知道无论你做什么事情，你都获得了你所有部分的全力支持。这甚至在你开口讲话之前就传递给其他人，它将极大地帮助你取得个人成功。

## 回顾你学到了什么

本章里，你学习到了一些强大说服力背后的秘密。学会倾听，能让你获得向对方展现富有吸引力的价值所需的具体信息——这也是所有成功沟通的要点所在。

具体来说，你已经学会了：

- 激励别人做他们爱做的事情的说服技巧
- 说服力与价值观的关系
- 如何通过正确的提问发现对方的价值观
- 如何把次感元运用到激励策略或设定说服他人的策略之中
- 个人一致性在强有力的说服中的重要性，以及如何重新获得与自己的亲和感并没有一个简单的魔术词汇能让你在生活中变得更有说服力。简单的倾听往往是说服力中最重要的方面。记住，收集信息，然后把你的产品或服务成功地匹配对方的价值观，你就能够在潜在客户那里创造极大的影响力。你需要辨别你所提供的对客户的价值是什么。在这一切之上，是你的个人一致性、你与自己的和谐关系。这不仅仅是影响他人的最坚实的基础，更是你整个生命及使命的基石所在。

# 第八章

## 消 除 你 的 恐 惧

## 利用分离技巧获得自信

害怕是一种正常的现象。例如鲨鱼、海滩上的回卷浪、黑夜里鬼魅的邻居、恶犬、黑帮集会，以及核弹头都会在我们心中产生相应的恐惧感。我们身体里的某个部位可以辨别出其中的危险。而我们体验到的焦虑感能帮助我们避免不必要的风险，促使我们采取行动改变。

然而，有些时候人们所害怕的情景和事物，并非真实存在的或真正的危险。这种情形通常被称为恐惧症。“恐惧症”这个词来自希腊语的“害怕”一词，用来描述那些强烈地躲避环境中某种令人不舒服的事物。例如：在公众面前演讲、高度、暴风雨、去医院看病、搭乘飞机旅行、在高速上驱车飞驰、与地位更高的人见面、陌生拜访电话、工作面试、和亲家打交道，等等。其实想想生活中的任何一种情形，你都有可能发现会有人害怕。这些都是非“理性”的恐惧。如果你心里把某种情形的危险加以放大，或者为他人并不害怕的事情而忧惧不已，你就可能是恐惧症或者非理性的恐惧。心理学家杰拉尔德·罗斯在他的著作《别害怕：能克服你心中恐惧的程序》[①]中写道：“佛蒙特大学的研究人员发现，每十个美国人中就有一位被严重的恐惧症所折磨。如果算上程度较轻的焦虑问题，这个百分比还要更大。”罗斯在书中提到，佛蒙特大学的研究人员跟踪研究了若干个恐惧症现象长达五年，以更好地了解恐惧症的自然病程。研究结果发现大多数儿童的恐惧症都较短暂，而且未经特殊治疗就自行消失。如果你也抚养孩子的话，这可能与你自己的经验一致。孩子今年还在怕黑，第二年变成了怕陌生人，然后下一年又害怕狗了。

与童年期的害怕不同，成人恐惧症并不会自行消失。在佛蒙特大学研究中，超过半数的成年人在五年里没有任何改善。足足有三分之一的人的恐惧症甚至恶化了。尽管只有十分之一的人被极端的恐惧所折磨，其实我们每个人心中都有害怕的事物。正是这些事物影响我们无法发挥最佳水准，令我们在生活中蒙受挫折。也许是对公众演讲的恐惧，或者是约会邀请时害怕被拒绝，害怕开会或者打陌生销售电话，每个人心中都存在一些被夸大了危险程度的恐怖。

既然每个人都在自己的生命中的某段时间体验过恐惧，那么你对伴随其中的焦虑、惊恐或不适感就会非常熟悉。而你可能不了解的是，的确有一些方法能够让你感觉舒适地采取行动消除恐惧或缺乏自信。这种能力其实你早就具备，只是并未得到妥善的开发。

还记得在NLP里面我们说“地图不是领土”。纽约地图所显示的与你站在曼哈顿中心地段仰视摩天大楼时所看到的，并不是一回事。你的感觉来自你“如何看待”人、事件、环境或者事物，而并非来自它们本身。

康妮·安德鲁斯是NLP培训师，也是NLP著作《灵魂之心》[②]的共同作者，曾经与一位对公众演讲尤其恐惧的女士一起工作。康妮请她有意识地留意当感觉害怕时心中的内在图像。这位女士发现的场景是，她想象着在演讲期间被一群瞪大眼睛挑刺儿的人包围着。当康妮让这位女士脱离出来并“观察”自己时，她所有的害怕顿时消散不见了。然后，她看到面前的听众们只是普通的一群人而已。她“真真实实”地采取了不同的视角，而这改变了她内在的图像地图。

这个章节所介绍的方法，将教会你如何选择新的视角去看待那些引发你感到害怕、战栗或焦躁的记忆与体验。令你变得更加自信、足智多谋和卓有成效。

## 创造崭新的视角

多少年来，人们在口头上常常使用“视角”这一表达方式。但是，大多数人仅仅把它作为一种形象化的表达而非真实地看事情的角度。在空间中，你可以真实地从任意角度去观察事物。每个不同的视角会带来些许不同的信息和感觉。还记得第一章的练习吗？你体会到看到自己在云霄飞车上猛冲下来，这与你亲自坐在飞车上的感觉是何等不同。当你用自己的眼睛去看外面的世界，我们称之为“关联”；当你看到自己坐在云霄飞车上，我们称之为“分离”。

分离使你身处观察者的视角，把你与自己的感觉区分开来。通过练习二十九“快速恐惧症技术”，你也可以学会如何迅速减轻那些在生活中阻碍你的恐惧，例如在会议上畅所欲言的表达、陌生销售电话、公众演讲等“个人化”的恐怖事物。

当人们惧怕某种情形或事物的时候，他们经常想象那种可怕的情景，然后陷入其中，感觉这种情景正在当下发生，（这就是）被关联。然而，当他们作为观察者想象同样的情景之时，他们的感觉也仅仅是观察者。分离使你能够观察自己拥有的不愉快经验，并毫无恐惧地处理它，只要你保持在观察者角色。

## 精神状态的生理机制

当你看到分离的影像，你的观察者视角就并非帮助你控制精神状态的唯一因素。你的姿势同样有助于你分处两种不同的精神状态——分离和关联。请尝试下面的快速实验。记住，NLP并非仅仅是大脑的知识，更是关于体验。进行练习是运用知识的最好方式。坐在一个直背椅子上，保持离椅背10~13厘米的距离。舒服地斜靠在椅背上，感觉到你的肩膀可以再往后靠一些。这个过程中，保持你的眼睛处于放松和散焦状态。下巴微微抬起，头部后靠。感觉你的身体静止不动。留意这个姿势，在生理上如何开始改变你看世界的视角。留意这个姿势带来的分离的感觉。这就是分离的生理机制。

现在坐到椅子里，让你的肩膀下部接触椅背，稍微前倾。眼睛向左右两旁看看，想象假如有个球抛向你，你的身体会做怎样的调整。这是当下的生理状态，是关联的生理机制。

请留意当人们运用这种生理机制时，他们会更投入到正在进行的事情当中。你的生理机制可以在很大程度上影响你的关联或分离能力。在运用关联或分离技巧时，你需要针对每个步骤采用恰当的生理机制。

当你与人沟通的时候，区别分离与关联很有益。如果对方是分离的，他们趋向于对体验进行分析，并思考正在发生的事物而非身陷其中。如果他们是关联的，他们就会“身处”体验之中，充分感受这种体验。

## 如何进入你的精神状态

我们来做一个简短的实验。回忆你过去的两段经验：愉快的和不愉快的。用你最自然的方式花一分钟重新体验每一段回忆。留意你回忆的方式，你是以关联状态重新经历了一次，还是分离出来仅仅以观察者的方式经历了一次，保持一段距离看你自己在电影或胶片之中的情形。

无论你自然地以何种方式回忆那个愉快和不愉快的体验，以相反的方法重新进行一次。如果对于不愉快的体验你是在分离状态，你就步入那个场景，体会你的感觉发生了哪些变化。如果你是关联在体验中的，你就脱离自己的身体，看到你自己，并体会感觉的变化。

现在想一想，你是如何回忆那段愉悦的体验的。如果你是分离的，现在进入其中感觉就像是正在发生一般。如果你是关联的，走出来一会儿，体会观察的感觉。

当你处在记忆的关联状态，你倾向于体会到原来事件所带给你的全部情绪，无论愉快与否。当你在分离状态，通常你只会有处身事外的观察者之感。通过这个练习，你会很清楚你记忆事件时喜欢哪种方式。对于积极的体验，你喜欢用关联的方式；而消极的，则用分离的方式。

有一个运用该技巧的错误例子，是关于一位女士在新年晚会上所度过的愉快时光的故事。在那四个小时里她很快乐地跳舞……还为大家唱歌，是晚会上最开心的人。在凌晨2点左右，当大家准备离场的时候，有人走过她身边碰到了她正在喝咖啡的胳膊。咖啡翻掉了，全倒在了她雪白的裙子上。她吓了一跳，蹦了起来，嚷着，“这个晚上算是全毁了！”几个月之后，她在食品杂货店遇到当晚晚会上的一个人，他谈到那晚的晚会，她打断对方恼火地说，“千万别再跟我提那个晚会了——那晚真是糟糕透顶！”

这位女士享受了几个小时最美好的晚会，然后整个事情被一个负面时刻破坏殆尽。她没有享受新年夜的美好回忆，而是关联到晚会尾声打翻咖啡的体验之中，与她几个小时的快乐感觉分离开来了。这可不是记住晚会的聪明方法，同样对于生活来说，这也不是有益的方式。

想想那些情绪低落的人。他们往往是那些脱离积极体验而关联负面经历的人。还有些人是典型的过山车情绪的人。这一分钟他们情绪高涨，下一秒就沮丧无比。他们是一类与所有体验都关联的人，无论愉快与否，从来不运用分离的方式。同样的，也有些人永远都从观察者的位置对待生活。通常他们喜欢从事分析型的职业，包括科学家、工程师或程序员。与其面对他人，他们更喜欢与概念、信息和事情打交道。

如果你真希望享受生活的乐趣，你需要关联进入你的记忆，享受所有美好的感觉，把它们作为资源以创造未来成功的积极态度。

愉悦情绪的生理机制比沮丧情绪对你的身体健康更有益。你的身体对于不愉快事物的典型反应是“或抵抗或逃跑”的生理机制。这对于逃离真正危险的环境是很有效的，但是在平时，不愉快的情绪会造成紧张、高血压和其他生理压力反应。当初第一次经历那些坏情绪已经够糟糕了，为何还要一而再再而三地反复体验呢？当你从不愉快的记忆中抽离出来，你仍然可以看见在那里的不开心的你，你就可以意识到将来我不喜欢体验的是什么。你没有失去任何有价值的信息，从那些体验中你仍然记住了重要的教训。你失去的是束缚你的思维与创新力的坏情绪，而那些正是你不需要的。通过分离不愉快的记忆，你仍然可以富有资源和创造力，以更好的能力应对生活带来的各种困境。学会选择关联还是分离，让你拥有了改变生活的强大方法。接下来要做的是教会你的潜意识脑，这样你就可以自发地进行选择。如果你已经体验过这种自动选择，接下来的练习可能对你就不是必须完成的了。不过这个练习很有趣，仍然可以为你的生活带入重要的变化。

## 【练习二十七】关联与分离

### （一）关联

1. 生理机制。运用关联的生理机制：身体前倾，从一边看向另一边，感受你现在的情绪，感到准备行动，对接下来发生的事情做出反应。

2. 关联到愉快记忆。现在回忆一个愉快的记忆，花时间充分关联进去，你再次进入其中，透过你自己的眼睛，看着你曾经看到的事情，听着你听过的声音，享受你在那个情形中曾体验过的美好情绪。

3. 重复步骤2。运用其他几次愉快记忆，每次一个，保持关联的生理机制。在选择愉快记忆时扩大选择的范围——工作、玩乐、家里、运动的、感知的、自我满足的，以及被人肯定的，等等。完全地关联进入每一个记忆，充分享受体验那些积极和富有资源的情绪。

4. 要求你的思维仅做积极的关联。闭上眼睛，询问你的潜意识脑是否愿意扮演你的积极资源，无论何时你召唤积极记忆的时候，它都自动允许你关联进入其中。确认在几乎所有情况下，总会有一个明智的抉择让你能够更好地享受生活，以更丰富的资源面对生活中不期而遇的各种困境。花一些时间确认这个内部信息已经被听到和得到了积极的反应。暂停一下，放松。

### （二）分离

1. 分离的生理机制。运用分离的生理机制：斜靠椅背，感觉肩膀稍往后移动。下巴微微抬起，头部后靠。让你的整个身体静止不动。

2. 从不愉快的记忆中分离。现在回忆一次比较不愉快的经历，花些时间完全从中脱离出来。看见你自己正在记忆中似乎在观看电视中的电影一般。可以把电影变成黑白颜色的，或把电视移动到更远的位置，这样电影就变得模糊不清了。如果你对分离感到困难，假想你自己是透过厚厚的树脂玻璃在看。享受身处分离的观察者视角的感觉，保持兴趣和好奇心。

3. 重复步骤2。使用背景范围更广的其他几次不太愉快的记忆——工作、玩乐、家里、与他人一起、失望或犯错，等等。依次与每一个经历完全分离，享受作为分离的观察者的感觉，保持兴趣和好奇心。

4. 要求你的思维仅做积极的分离。闭上眼睛，询问你的潜意识脑是否愿意扮演你的积极资源，无论何时你召唤不愉快记忆的时候，它都自动地允许你从中分离。确认在几乎所有情况下，总会有一个明智的抉择让你能够更好地享受生活，以更丰富的资源面对生活中不期而遇的各种困境。花些时间确认这个内部信息已经被听到和得到了积极的反应。

还有另外一种方法处理不愉快的记忆，即将其转变成积极的资源，这种方法是记忆回转。使用下一个练习体验这种方法的效果。

## 【练习二十八】电影倒放

1. 不愉快的记忆。想一个中等程度的不愉快记忆，像电影一样播放你所回忆起来的内容。当你观看和聆听电影的内容时，留意你产生的不愉快感觉是什么样的。从头至尾清晰地播放。

2. 倒放电影。现在在电影的结尾处步入其中，然后倒放整部电影，有彩色的画面，以非常快的速度，大概只有1.5秒的时间就完成了。好像你正身处体验之中，而时间在快速倒流。如果你愿意，你可以重复做两三次。

3. 测试效果。现在把你在步骤1中的电影播放一遍，再次留意你对它的感觉如何。

大多数人发现，他们最开始的不愉快感觉被中和了。倒放那段回忆快速地改变了你的大脑体验顺序，以至于其中的恐惧被擦除了。你的恐惧已经不在了。看起来就像这个流程把你的恐惧从那个情景中拉了出去。身处倒放的情景意味着你跳到事件的最后部分，想象你做所有的事情都是倒着做的，倒着走路，倒着说话，倒着移动，整个流程都是倒着的——就像你在扮演录像带里的角色，录像机被按下了快速“倒带”的功能，你的角色停在这段经历的尚未开始的时刻。

如果这个流程没有效果，原因是这个人仅仅把电影倒放了一遍，看着他们做了一遍，而非实际上在电影中获得倒着行动的感觉。你需要真实的体验倒放。想象你被一个巨大的橡皮筋在记忆中回弹也许对你有些帮助，体会快速地朝着事件开端移动的感觉。

把分离与电影倒放两种方法相结合起来，效果会比单单使用一种方法更为强大——这种方法甚至能够中和非常强烈的恐惧或创伤记忆。这个方法由理查·班德勒[④]所创立，作为早先约翰·葛瑞德[④]的方法的改进。

有一位保险销售员对电梯很害怕。如果他客户的办公室在三四楼或更高层，他就不得不走楼梯上去或者干脆不去拜访。这种恐惧很影响他的收入——尽管爬楼梯很是锻炼身体。如果问他从什么时候开始害怕的，他也不清楚。他不记得第一次是什么时候，但是从他记忆开始他一直都害怕电梯。他记得小时候因为不敢乘电梯去七楼的牙医办公室而不得不爬楼梯。现在他想起这件事还会发抖。为了帮助他克服恐惧，他被要求假想他看到自己搭乘一部上升的电梯。他看到一部黑白电影，那个7岁男孩在电梯里上升，心里满是惶恐——他好像在远处观看这个场景。除了看到自己在电梯里，非常重要的是，他还要听到那个不安的小男孩在哭喊和挣扎。他的内心对话是远离性质的，脱离了他的恐惧。他使用的词句像是“他在那里很害怕”“那个小男孩吓坏了”。

他看到那个小男孩（他自己）随着电梯上升，然后停在顶楼，知道自己重获安全了，然后他就用一种特殊的方式关联进入那个情景。他跳入最后的那个场景，然后让整个电影倒放，快速地从后到前。这个过程是彩色的，速度非常快，从结尾到开始只用了大约1.5秒。

当电影倒放完，他出现在整个事件尚未开始的地方。六年过去了，他现在感觉仍然很好。在当时完成练习之后，他就搭乘了一部三十层楼的饭店玻璃电梯测试他的恐惧如何，最后作为庆祝，他在顶楼享受了一杯美酒佳酿。

## 通过视觉化消除创伤

同样的技术也可以运用到创伤记忆中，尽管其后果未必是恐惧。有位男士有一段极度艰难的生活经历。有一天他兴致勃勃地提前赶回家，希望和妻子分享自己获得晋升这突如其来的好消息。他回家后就直接走到后花园，他知道妻子正在那儿打理园艺。悲惨的是，他发现妻子因心脏病已经死去，年仅35岁。

这一幕始终萦绕着他，严重刺激着他。每当他想到妻子或他们十年的婚姻生活，他就会在大脑中栩栩如生地重现妻子倒在后花园的景象，他就会再次经历那种巨大的震惊情绪。为了帮助他改变这次创伤记忆的体验，他通过假想自己从30米的空中观看那次经历，看着自己走入后花园，发现妻子已经死去。他看到自己坐在地上，双手掩面，呆坐了几分钟，当救护车来到时他开始痛哭流涕。在电影的最后，他跳入画面，假想着好像有一个巨大的真空吸尘器吸着他在1.5秒里倒放全部的经历。这让震惊和恐惧从这段经历里面脱离开来，此后他开始较为轻松地回忆与妻子在一起的生活了。只有当他能够关联到那些美好的记忆，他才能召回与妻子一起的时光。

同样的技术也有效地运用于许多越战老兵和警察罹患的创伤后应激障碍（PSTD）。如果某人有强烈的促发的恐惧或其他不愉悦反应，无论是否被判断为恐惧症，这个流程都可以起到作用。

## 为什么恐惧症会存在

无论你有什么样的恐惧，有两件事情需要牢记于心。首先，有恐惧症的人认为自己有毛病了，他们可能是疯了，或者恐惧症真是愚蠢。事实上，如果你对某事物有恐惧反应，恰恰说明你大脑的快速学习能力很强。恐惧症是典型的一次性学习体验的结果。例如，一位女士对蛇的恐惧源于小时候被一群孩子把一条蛇丢到她身上。结果，当她看到一条蛇或想到蛇的时候，她无意识地就会想象那条危险而恐怖的蛇正从空中向她飞过来。那一次的经历所产生的恐惧延续了二十年之久。结果是当她看到蛇的时候，她从来不会忘记害怕。这正是她的快速学习能力的有力证明。

第二件需要铭记的事情是，恐惧是一种与你的潜意识脑之间的沟通。你的潜意识脑正试图告诉你：你身处危险，需要多加小心。

在下一个练习“快速恐惧症技术”中，非常重要的是，你需要仔细而详尽地学习每一个步骤。你会注意到它和之前的两个练习有相似的地方。在你体验了那两个练习的效果之后，你现在可以把它们整合为一个流程了。通过这个技术，你可以把恐怖的经历转换为分离的记忆。这个方法适用于你需要消除任何强烈的不愉快记忆的任何情形、记忆或事件，也可以运用到程度较轻的不愉快记忆。当处理强烈的不愉快记忆时，最好有人在旁边协助你完成这个流程。

## 【练习二十九】快速恐惧症技术

尽管这个方法对于非常强烈的恐惧症很有效，我们还是特别建议为了更透彻地学习这个流程而使用一个中等程度的恐惧症案例。

1. 害怕的情形。花一点时间想一个你比较害怕的情形，可能是陌生电话拜访、做简报等令你害怕的情景。考虑该情景，感受到一些害怕的情绪。你需要确定你可以进入自己产生害怕的那一部分。

2. 电影院。现在，在你的脑海中想象自己坐在一个巨大的电影院里。看到你自己的静止画面出现在屏幕之上。这个画面是你第一次感到害怕情绪之前的情形（假如你想不起你第一次经历该害怕情绪的情景，你可以回想程度最严重的一次害怕经历）。

3. 离开身体。现在想象自己飘离你的身体，向上进入到电影放映室里，这样你就看到自己正在注视着屏幕里的自己（对于恐高症，把进入电影放映室改为在电影院里面后退十排的位置）。在接受离开指令之前，留在电影放映室中。

4. 观看电影。当你看到自己正在观看自己，开始用黑白电影的方式播放那个令你害怕的场景实际发生的情况，并看到你也身在其中。继续在放映室内观看电影，直到创伤的情景播放完毕，你看到电影中的自己已经安全了。此刻，停止电影，把经历过创伤后的自己的图片定格下来。

5. 倒放电影。现在离开电影放映室，步入屏幕中的定格图片，接着倒放整个经历，使用彩色画面，假设时间倒流，你仿佛正在被一个巨型真空吸尘器吸回去。在1.5秒的时间内快速完成倒放。如果你觉得有帮助，你可以多次重复这个步骤。完成后，你站起身来，四处走动一下，挥动一下胳膊，然后深呼吸。

6. 检查效果。现在再次回忆这段经历，留意你的反应。在心中把害怕的程度按照1~10分打分，10分为最害怕。如果分数超过2分，重复整个过程，仔细把每一个步骤做透彻。

当你在真实的世界测试刚才的转变效果时，需要小心谨慎。例如，如果你是高度恐惧症，你可能会去一个比较高的地方，透过窗户望出去，留意你自己的恐惧改变程度如何。在检查效果的时候需要柔和而小心，注意你自己的个人安全。在一些有危险性的情景下，尤其需要谨慎。恐惧很可能让你一直回避那些情景，因此你会缺乏应对该情景的经验。而某些情景具有内在的危险，需要特别留意，并懂得如何谨慎和机智地应对。

## 快速改变的需求

多数人很难相信一种强烈的害怕或不愉快体验可以如此迅速和简单地解决。许多人误以为改变一定是漫长而枯燥的过程。如此漫长时间的改变只有一个原因，就是所使用的方法粗糙而不当。通过正确的理解与方法，改变可以更快速地发生。

事实上，你其实无法慢慢改变！你大脑的学习速度非常快。如果你盯住一幅电影画面看了五年，你无法说清楚电影的情节如何。只有你看到每一幅电影图片非常快速地移动，你才能看明白电影表达的意思。正如理查·班德勒所说，“试图以缓慢的速度改变一件事情，就好似在用每天说一个词的速度进行对话一般”。

人们常问，“为了达到效果，要每隔多久就运用一次这个流程呢？”其实你一旦透彻地完成了这个流程，你也就不再需要重复它了。改变是恒久的。你曾经快速习得了这个不愉快的记忆或恐惧症，你也能够同样快速地学会改变它。

我们已经描述并展示了“快速恐惧症技术”的内容，它如何使用，以及针对什么情况使用。在NLP中，所有技术的用途和内容均会仔细加以说明。同样重要的是，还需要指出这些技术不能够实现的，以及它们不应该使用的方面。

如果你把恐惧症的流程运用于愉快的经验，那些经验同样会被中和，但这是没有意义的。假如你针对一段关系中的美好经历使用这个流程，那种美好的感觉会消失殆尽，而这段关系也可能告吹。

你可以把恐惧症技术运用到突如其来的打击或创伤反应，如同之前的案例中提到的人员死亡事件。这种对死亡时间的创伤反应与重要关系和所有那些美好体验的丧失相比是截然不同的。

如果你把恐惧症流程运用到经历失败的痛苦的人身上，或者没有任何效果，或者会使情况更加恶化，因为悲痛的心理结构与恐惧症的是完全相反的。在恐惧症里，一个人关联进入一段非常不幸的记忆之中。对于悲痛的人而言，他是脱离了一段非常愉快的记忆。既然这两种问题的结构相反，处理它们的流程也是反过来的。这就给了你一些关于关联与分离在其他NLP技术中运用的一些模糊概念。

## 三种感知位置

到目前为止，你已经探索了两种思维角度：关联与分离。并且你还发现，恰当地运用这两种角度能够为你的生活带来显著的变化。这里还有第三个角度，你可以用它来极大地改善你的个人有效性，并且生活中也可以智慧地运用它。

首先，我们需要重新标注关联与分离状态。关联状态可以被想成处在自己的位置。你正在用自己的眼睛体验事情，感受你的生理机制，运用你的价值观和通过自己的大脑过滤器对事物进行思考。这种自己的位置是一种视角。分离为你提供了作为观察者去观看你自己的另外一种视角。它是中立的、脱离的观点。这令你能够客观地考虑局势。

我们要告诉你的第三种新视角，是进入他人的位置，并采用他人的体验。这种采用他人位置的能力在你与别人有不同意见或争议的时候尤其重要，这样你就可以“以他人的角度看问题”。采用他人的方式看问题并不意味着你不得不赞同对方，你也不必放弃自己看问题的方式。它可以给你提供关键的其他信息，这样你就可以为解决彼此之间的鸿沟而发现共同点。

处于他人的位置就像进入他人的体验之中，有时候也被称为同理心。它是一种调整后的观点，你站在另外一个人的角度，用他们的眼睛、他们的大脑过滤器、个人的历史和他们的生理机制去体验事物。大多数人在与他们深爱的人一起时，会自然、自动地采用他人位置。那种关联和在一起的美妙感受的一部分原因是，与所爱之人在观念、渴望和视角方面的和谐一致。

当我们要求某人以我们的眼睛看事情，我们是在请求他们针对某件事情采用他人位置，即我们的位置，去体验我们对这件事情的感受。我们在请求他们深层次地与我们同理换位。很少有人会以深入的、适合的方式这么做，但是采用他人位置的能力可以带给你强大、有益的新视角，让你去看待你的行为或其他任何情形。

想要清楚地了解他人位置，可以回想你在电影院里观赏屏幕上最喜爱的电影——你自然而然地进入主角的情感，在想象中变成了他（她）。比如当那人被人追逐之际，你也感受到被人追逐的状态，你的手心出汗，心跳加速，尽管实际情形是你安全地坐在电影院里面，可那正是采用了他人位置。

优秀的男女演员最擅长的能力就是，入戏到角色里，变成那个人。一位知名男演员说，在他的思维中他真的变成了那个角色。他看世界的方式不同了，他理解的方式不同了，他甚至会自发地做一些他自己并不会做的事情，但那个角色肯定会那么去做。

甘地曾经写到，在准备谈判的过程中，他会用印度人、穆斯林和英国人的眼睛考虑局势。他会想出一些他认为能够代表三方观点的人物，然后模仿他们的心境去真切感受他们对一些问题的思考方式。

一位与甘地一起工作过的人说，在某次特别的谈判之前，甘地在房子里走来走去，像他要去见的那位英国人一般把手背在后面，逐一思索他的兴趣点。这是很明显的他人位置。甘地也曾说到，在谈判之前他会把谈判的结果以世界的眼光——观察者的视角——来审视。他采用不同视角的能力为他带来许多睿智。当你采用他人位置的时候，你就获得了有用的新信息，了解到对方对于目前情形的体验是什么。

也许最好的理解他人位置重要性的方式，就是想想当它们缺失时的情况。想想仅仅从单一的角度做决策是多么常见——同时是多么局限而有破坏力。例如，那些为了短期利润污染河流、空气，或大肆砍伐雨林的公司，正是从他们自己的观点出发做出的决策。还有你遇到过的粗暴的或独裁的老板，他不正是深陷自我的位置，毫不考虑你的感受吗?

你还能够想出许许多多生活中不愉快的例子，有人从不尝试去考虑他人位置，或者去理解同样情形下对方的感触是什么。如果双方可以真正体验彼此感受，许多事情将会变得多么简单而愉悦啊！运用下面的练习,强化你采用他人位置和进入他人体验的能力。

## 【练习三十】采用他人位置

1. 冲突情景。想一个中等强度的具体情景，当时你与他人有不一致意见或冲突。

2. 自我位置。透过你自己的观点播放这个情景的电影。假想你正在再次经历那个情景，用你自己的眼睛，再体验曾经发生过的事情，留意你听到和感受到什么——你得到的所有信息。当你来到这段插曲的最后位置，把电影倒带停在冲突一开始的地方。

3. 研究对方。当电影“暂停”在一开始的位置，观察那个人。留意他的呼吸、他的姿势、他的面部表情、他行动和说话的方式、他的音调和语速，以及所有可以描绘这个人的体验的非言语信息。你也可以回顾你与这个人相处的体验，你所了解的他喜欢与不喜欢的事情、他的态度、他的个人历史等，所有他独特的方面。

4. 采用对方位置。现在让你的意识飘出你的身体，来到对方周围与之匹配，可能是从他的肩膀望过去，这样你就能看到他所看见的、听到他所听见的。

通过对你自己说，“我是一个……的人”来表现他的好恶及个人的历史背景，然后加入你所能想到的所有关于他的特质。

允许你的意识进入他的身体，采用他的姿势和动作，以及你之前所留意到的所有其他的非言语行为。随着你越来越接近变成这个人，感受要真正成为这个人的感觉是什么。

5. 从对方位置播放电影。现在，把冲突情景的同一部电影再次播放，并从他的视角观看电影。作为这个人，你是如何体验同一冲突情景的？你有什么感觉？你想要的、希望的和恐惧的又是什么？你的积极意图是什么？你是如何试图处理这个困难情况的？随着电影播放结束，你留意到作为这个人的行为举止和感触如何？你从这个体验中又了解了什么？

6. 回到你的自我位置。允许你的意识漂浮起来，回到自己的身体。在你睁开眼睛之前花足够的时间让你充分地回到自我的状态，把与另一个人的身份有关的所有元素留在他的身上。

大多数人花时间深入完成这个练习后，都大大增加了对另一个人的了解，以及他们自己在对方眼里的形象。这通常提供了重要的信息去找到共识并解决冲突。

通过前面的练习你学会了如何离开自我位置，进入对方位置充分体验对方的立场。之前你也学会了如何以观察者的位置处理你的自我体验，以便你从不愉快的情绪中分离，并变得更有智慧。此外，还有另外一种使用观察者位置的方法：去观察你与其他人之间的互动。使用下面的练习体验一下这个方法的效果所在。

## 【练习三十一】中立的观察者

1. 冲突情景。回到你在上一个练习中同样的冲突情景。

2. 自我位置。再次把自己放在该情景中的自我位置。如果你可以自己完全回到那个情景，那么这一次你无须再完整地播放一遍电影了。

3. 对方位置。现在使用同样的方式采用对方位置。如果你可以自己完全成为那个情景中的对方，那么这一次你无须再完整地播放一遍电影了。

4. 采用观察者位置。现在，把你自己移动到某一个能够清楚地看到和听到你与对方的位置。确保观察者看到你自己与看到对方的距离是一致的。同时，确保你在观察的位置同你自己和对方的眼部都保持水平——不高也不低。

5. 作为观察者播放电影。现在完整地播放电影，作为观察者看到并听到该情景逐步展开，假设你是第一次在观察这两个人。从这个中立的位置，密切关注他们两人的互动情况。特别留意你个人做了什么去激发或引起了另一个的动作，反之亦然。从这个观察者的位置，尽可能多地认识这个互动过程。当你观察这个互动的时候，你在这个位置的感受如何？

在这个练习中，许多人都获得了重要而有益的认知，他们自己的行为是如何触发他人的反应的，以及反过来的情形。除此之外，他们往往也能深入去同情和理解深陷冲突的双方。

## 智慧和天才的基础

所有三个位置——自我、他人和观察者——都提供了独特的信息和理解。当你能够随心所欲地在三个位置间转换，整合所有这些信息帮助你获得真正的智慧。

NLP的开发者之一罗伯特·迪尔茨说：“优秀是从自我位置的一种充满激情的承诺。智慧则是有意识地在自我、他人和观察者位置之间转换的能力。”你越能够充分而完全地转换，你的个人效能也越能够得到增强。你将同样提升自己机智思考的能力，无论你是在谈判还是做简报、寻找新的客户或是和你的孩子相处。最终，运用这些流程你将能够增加你的思维灵活性与能力，更有效、积极地处理各种各样的人和事。

能够统筹运用自我、他人和观察者视角的能力非常难得。爱因斯坦、甘地、莫扎特、迪士尼和许多天才人物都曾经在著述中描述过这些视角，他们在思索过程中经常活跃地运用这些不同的视角。例如，爱因斯坦运用自我和观察者视角创造了他的相对论。他假象自己以30万千米每秒的速度身处一个光束末端的情景，而“另外一个”爱因斯坦则从观察者的角度注视着自己。正是这些思索缔造了颠覆我们对于宇宙结构之认知的理论。

沃特·迪士尼同样在故事创作的过程中使用了这些不同的视角。当他在策划和设计故事时，他把自己交换到观众的位置，因为他想了解他们是怎么看这个故事的。正是因为有意识地在这些视角间跳舞是多么的有价值，请花些时间完成练习三十和三十一。如果你做得好，就会发掘采用每一个视角的意义所在。

## 演练你的技术

当你需要处理冲突、谈判技巧、顾客服务技巧或在公司里建设高效团队的时候，你最能够理解这三个视角的巨大价值。所有这些情形都需要你有意识地在自我、他人和观察者视角间进行转换。在与他人关系的处理中，你将更有能力、有智慧和自信心进行计划和采取行动。

现在你可以想一个涉及他人的情景，你可能感到害怕或者希望有更好的选择。也许，你害怕处理与某人的对抗情形。或者你感到自己应该晋升，却又害怕主动提出。也许你害怕接触那个吓人的客户。无论你的害怕是什么，花些时间运用你从这里已经学会的感知位置的技巧，把害怕转化成你的个人效能。你会发觉你出乎意料地能够更好控制害怕和焦虑情绪了。

## 回顾你学到了什么

学会消除你的害怕和恐惧，就如同学习几个简单的NLP技术一样容易。我们一起回顾你在本章节里已经学会的内容：

- 如何运用分离技术或观察你自己的流程，减弱你对于某件不愉快事件的情绪
- 如何进入你的关联和分离的精神状态去享受愉悦的经历并中和不愉快的情绪
- 如果运用倒放电影的方法中和不愉快事件
- 如何使用“快速恐惧症技术”帮助你迅速移除恐惧

- 如何有意识地使用三种感知位置——自我、他人和观察者——改善你的关系并创造条件做出有智慧、有创意的决定

消除恐惧和不愉快情绪是非常有价值的目标，它可以释放你的能力，让你更加自信地前行。然而，与你通过在生活中的方方面面运用三种感知位置所获得的智慧相比，这些目标都显得那么微不足道。请牢记，这些练习都是你在处理各种任务中收缩和强化你的“思维肌肉”的道具而已。你越频繁地使用这些练习，你的思维就越柔顺和灵活。

# 第九章

## 建 立 自 信 心

各种伟大的艺术都以扎实的技巧为基础。
例如，芭蕾需要精通屈膝和脚尖旋转的技术。
我觉得，NLP是我所发现的
最能够对人类整体的艺术提供技术基础的技术。
——拉腊·尤因

## 理解你的自我评价

如同害怕与焦虑是你成功路上的拦路虎一样，许多人对于自我的评判所带来的负面情绪同样会成为阻碍。最能削弱和颠覆你的，就是否定性的自我评价。人们通常使用两种主要的思维流程导致自己的情绪消沉：绘制失败或一团糟的内部画面，以及听见内在声音提醒他们正在做什么错事。

你有没有经历过马上要做一个演讲，脑海里却想象出一幅自己面对听众紧张而慌乱的画面，举止像个傻瓜一般？是否曾经对着某人说了一句话之后，听见脑海里一个声音对自己说，“你个笨蛋——你干嘛说那个？”我们大多数人都曾经有类似的经历，那个时刻我们变成了自己最大的敌人。这种思维流程让我们还没有开始就已经注定失败。

有位叫比尔的男士，曾经被负面的自我评价所困扰。他说自己有过一年多的时间情绪低沉而压抑。当他反思自己的思维过程时，他发现自己总是在描绘所有那些他无法把事情做好的画面，然后告诉自己是有多么差劲——他运用了上面提到的两种麻烦的思维流程。当被问道，“哪些事情你做得不错呢？”他回答说那些成功的事情的确在脑子里，可是他就是无法集中思想在上面。在运用了本章的一些技巧之后，他发掘出新的内在图像和自我对话，自信的感觉替代了消沉的情绪，帮助他在工作团队和生活中变得更加活跃而且成功。

## 定位你的批评声音

让我们从内在的声音着手。回想一个具体的情景，当时你留意到你的内在声音正在批评你、贬低你。首先，让你自己回到那个情景当中，短暂地重新体验。当你回忆起那种感觉的时候，特别留意那个批评的声音。

在第六章里，你学会了如何改变讨厌的声音的位置，让它变得与你更和谐，并与你整合。这一次我们要教你一个不同的方法。这个声音或大或小，或快或慢，声音的音调可能是尖刻、刺耳的。可能听起来是你自己的声音，或者你熟悉的曾经过去批评过你的人——例如父亲或母亲、你的哥哥姐姐或其他亲属的声音。留意当你听到这个声音时你的情绪反应。

现在，尝试不同的音调。留意当你把声音速度加快或者减慢的时候——就像你在改变留声机的速度，发生了什么？把声音变得像是卡通人物（比如猎人艾玛或米老鼠）或机器人录音的感觉，试着把声音变成好玩的、逗乐或性感的。注意随着你改变速度、音调或声音节奏，尽管所说的措辞是一样的，你的情绪反应是如何变化的。

## 发掘正向意图

现在，我们一起通过询问声音想为你带来的积极性，来发掘这个批评声音的意图是什么。NLP的一个预设前提是“在每个行为背后都有一个正向意图”，否则我们就不会持续做这件事。你可以假设，这个批评声音希望在你身上实现某些积极目的，然后发现其积极意图是什么。这非常重要。

接下来，再次倾听你脑海中的批评声音，然后向这个声音询问——就像当它是另外一个人一般：

“你对我的意图是什么？”

“你想为我实现的是什么？”

“你在对我批评的时候，脑海里想的目的是什么？”

在你每问完一个问题之后，保持沉默，听听那个声音的回复。

通常的回复是：

“我在努力阻止你让你自己像个傻瓜一样出丑。”

“我想保护你。”

“我要确保你做的事情是对的。”

“我想让你成为真正的你。”

在你听到这个声音的一个回复之后，留心你自己对于这个意图的反应是什么。

也许你并不欣赏这个声音所说的内容或者它使用的音调，但是，你是否感激这个声音的意图呢？如果你很难接受你所听到的是积极意图，你可以继续询问这个声音，直到你找到了认可的意图。例如，假如这个声音说，“我努力想激励你”，你可以问，“当你想尝试激励我的时候，对我有什么好处？”声音可能说，“嗯，当你被激励后你就能把工作完成，赚更多的钱”。你可能回应说，“如果我能完成工作，赚更多钱，对我有什么好处？”然后声音回答说，“你就会成功并且对自己很满意”。这就是一个我们多数人都会接受的意图，而且会欣然而由衷地为之努力。

如果声音开始说，“我想惩罚你”。你当然不会认可这个意图。你再问道，“如果你惩罚我，你会得到什么呢？”声音可能回答说，“那么你就会留意我，而且记得我说的事情”。然后再询问正向意图是什么，这个声音会说，“我想让你远离可能失败或感到沮丧的情景”。这里最终得到了我们都会认可的一个意图，尽管是以否定的方式陈述的。这个声音真正所想的是正向积极的——为了你的成功和自我感觉良好。

一旦你判定了一个批评声音的正向意图，要做的第一步就是：表示同意并为此感谢这个声音。确认你很看重它对你的意图。“我很开心你对我的正向意图。谢谢你为了我这么想。”当你这么做的时候，你已经完成了至关重要的一步。因为你和声音在正向意图方面取得了一致，你们再也不是敌对关系了。现在，你们已然成为盟友，你们要共同应对现存的问题：就是这个声音要达到目的而使用的方式——挑剔和批评——正让你难受不已。其实挑剔与批评可能更会令你失败——走向它的正向意图，帮助你成功的反面。

## 与你的批评声音谈判

既然你和这个声音已经就正向意图达成一致意见，你们现在可以探索其他的、更舒适的、也许更有效的方式，来获得你们双方共同的成果。流程的下一步是：询问这个声音，“如果与你现在的做法相比有同样好——甚至更好——的其他方法实现这个正向意图，你有兴趣试试吗？”

这个提议是你的声音无法拒绝的。如果这个声音不同意尝试更多更好的方法，那么显然它并没有理解你的提议。有时，声音会认为它不得不放弃现在的做法，或者不得不尝试它不同意的方法。如果声音拒绝了你，很简单，你要重新表述和澄清你的提议。你希望重新寻找其他方法，直到这个声音完全同意这些方法比现在的效果更好。当声音同意和你一起搜索新的方法后，进入下一步。

现在，我们需要的是你的创意部分——你策划和提出新点子的部分。咨询你的创意部分，产生尽可能多的点子，以让这个声音能够达成它对你的正向意图，并让这个声音选择它所喜欢的三种不同的方法——这些方法至少和现在的做法同样有效，或更好。你所需要的是新的能够建立你的自信而不是阻碍你的行为方式。创意部分的你可能提出数百种可行方案，你和声音只需要选择那些你们共同认为有重大改善的方案。

这里有个关于流程的例子。约翰有一晚抱怨说他最近感到有些忧郁和沮丧。当他自省时，发现有个内在声音在说，“你是个坏人”。当他询问这个声音，“你这么说的意图是什么？”声音回复道，“我想让你注意你最近对待他人的方式。你最近对人非常消极，你不能再这么干了。”

约翰对这个回答非常惊讶，然而当他体会了一下他觉得这个声音说得对。他最近是对人比较消极。他回答道，“当我不再对人消极的时候，对我有什么好处？”回答是，“你会更有自尊，自我感觉更好了”。接着他问，“更有自尊对我有什么好处呢？”回答是，“当你自我感觉良好时，你就会积极对待他人，那么你就有更多朋友和更好的关系”。

约翰非常珍视这些信息。他意识到自己已经越来越倾向于习惯性地关注自己和他人生活里糟糕的一面。他领悟到这个声音——希望他感到自尊，改善与他人的关系——是多么有价值。

他继续向声音询问有没有兴趣去尝试达成意图的其他行为方法——而不是在身边告诉他“你是个坏人”——因为这种做法其实让问题更糟糕了。在获得同意后，他让创意的自己想出了许多新的行为方法。这个声音喜欢并愿意做的三个方法是：在回复他人之前做深呼吸，并微笑；留意并评论对方所做事情的积极一面；关注约翰行为中的积极面，当他做得好的时候多加鼓励。约翰意识到这些方法无疑比批评声音效果更加好。

接下来是一个被称作“换框六步法”的改编流程，由理查·班德勒和约翰·葛瑞德[①]开发。下面的概述以练习的形式呈现。与本书中所有的练习一样，你越频繁地运用它，它就越会变成你自发的思维和反应的一部分。

## 【练习三十二】对内在声音换框

1. 批评的声音。回想一个情景，期间有个内在声音批评你。把你自己放回到那个情景，仔细倾听那个声音的发音、语调、节奏和说出词汇的韵律。

2. 正向意图。询问这个声音，“你的正向意图是什么？”或“你通过这种方式批评我时，你想为我达成的目标是什么？”然后倾听这个声音说些什么。继续问问题直到你完全同意你所听到的正向意图。

3. 接受并感谢。接受这个正向意图，表示同意，然后感谢这个声音为你而有的正向意图。

4. 请求这个声音一起寻找替代方案。问：“如果与你现在的做法相比有同样好——甚至更好——的其他方法实现这个正向意图，你有兴趣试试吗？”等待得到一个完完全全“好”的回答。

5. 创意部分。请求你的创意或计划的部分帮助你产生各种各样的行为可能性。那个声音会选择三个最佳方案，它喜欢并且相信这些方案一旦执行，效果会比现在的做法更加好。

6. 未来计划。假想你轮流实施每一个方案，找到合适的情景，试探每个方案的效果如何。如果有的结果不尽人意，那么回到步骤5产生更多选择方案。如果你有了你们都喜欢的三个新方案，询问这个声音是否愿意在恰当的情景中运用这些方案。

当你对这个流程非常熟练之后，你可以在仔细保留每个步骤的功能的前提下，跳跃某几个步骤。

例如，如果这个声音有好的建议，但是你不想听（因为它的语调轻蔑而侮辱），你可以说，“我感谢你想对我说的话，但是如果你使用像我的朋友一般的温柔语气来说，我想我会更加乐意聆听你。你愿意那么做吗？”

如果这个声音总在你犯错之后向你指出问题，你可以说，“你很清楚在这种情况之下我可能会犯的错误，以及我何时会犯错误。你愿意作为一位友善的提示人提前告诉我要做些什么，这样我就能更经常性地取得成功吗？”

换框是一个非常流线型和有效的流程，应用于广泛的内在谈判中。同样的原则在人际与组织内部的谈判或冥想中也颇有效果。首先，就正向意图或目标达成一致意见。然后，必须在此后作为一个团队一起探索可能的替代方案和解决办法。

现在，你已经能够收听到你的内在声音以及与自己的对话内容，你将发现你可以轻易发现那些阻碍你个人效能的言语模式。

## 否定带来的问题

在第一章节我们指出过否定性陈述的影响：它们导致你恰恰按照你所不希望的思考方式去思考。当你对他人使用否定性表述的时候，反而会使他们用你不喜欢的方式去考虑问题。对于自信心而言，也有同样重要的后果。

在内心重复下面的表述，留意它们所产生的图像和感觉是什么：

"不要考虑你是怎么毁掉整个会议的。"

"不要忧虑你的老板怎么看待你的报告。"

"你没必要担心你的假期会有什么不测发生。"

正如我们在第一章节所说的，如果把这些论述转换成我们想要的形式，我们的自信心会得到大大的增强。把正向陈述的主语从"你"改成"我"也很有帮助。"你"陈述令人感到是来自他人的，由于过去的经历，我们通常听到的是一种令人不快的音调。"我"陈述似乎来自我们自己，我们会感受到更多的力量和能力，听起来也是更加积极的音调。

"我很想知道明天的会议我的表现有多好？"

"我的报告中哪一部分最被老板赏识呢？"

"我真希望知道假期期间最满意的会是什么。"

## 改变普遍概化

另外一种常见的对自信心有极大损害的内在语言类型，就是过度概化。类似的表述如下："我从来就没把事情做好过""我是个寒酸的烂父母""所有人都一直拒绝我""我还是放弃算了——我就是个失败的人"。这些都是常见的信心折损指数，因为它们都包含着隐藏的否定。"从不"意思是“不曾”，“寒酸”和“烂”表示“不好”，“拒绝”意味着“不接受”，“失败”就是“不成功”。

当你对自己说出其中一句话时，你的情绪状态会怎么样？你会感到无助。除了否定，这些陈述还包含了其他一些颇具伤害性的内容。每一句中都有全部或者从不，这在语言学中被称为普遍概化。假如每个人都拒绝我，我的境况真的很不妙，感到无助就再自然不过了。如果我从没有把事情做好过，我就真的很失败。下一次，当你再出现这种普遍概化时，你可以使用下面的方法质问你的自我对话。在看例子的过程中，留意你的内在图像发生的变化。

如果你对自己说，“我从来没把事情做好过”，你的回答是：“真的吗——从来没有？你的意思是从来没有过一次我做得很好？具体来说，我做了什么造成不好的结果呢？”

然后你可能意识到，“我有几件事件办得挺好。实际上，我很多事情都处理得挺好。只是有的时候搞砸了。”

请留意，挑战你的自我对话是如何开始改变你内在图像的内容和次感元的。通过对自己发问，你从对自己的普遍概化转移到某个不满意的具体情境，这样你就能够聚焦并改变它。

还有另外一个例子：“所有人一直拒绝我。”留意当你这么说的时候你所产生的图像。然后问自己：“当你那么说的时候，图像中到底是几个人？”

可能有几百个——也可能一个人都没有。然后问你自己：“具体是谁在拒绝我呢？”

接着你可能意识到：“其实是玛丽罗（或其他任何人）在拒绝我。”

回应一个人的拒绝显然比回应几百个人要容易得多。考虑到只有一个人拒绝你，让你的自信心得到极大的保留。到此为止，你可能已经意识到你的自我对话的重要功能在于创造能够对你的情绪产生积极影响的图像和电影，帮助你保持足智多谋、胜任和自信的状态。

## 建立肯定的自我对话

肯定陈述是对你的积极描述——换句话说，是你希望发生的事情而非不希望发生的事情。它们以现在或将来时态表述，好像事情正在发生或者很快发生。

与现在时态同样有力量的是使用“ing”或动词的动名词形式。留意“我感觉”与“我正在感觉”或“我的声音听起来”与“我的声音现在听起来”在你脑海中的区别。动名词的形式会在你的体验中加入更多动作，因此会感觉更真实，有助于你与之关联，仿佛事情正在发生。这种动名词形式把内在的静止图片变成了运动图片，从而包含了更多信息。

有一个值得一提的规则是，如果你的肯定陈述与你对于自我的认知是相反的，你会认为它不真实。如果你判定它不真实，就不会有效果或者你会自食其果。

例如，如果你意识到自己常常是不顾及他人感受的，那么“我待人体贴”的肯定陈述只会是废话。但是，如果你改一下“我可以学习待人体贴”，那么就不会与你的自我结论冲突了。

有效的肯定描述的例子如下：

我在轻松的学习中。

每天我能变得待人更好、更有爱心。

我是个关心自己的有心人。

我能够学会有责任感的举止。

我可以爱着自己。

在与他人打交道时，我很享受诚实的交往。

首先，你需要花时间构造一句关于你想成为谁的肯定陈述。然后，你需要对自己念出来，检查你的内在体验，结果是否是你所想要的。如果不是，重新改写你的肯定陈述，直到你的反应是完整的和身心一致的，或者你需要与自己不接受的部分进行谈判商讨。

肯定陈述能够支持你建立不同的内在对话，这种对话会帮助在特定情境中建立自信心。通常当你遇到自己不太肯定的状态时，就是你的内在对话对你不再支持的时候。

本杰明·富兰克林经常性地使用肯定陈述改善对自我的感受。他有十三个自己常常检视的、努力实现的美德。这些美德是节欲、沉默、秩序、决心、节俭、勤勉、真诚、正义、温和、清洁、宁静、贞洁和谦卑。他甚至把关于这十三个美德的肯定陈述写在纸上放进随身的怀表中，这样每次他看表的时候都会积极地提醒自己去改善。这正是他不断提升信心水平的方法之一。

## 把沮丧转换为灵活性

下面的练习通过系统地将备选行为进行视觉化，为你提供更多的行为选择。这个方法尤其适用于你原本可以保持放松和多选择的状态，结果却深陷困境、感到挫败的情形。

在某次谈判技巧培训中，一位经理抱怨自己在和老板打交道时不够有灵活性。她认为自己是很健谈且善于公开表达自己的人，但是让她失望的是，面对老板的时候自己的表现很不好。

她回顾了近期的一次经历。她被老板叫到办公室，告诉她作为公司打字小组的经理，她的工作职责将有重大调整。她默默地坐着，没有勇气告诉老板其实有些实情他并不了解——而这些信息本来可以让老板改变他的决定。当时的情形让她感到很被动、不舒服，她的举止优柔寡断。她真心希望自己可以更加有自控力、被人重视和有智慧。

为了达到理想状态，她尝试了在当时情形下她可以采取的三种不同的行为方式，并制作成思维电影。在第一幅画面中，她看到自己在深呼吸，并对自己不断重复“头脑——警惕，身体——平静”。在第二幅画面中，她假想换位到第三方位置来获取对老板的同理心。在第三幅画面中，她首先询问老板改变她的工作职责的意图是什么，然后她提供了老板所需的信息并帮助他修正其决定。

当她进入电影中演练她在老板办公室里的三个行动方案时，她发觉第一个方案，控制呼吸来放松，可以有效地让她提升舒适水平，从而让她可以接着采取第三个方案。第二个选择尽管通常很有效，但是在那个具体情形下帮助并不大。

为了标定采用新行为方式的线索，她视觉化了老板在办公桌对面与她谈话的情景。接着她充分想象出整个步骤，并让一个声音说，“我可以做到，我能够担负更大的职责”。在这个练习之后，她对自己的感觉及如何与老板打交道都产生了巨大的变化。

## 【练习三十三】从沮丧到灵活

1. 窘迫的情景。寻找一个过去发生的情景，你认为自己当时的表现不够足智多谋。首先回到那个情景，停留一段时间重新获得当时的感觉。然后命名你的感觉，比如“混淆的”“害怕的”“焦虑的”“空洞的”“可怕的”等。

2. 观察者位置。现在从那个事件中脱离出来，以一种舒适的方式观察你正在用当时的方式做事情。当你观看电影的时候，你同时也在意识和潜意识中收集信息。

3. 选择感受。当你观察这个场景时，询问自己你希望在那个场景下体验到的情绪或感觉是什么，并标注这种感受，如“瞩目的”“落地的”“坚定的”“平静的”“兴奋的”“坚持的”等。

4. 回顾新的行为。把那个积极情绪保留在头脑中，抬头看到在那个场景中，你正在从事带给你想要情绪的不同行为。花些时间，看到你自己在做至少三种与过去不同的举动。让其中至少一种是离谱而幽默的——你之前根本没有想到过的方式。你无须真的这么去做，仅通过思考也会增加你的灵活性。演练每一种行为，适当地修改。花费你所需的足够时间，充分完成这个练习。

5. 演练新行为。现在，关联进入你想到的第一个行为，假想在那个情景中你正如此行动，感受到积极的情绪。这个行为所带来的感觉有多么强烈？

现在，把第一个行为暂放一边，步入你想象中的第二个行为，体验并检查这个行为带给你的情绪的强烈程度。

6. 比较你的方案。这两种方案中哪一个带给你更强烈的情绪，或看起来是最佳选择呢？把这个方案标记为优先方案，然后放在一边。

现在再次进入最后一个方案，检查所产生的情绪的强烈程度。与刚才的优先方案相比，选出你最喜欢的。

如果三个方案中没有一个你满意的，就退回去创造更多的选择，直到找到一个你特别喜欢的。在选择了你最合意的方案后，你听到一个热情洋溢的内在声音对你说，“这正是我要做的”。

7. 未来计划。现在，想出一个该情景开始发生之时的外在线索，用以把这个新方案变成自动运行的。例如，如果这个情景是观众演讲，线索可以是你看见一群人坐在那里等待你讲话，或你看见面前的讲台。如果是与你的老板谈话，线索可以是你看到或听到你的老板。如果你选择的是在电话中处理一位愤怒的客户，线索就是听到电话那一端传来的愤怒语气。首先想一个线索，然后把你自己置身那个情景之中，以你所选择的方式采取行动，如此，你就把新的行为编程到未来的情景中了。

## 创造性的视觉化

无论在本练习还是前面的多个练习中，我们都使用了一个两步法的流程。之前我们并没有详细介绍它。当你把目标或未来行为视觉化时，从观察者位置来做会很有帮助。从这个位置，你可以很容易进行“电影剪辑”，快速播放众多场景，删减掉其中效果不佳的部分，并加入新的片段，直到从观察者位置你觉得那是个满意的电影。在这个位置，你还可以了解如果你步入其中感觉会如何，因为在最终版本的电影播放中，你能够看到你和其他人的面部表情。

要把观察者的电影转换成真实世界的实际行动，关键是要从自己的位置关联进去，经历事件的发生，并感受身处其中的情况。当你这么做的时候，其实在做三件事情：首先，你在测试，确定这个情景与你在外面观察时是一样满意的；第二，当你浏览之后发现你还想做一些细微的调整，或者你发现没有为一件重要突发事件做预案，现在需要返回电影编辑室从头来过；最后，你正在排演新的行为，当你在观察者位置设定的合适线索出现时，编写一个自动触发程序，并加入情绪、味道、气味，把这些经历充分真实化、引人入胜。

在前述例子里，我们都假设这个人是有能力的，唯一需要的是感到有信心和动力去展现相关能力。例如，讲台恐惧症就是如此。你知道在其他情形下这个人有流利演说的能力，但是当面对一大群人时就开始磕磕巴巴了。

的确，自信是展现我们能力的基础，但有时候我们缺乏信心也是事出有因：我们还不具备把某件事情做好的能力。例如，某人缺乏信心是因为他从来没有做过那件事情。你是否曾见过一位信心十足却乏味透顶的演讲者，究其原因是他尚不具备阐述那个主题的能力。

需要做些什么才能胜任或者能够做好一件事情呢？想一想那些你现在能够轻轻松松完成的任务与技能——比如驾驶汽车。还记得你第一次开车的情形吗？为了把车开到街上去，尤其是一辆手动挡汽车，你可能被那些需要集中注意力才能完成的各项动作整得头晕目眩。你坐在车里准备发动汽车，眼睛从挡风玻璃望出去，还要盯着后视镜，协调离合器与油门，同时需要努力记住各种交通规则。可能你在汽车发动起来之前，就已经把发动机熄火几次了。经过一段时间后，你有能力驾车了，但是完成这个任务仍然需要调动你的大部分注意力。如今经过时间和磨炼，你可能驾车在公路上行驶了80多千米了甚至都没怎么动脑子去思考开车的动作或方向问题。你的一部分已经被培养好了能够自动驾驶汽车，而且是很安全的，不需要有意识地思考如何去驾驶。你每次掌握一项技术的过程都会经历以下同样的学习阶段：

无意识无能力。在你考虑学习某件事情之前，你并没有意识到你在这个技巧方面是如何不胜任。你甚至想都没想过这件事。

有意识无能力。当你开始学习一个新技能的时候，你开始意识到你的不胜任。

有意识有能力。经过一些练习，你开始掌握这个技巧，但是很大程度上需要你的意识参与——你不得不去想你正在做的动作。

无意识有能力。最终你达到了某个程度，你已经精通这个技巧到无意识状态了。你只需要去做即可，而无须有意识地去关注它。

当你了解了我们学习任何事情都会不可避免地经历这个顺序，我们就能够接纳和包容在这个过程中不可避免的犯错了。

我们中的许多人会为自己定下不可思议的高标准，从而导致我们对尝试新事物踌躇不前，因为我们清楚在起始阶段我们是无法做到完美的。想一想，当你年幼时如果面对学习新事物止步不前，你今天的生活会怎么样。假设你在学习走路，你从椅子上起来，蹒跚向前几步，跌倒在地。然后你想，“哼，我再也不想尝试了，我看起来蠢得够呛”。如果你当时那么做了，你今天的生活才是够呛——可能你还在靠四肢在地上爬行。在那些年幼的岁月，你正是经历不断的尝试才最终把事情做好。NLP的视觉化流程不会立刻把你变得完美，但是能够让你充分准备，让你有效地进入继续学习状态。请务必铭记：无论何时你在学习新事物，利用你不断获得的反馈是学习进程中最为重要的因素之一。

另外一个NLP的预设前提是“世界上没有失败，有的只是反馈”。罗伯特·迪尔茨有位朋友是个发明家。他尝试了许许多多事情都没有成功。有一次罗伯特问他，“当你尝试这么多次却没有成功的时候，你是如何让自己不感到气馁的？”那位发明家回答说，“噢，如果一个方案不成功，我会意识到这一定是解决另一个问题的方案而已”。

还有一个NLP的预设前提是“每个行为都在一定的背景下有效果”。当你为某个新的行为编程但是效果不佳时，这只是意味着在那个情景下你需要换个方法再试试。每次你的尝试失败，其中的好消息便是肯定还有其他的有效方法。古人说：“良好的判断源于经验，而经验来自糟糕的判断。”

## 建立日常的自信心

确保你能持续创造新的行为方式，以及建立自信的方法是，每天练习从沮丧到灵活性的流程。其方法如下：

每天夜里在你迷迷糊糊渐入梦乡之前，像放电影一样回顾你一天里的所有活动。当你在电影中遇到一幕场景是你对自己的行为不那么满意的时候，停下来。回顾那个场景，获取信息：发生了什么事情，你的目标和意图是什么。然后使用你喜欢的、带来更好效果的行为方式重新演绎电影。调整场景直到你找到了合适的行为方式。然后，设定一个存在于外部环境中的图形或声音作为线索，假想你在那个情景中正在展现新的行为。通过完成这个流程，你将为未来建立新的、更足智多谋的行为方式。

可以用这个方法经常回顾你的行动，改变没有效果的行为方式。这可以把你之前认为的失败转变成反馈——关于你能做到的变化与改进的反馈。使用上述方法每天回顾，能够为你每天的行为带来惊人的自我满足感——一个强大的信心增强器！

## 希望与期待

当你学习行为改变的各种视觉化方法时，往往会惊讶地发现，有些人通过视觉化产生了不可思议的、令人振奋的变化，也有些人效果甚微，甚至没有效果。在那些成功变革的人士身上，有一个非常重要的区别因素。

要发现成功的原理，我们需要一起探索你的思维流程。想一个明天将会发生的事情，例如，假设你计划明天去远足，天气预报显示明天天气很好。你对自己说，“我希望明天是个大晴天”。留意你大脑中的希望是如何通过图片、声音和词汇呈现出来的。现在，你对自己说，“我期待明天是个大晴天”。注意你的大脑中是如何表现期待的。

当你对比两种体验时，注意下面的细节：你是有一幅还是两幅图片？静止的图片还是以电影形式的动态图片？留意其中的地点、亮度、清晰度、颜色的数量、维度、取景，等等。你是用自己的眼睛在看，还是作为旁观者在看？同时，留意你的思维中任何可以听到的声音或词汇。你听到一个还是两个声音，或者更多？注意嗓音或声音的特质，像位置、方向、速度、音调或强度等。特别要注意，你希望发生的事情与你期待发生的事情之间在次感元上的区别是什么？当你比较希望与期待时，你对明天是晴天的信念有多么强烈？在脑海中或者纸上记录下与你的期待相关联的那些特质，这些对你的新行为编程很重要。

许多人会以一幅图片的形式呈现他们的期待。开始可能是分离的，但通常最后都是在关联状态——用你自己的眼睛看到的。图片常常是真实的彩色、明亮、清晰、伴有运动在其中。声音常常很清晰干脆，使用一种客观事实的嗓音在说，“当然了，肯定会发生”。期待的感觉是真实的。

比较而言，多数人的希望变为两张图片——一幅是实现的，还有一幅是没有实现的，伴随着一个声音说，“也许行，也许不行”。有时希望是一张图片，遥远、模糊、没有动感，也不是彩色的。如此考虑事物的话，你会心存疑虑会不会发生，然而期待则通常在头脑中更加坚定和真实。

带着刚才的背景进入下面的流程。从设想一个成果开始，这个成果是关于在某情景下更加有信心。在你选择的情景下你希望自己如何表现？也许你想在工作面试中更加有信心。想好了你希望自己如何表现之后，你可能决定你想看起来平静而放松，腋窝不要冒汗，姿势柔和，脸上带着愉快的微笑，表达清晰，流畅而富有信心的嗓音，坦然自若而有控制力。如果你希望想得更加全面一些，可以详尽地写下你期望的成果。仔细核实这些成果，确保这些都是你真心所想，而且值得拥有。问你自己，“有任何原因让我不应该拥有这些成果吗？”或者“要拥有这些成果我有任何保留的想法吗？”这时，你需要与感到勉强的那一部分你进行谈判。

一旦你已经确切定义了你要的成果，放松自己进入一种接纳的思维状态。现在开始运用之前发掘出来的关于期待的次感元，把你的成果视觉化。这是本流程中最关键的环节。通过运用期待的次感元，你在给大脑发出强有力的信息——这是会发生的。依旧使用希望在面试中更为自信的例子，你可以把整个面试从头至尾进行一遍，在其中加入期待的次感元，把这个情形塑造成你期待发生的样子。

将你的成果作为一种期待进行视觉化，直到你感觉完成了，然后结束流程，期待成果发生。定期地运用这个流程为自己创造各种成果，你将能够一直积极地参与到自己的个人成长进化过程中。

## 回顾你学到了什么

在这个章节里，你探索了用来建立自信心的多种技术。具体来说，你已经学会了如何去：

- 通过发现正向意图把批评的声音转换成帮助你的朋友
- 使用头脑风暴为你的声音找到实现其正向意图的更有效的方法

- 重新表述你的负面自我对话，成为具体的、积极的、以“我”开头的肯定陈述
- 通过有创造性的视觉化把沮丧的情景转化为有选择的机遇
- 建立坚定和有说服力的积极期待

你已经学习到你的大脑总是以它的最佳方式做事情，你可以信赖它去做它已经学会的事情。你能够使用大脑自己的语言改变其编程，这样你就能够创造出更多你想要的。每天你可以在日程中规划一段时间练习这些强大的技术，帮助你建立自信心。没有别人可以为你建立自信心。你以及组成你的所有部分值得拥有。

# 第十章

## 建立自我欣赏与自尊

我们的思想决定了我们成为谁。

——厄尔·南丁格尔

## 自我欣赏的美德

什么是自尊？也许可以定义为对一个人自己的客观的和欣赏性的印象，这种印象影响一个人一生的经历。这是一个很大的定义，然而每位心理学家、顾问、激励大师、成功的商人、精神科医生和精神医疗专业人士都会同意，自尊是内心平静和个人满意度的重要基石。

毫无疑问，你拥有更积极的自尊，你就拥有更好的生活质量。积极的自尊是一种具有感染力的态度，让你自我感觉良好，并真正地欣赏你自己。它让你感觉到你真实地属于当下的自己。它给你安全感，为你带来个人力量去启动变革。它让你有动力应对挑战，充满斗志地探索生命中未知的领域，大大丰富你所有人生体验的内涵与感触。

花一些时间回顾你生命中某个时刻：当时你对自己的感觉尤为出色。无论那个时刻久远与否，回到生命中的那个时刻，看到你当时在看着的，听到你当时在听着的，感受你当时在感受着的。思考并留意当时你的感觉有多好，现在的感觉又如何。想一想，如果你能够选择自我感觉良好，更多爱自己一些，做你想做的任何事情，你的生活会变成什么模样？而问题是，什么阻止了你选择这么做？什么阻止你无法选择更高的自尊心？许多人无法选择的原因其实是他们不懂得如何一步步地去创造自尊心。

尽管所有的人类行为学专家都认同个人自尊的价值及重要性，可实际上只有很少数人能够教会我们如何实现自尊。每个人都停留在口头上，几乎没有人告诉我们有效的方法何在。

幸运的是，这恰恰是神经语言程序以成就为导向的技术所真正闪耀的地方。运用NLP，你能够很容易地掌握运用你的大脑建立强大自尊的具体方法，从而影响你的个人成就水平。

## 意志力与自尊

意志力与提升自尊并没有多大关联。改变你对自我的想法并不需要锻炼你的思维肌肉群。坦白说，意志力并不足以创造自尊心。你可能已经在许多次的艰难体验中意识到了这一点，这里我们不妨清晰地表述出来：在这个世界上，所有的意志力都无法创造出那种影响你全部体验的、对自己的客观的和欣赏性的印象。如果你运用意志力去创造自尊，只会精疲力竭而一无所获。你需要的是技巧!

通过NLP，我们知道了高度的自尊源于你的内在地图或者说你的自我呈现。换句话说，自尊并非源于你实际上是谁这个现实，而在于你内在的自我呈现，以及你如何思考自我的方式。改变你的内在自我呈现，你就改变了你的自尊。你无须磨砺自我，你仅需思考。就这么简单。

## 形式与内容

NLP认为，我们如何形象地看待我们自己很大程度上决定了我们对于自己的感受。具体一些就是，我们关于自己的内在图像的形式与内容是高自尊和低自尊的视觉构成模块。

类似的其他体验，一个人自我形象的强度取决于视觉次感元，也就是构成任何图像的结构或形式的视觉元素。典型的例子是，与大的、光亮的和近在身边的自我形象相比，一幅面积小、黑暗的和远距离的自我形象会缺乏真实感。形式的不同，带来强度的差异。

同时，一个人自我形象的内容决定了是正面还是负面强度。例如，如果“你”在你的自我形象中是被扭曲或病态的样子，与积极的、整体的、完全的自我形象相比，你的感受会有巨大的差异。

## 低自尊的内容

低自尊非常典型地与一种自我形象相关联，即形式上视觉强度很高，但是内容很消极。例如，珍是一位三十出头的职业女性，她发现自己无法获得收入上的安全保障，而实际上她知道自己完全有那个能力。她十分努力地工作，但是总有些事情在妨碍着她。当她花时间检视自己的内在呈现时，珍发现她的自我形象一直是负面的、烦恼的。珍看到自己被不自然地歪曲和空洞化的形象。而且还不止于此，她看到的这个图像颜色鲜艳生动、大尺寸、明亮，而且近在眼前。

由于她的自我形象的内容（扭曲、空洞的躯体形象）看起来令人不安，形式却很强烈（大、亮且近），当珍一想到她的个人价值时，她的情绪都会惶恐不安，结果就是她一直以来非常低的自尊心。

自然而然的是，无论她的同事如何评论她的工作，获得什么样的荣誉和奖励，珍就是无法相信她是个有价值的人。她无法以另一种方式看待自己。当她把心目中自己的形象与他人嘴里的她相比较的时候，珍相信她自己看到的，因而对自己的感觉相当糟糕。形式的高强度加上负面消极的内容令珍的感觉非常低落。因此而导致的低自尊阻碍了她实现一直向往的财务自由。

## 高自尊的形式与内容

与之相反，高自尊的典型特点是一幅积极的自我形象，形式上拥有非常强烈的次感元视觉效果。举例来说，当珍完成了“自传”练习（一个你在本章会学到的NLP练习），她最终看到的自己与之前有很大的差别。珍看到的自己是完全的、整体的，真人大小，散发着自信的微笑。这个自我形象以大的、光亮的、彩色动感的图片形式呈现。这种整合产生了高度的自尊。现在，她不仅自我感觉很好，珍认为自己正坚定地走在实现财务自由的道路之上。

## 自尊的结构：内容与形式的演变

既然内容可以是积极或消极的，而形式是或强或弱的，于是便存在内容与形式的四种演变。就像你在珍的例子中所见，高自尊和自尊的结果如下：

1. 高自尊由高强度形式和积极内容组成；

2. 低自尊由高强度形式和消极内容组成；

3. 较高的自尊基于较为温和积极的自我形象。在这种情况下，仅仅改变形式即强化次感元就能够很容易提升自尊程度。积极自我形象的形式可以更加多彩、更大、更光亮，动感化或改变任何次感元使之强度更大。积极的内容保持不变，而只改变形式就可以把自尊变得更强大。

4. 较低的负面自尊基于较为柔和的负面自我形象。这种情况下，形式和内容都需要改变。首先，消极的自我形象可以通过改变所看到的内容而变得积极。然后，改变看到的形式使之变得更强大。

在我们脑海中保留的形象可以是高强度负面或高强度正面的，或居于其间。当你运用NLP有关次感元和内容的影响力的知识时，选择权就在你的手中。

下面的练习提供了另外一个例子，你的内在思想，由图像、声音和感觉组成，是如何能够让你行为果敢，获得独立、成就和抉择，或是令你恐惧不安、空耗精力。这个巨大的差异背后，正是你个人的能力去选择改变了你的内在思想、你的自我形象。当你懂得如何有意识地改变你的内在自我呈现，现在，你就能够有效地提升你的自尊水平。

## 【练习三十四】发展你的自尊

1. 自我形象。花点时间在脑海中得到一幅你的自我形象。想一想你看起来的样子。形式是比较温和还是非常强烈？

2. 调整内容。内容是积极还是消极？首先，确保内容是积极的。寻找任何扭曲的地方，真实地看到自己。注意形象中任何看起来消极之处，思考你看待自己更为积极的方面，把负面转为正面呈现。例如，假设你看到自己行动缓慢，背后的意思可能是在说你很迟钝，磨磨蹭蹭事情做不完，你可以意识到，花费时间也意味着你不鲁莽，在采取行动之前把事情考虑得非常周全。

运用本书中你学习到的其他任何方法，来将你的自我形象的内容转化成能够积极准确地呈现你的优势、最佳技能、态度和能力的样子。看到自己是整体的、完全的，就像你刚刚达成了一个梦寐以求的目标时的样子。

3. 调整形式。现在，把自我形象变成一部关于你的大型的明亮、近距离、三维立体的彩色电影。学到现在，你已经能够运用所发现的众多其他次感元了，把你的形象变得更有影响力和吸引你。

4. 比较感受。把你刚刚完成的自我形象与最早想到的那个形象相比，你感到的差异是什么？真正花时间完成这个练习的人会发现，不同的自我形象形式和内容极大地影响了他们的自尊感觉。当他们的自我形象是积极而强烈的时候，他们感受到更高的自尊。

## 自尊心如何改变你的生活

拥有高度自我欣赏的人和你并没有本质区别。并非他们从没有感到落寞、不安或压抑。他们也不时会体味到这些不愉快的情绪状态。的确，高自尊的人也是凡人。区别在于，他们恰恰意识到他们的情绪提供了如何更好生活的深层次的重要信息。他们认真看待这些情绪中的信息，然后有意识地对他们思考的方式及行事的方式做出恰当的改变。运用NLP技能，你能够把情绪当作反馈，带给你机遇改变你的生活或（和）你的自我呈现。

有一个年轻商人弗莱德的例子，他发现不知道为什么总是自我感觉不好，而且最近他开始情绪阴郁，压力重重。他的一些朋友建议他找一位精神科医生谈谈。也有人告诉他，他需要休个长假。还有人说，他应该试试完全把自己投入到工作中去。这种状态持续了一周时间。当弗莱德意识到自己的情绪是不可能自行改变时，他下决心要主动管理自己的生活情绪。正是从那时起，他开始把情绪作为一种反馈信息对待。

弗莱德细致地把自己的抑郁和压力情绪与自己对工作、家庭及亲密关系的情绪进行比较。之后他发现，自己很享受目前的生活。他的家庭生活富足而满意。不舒服的情绪并非来自他的生活方式或家庭关系。

由于弗莱德懂得一些NLP对于情绪反应的技巧，他观察了关于压力的内在呈现，他留意到这种情绪来自脑海中一幅非常具体的图片形象。弗莱德不经意间产生了一幅图像：一堵巨大的黑墙森森然地矗立在他的面前。这幅画面正是他的情绪源头，令他感到抑郁和压力。

当他意识到这堵黑墙之后，他运用NLP的方法简单地把墙的颜色由黑转白，并允许这面墙在他面前化为尘埃，留下的是开放、内在力量和安全感。通过这么一个简单的流程，他便得到了想要的结果。

我们重新概括一下。使用NLP的技术与程序，当高自尊的人感到不安时，他们懂得自己有能力通过选择权，有技巧地改变他们的内在呈现、他们的情绪及最终的行为。高自尊者的秘密就是，他们拥有随心随时改变自己的能力。

## 存在与行动

《治愈束缚你的耻辱感》一书的作者，约翰·布雷萧说过："你作为一个人存在，而非因行动而存在；你作为一个人存在，而非因表现而存在。"[1]当你学会了区分你是谁与你的所作所为，你就能够更容易留意到你的存在本质上是好的。你的行为——你如何行动——只是在达成你希望的结果之时是否有效而已。理解了你并不等同于你的行为，避免了许多烦扰情绪，如悔恨、自我指责和耻辱，从而把你的能量释放于探究如何生活及如何改变你不满意的行为和反应。

许多人的自我形象仅仅运用的是观察者位置。他们从外部的观察者视野看自己。通过其他视角丰富你的自我形象其实非常有帮助。一个特别有效的视角便是，通过一位爱你的人的眼睛去看待你。其他人看我们与我们自己看自己往往有差别，而爱我们的人常常看到我们自己从未留意过的方面。

最近有一位自己创业的商业女性艾琳参加了一个NLP的自尊课程。当艾琳来参加课程时，她好奇地想知道人们怎么会爱她这个人。当她通过其他人的视野（一位她知道深爱她的人）看自己时，她透过了自己的行为看到了本质的自己，真正的她是谁。她之前从未经历过。而这么做最大的影响便是，她现在更加喜欢自己了，她接纳了自己是谁、是什么。她说："我少了很多自我批评。我对自己和对他人都更加舒服和放松。毫无疑问，这也影响了我在商业上的关系。"

另一个例子来自一位多才多艺的企业家和商业顾问特伦特。他正在把他的生意扩展到全球。同样，在完成一次通过爱他的人的眼睛看自己的体验之后，他认为这帮助他在之前认为不可能的方面建立起了自爱，而有些领域甚至超出了他之前的需求预期。他说，"这个技术为我的个性和身体建立了完整感：融合为一。自爱非常重要。这个流程对我的生意产生了不可估量的影响，而且将会继续在我生活的其他方面发挥作用。”

下一个练习称为“自传”，摘选自卡梅隆·莱斯利–班德勒[②]的NLP著作《解决方案》一书，将会带给你的是：爱你的人看待你的丰富体验。你有几种方法完成这个练习，有些方法会更有效一些。例如，你可能只是一口气把练习读了一遍，觉得就够了，而这可能是效果最差的方法。较好的方法是记住主要流程，找一个你不会被打扰的时间和地点，在脑海中回忆整个练习。更加有效的方法是用你的声音把这个练习录制下来，在你有时间的情况下就可以重听整个流程。还有一种也许是最佳方法，让一位你信任的朋友在你面前读出来，适时暂停让你完成每一步，然后继续。这种方式让你在享受过程的同时，知道练习完成后你可以与信得过的朋友一起分享心得。

## 【练习三十五】自传

1. 完全放松。找一个舒服、安静的地方完成这个练习。用你最喜欢的椅子。最好是坐着而不是躺着完成这个练习。感觉放松的同时，保持警觉与注意力。

现在放松……呼吸……让身体放松下来。慢慢呼吸……接着深呼吸……充分呼吸……呼吸时可以发出声音。想象在你的脚底也有鼻孔……你通过腿把空气呼吸进入你的肺脏。你的身体充满新鲜空气。当你在舒服、缓慢、充分地呼吸时，想一想真正欣赏自己会是怎样的情形。

感受放松的身体，排除任何身体或情绪上的紧张感。花一些时间排查身体中任何“滞留情绪”，释放它们，完全释放出去。

2. 想一个爱你的人。在开始流程之前，想出一位爱你的人。你很确定那个人毫无疑问是爱你的：朋友、爱人、丈夫、妻子、父母、孩子或其他人，注意谁会在你将要学习的流程之中。如果你无法想出一个爱你的人，那么就想想你曾经帮助过的人，你知道那个人非常感激你。无论是你知道爱你的人或者是非常感激你的人，留意他（她）是谁。接下来，你将充分发挥这个人的价值。

3. 撰写你的自传。现在，假想你坐在桌边正在书写你的自传。你可能在用钢笔或铅笔，也许是打字机或电脑键盘。总之，你发现自己正在撰写自传，讲述你的生命故事。在写自传的过程中，你感觉很舒服。你能感受到和看到你在用的桌子和椅子……几秒后，你将注意到那些描述你的字句轻轻涌现出来。随着你书写，你意识到那个你知道爱你的人或欣赏你的人的想法。你对爱你的那个人的思路越来越清晰。

4. 看到你知道爱你的那个人。现在，留意到穿过你写自传的房间，你可以看到有人站在玻璃门外，正是那个你知道爱你的人。当你看到这个爱你的或感激你的人，你意识到他（她）正看着你、观察你。然后，你决定在自传中描述一下这个人在你的生命中所起的作用。花些时间描述这个人，关于这个人你看到什么、感受到什么，甚至包括关于这个你知道爱你的人对你说了什么。把所有这些写入你的自传。用足够的时间完成这些。

5. 从另外一个视角看你自己。你已经清楚你所描述的爱你的那个人的情形，轻柔地让你自己离开桌旁的你的身体，你的意识穿过房间漂浮过玻璃门，留意站在那个爱你的人身边的感觉。花些时间透过玻璃门，观察你自己正在撰写自传。就站在那里，留意从玻璃门后的视角看到你是什么样子。注意，现在你欣赏自己的程度有多大。留意当你透过玻璃看自己时，你对自己的真实感受是什么。你可能发现许多自我欣赏，或者可能仅仅有一点。无论你留意到什么，简单地接受这个体验。

6. 透过爱你的人的眼睛看你自己。现在，轻轻柔柔地让你自己进入那位你知道爱你的人的身体。花些时间让你自己以舒服和轻松的方式完成这一步。当你完全进入那个你知道爱你或者非常感激你的人的身体之后，通过那个人的眼睛看到正在撰写自传的你自己。通过那个爱你的人的眼睛看自己。注意在那里写自传的你的模样。留意你的动作和呼吸。花些时间完全地欣赏关于你自己的特质与特点，可能是你第一次从爱你的人的眼里所看到的。既然你身处爱你的人的身体之内，注意你听到的对你的想法和感受到对你的感觉是什么。留意从爱你的人的角度看到你自己在那里伏案写作之际，你听到的那种积极、欣赏的声音的语调。

7. 回到你自己的视角。当你完全意识到你自己是谁、是什么的那些特质与特点之后，轻柔地允许你一时离开那个你知道爱你的人的身体，漂浮回去穿过玻璃门和房间，回到伏案撰写自传的你的身体中。

8. 记录你的经历。现在，你可以花些时间把你刚刚经历的、透过爱和感激的眼睛看见的自己写进你的自传里。当你描述你的经历时，记得记录那些透过爱的眼睛看自己时所关注到的特质与特点。

9. 思考未来。当你在自传中书写刚才的经历时，开始思考你的未来——你期待的未来经历，以及那些不期而遇的经历。想想未来的各处地点与时间……明天、后天、今后几周、几月甚至几年，在那些时刻你希望很容易地重新体会、回忆和记起今天的这段经历——透过爱的眼睛看到你的特质，并深深地欣赏在这个世界上你是谁，以及你是什么。

10. 返回现在。现在，回复到你完全的意识。以你自己的节奏，轻轻地渐渐苏醒和恢复知觉。一直回到当下的时间和地点，感觉比之前更为良好的状态。留意房间里的声音，以及你身体的感觉。过一会儿，随着你慢慢恢复完全的意识知觉，你可以睁开眼睛，伸展胳膊和腿脚。欢迎你回来!

11. 留意发生的变化。现在，你已经有机会真实体验了许多人梦寐的自我欣赏，请花时间欣然留意这个经历是如何改变了你自己的内在呈现，无论以微妙还是直接的方式。注意现在你能够真正地从新的、更欣赏的和有爱意的角度看待自己的方法。你刚刚的经历所带给你的深切的个人自我欣赏是朝着更全面的支持和激励自己所迈出的第一步。

## 自我欣赏：逐步法

高自尊的人或可以定义为：他（她）是被赋能通观全局及其中参与者的人。这也正是你在NLP自传练习中所做的，通过独特的爱的视角看见自己。你已经在爱的眼中看见了自己。

从自我欣赏的角度看见全局中的自己，可以协助你更全面地接纳自己。现在你更可能摒弃不必要的内在挣扎，更完全地接纳和爱上这个事实：树就是树，花就是花，而你就是你。

不久前，一位年届40的职业顾问参加了一次课程，他希望理解NLP的基础理论，并且希望亲自发掘到底NLP技术是否真如所宣称的那般。在培训中，他完整地参加了“自传”练习。后来他说：“我以前从未意识到透过爱的眼睛看自己的力量。现在，我看到了自己身上从未发现的方面。我真实地感受到我的个人价值及我带给他人的积极影响力。这次体验的价值涉及我生活的每个层面。我永远也无法忘怀。”

尽管你只是运用了一次这个NLP技术，你已经能够注意到你变得更为自我欣赏。既然你的自我欣赏程度得到加深与提高，花一些时间为你的未来保留那些你看待自我的方式，当你继续开放自我获得更广泛的自尊时，你将能够获得新的、更好的学习与感悟。现在为自己做出承诺，不久就运用你生命中另一位爱你的、欣赏你的人的视角再完成一次练习，从中获益更多。

## 把自我与其他区别开来

高自尊的另一方面是认可你的个体性。高自尊的人普遍使用“我”而不是“你”或“我们”的表述。高自尊的男士或女士会说“我今天感觉好极了”，而不是“有时候，你懂的，你感觉很好”或“这是精彩的一天”。个中的原因是，高自尊的人可以很容易把他（她）自己与其他的人、事、物区别开来。

使用“我”的表述确定了你对亲身经历、喜好和需求的所有权，这也赋能你可以坚持自己的身份，知道你的感觉和喜好。你能够说，“我就是我自己。我就是这个人，不是什么其他人。我爱我自己的全部，包括自己的不完美。”

高自尊的人同样尊重其他人的权利，允许并鼓励他们拥有他们自己的身份，表达他们的感受和需求。高自尊令你具备差异、表达差异、表现差异性。当你拥有高自尊，你对成为自己感到安全，就做自己。你切实感到你是足够安全的，成为你自己。一个独立的个体拥有个人的观点、情绪、目标和价值观。作为一个独立的个体，意味着你有能力表达你自己，这个可以归结为你说“是”和“不”的能力。

如果没有能力说“不”，那么你所有的“是”也基本没有意义了。如果你被逼迫说“是”，那么你就没有选择权，无法选择你的生活，因而也缺乏自尊。

如果你不得不对所有的事情说“不”，情况也是一样的。无论哪种情况，如果你被迫一直说“是”或者对任何事都说“不”，这些强迫力造成选择权的缺失，结果便是低自尊。

今天许多文献在讨论一种选择缺失，被称作为“共生行为”。在关于共生行为的第一次会议（1989年在亚利桑那州的斯科特代尔举办）上，共生被定义为“依赖于强制性行为和获得他人许可来试图获取安全感、自我价值和身份的模式”。自我价值与身份其实正是自尊的另一种描述。显然，低自尊对于你自己的绝少认可或不认可，会导致愈发匮乏的选择权。选择权的缺失通常的特点便是，共生和其他成瘾行为或强迫行为。

有趣的是，当有人感到他（她）是无价值的时候，他（她）会倾向于丢弃或忽视自己拥有的选择权：无价值感导致更少的选择。选择更少，反过来，导致重复性行为，哪怕这些行为是无效的。无效的行为模式导致生命中无所建树。缺乏成功又造成无价值感，从而构成了低自尊的恶性循环。

例如，一位名叫克莱尔的中年职业女性说，她最近几次三番决定在生活中更加独立，但结果是感觉自己彻底受挫。她说自己很确定是在共生状态，因为只要她自己一个人的时候，她就感觉很不舒服，毫无成效性。她尝试了能够想到的各种办法增加自己的自尊，结局却是在生活的各个方面感觉自己就是个失败者。失败的感觉让克莱尔行事战战兢兢，结果做事更加没有效果，她自己和周围的人对她的评价就更低了。所有这些更强化了她的无价值感。

在智力层面，克莱尔清楚地知道她并非失败者。许多人对她的生活状态羡慕有加。但是，在情绪层面，她深层的内在仍然认为自己没有价值感。

克莱尔花了些时间追究她的低自尊根源，她进行内在呈现时，看到一幅巨大的压迫性画面，她的妈妈正以一种非常不满和厌恶的态度摇晃着她的脑袋。克莱尔意识到，她那种完全失败的情绪及由此带来的选择缺失，正与这幅图像直接相关。许多心理治疗的方法会探索这副图像的历史根源，有时候这的确有助于把图像转换得更为积极。但是，运用NLP会有多种方法可以直接转换那些制造麻烦的图像。通过次感元，克莱尔学会了改变她妈妈的形象尺寸。当她放大图像时，她感到更糟，当她缩小图像时则感觉好多了。通过这番实验，她发现当她把母亲的图像变小、远离、模糊、平淡和黑白色的时候，图像就无法再影响到她。当她这么做时，她感觉糟糕的图像被取走了，但这并不会自动填补进来一幅更积极的图像。感觉“还不错”是不够的，她希望感觉良好。为了达到这个目的，她学习了NLP中由理查·班德勒[3]所开发的闪变模式。

## 闪变模式

这里介绍闪变模式的使用方法及其直接效果的一个例子。一群对NLP感兴趣的人参加了一个小型演讲活动，期间，个人成就与公众演讲两个话题被提了出来。调查显示，害怕公众演讲在美国的恐惧症中排名首位。许多人都反映自己害怕站起来在听众面前发言，这远远超过对其他事情（比如高度、狗、黑夜或死亡）的恐惧。

在讨论过程中，一位名叫汤姆的中年商人举手发言，说自己被公众演讲恐惧所困扰。他已经不记得恐惧是从何时开始的，这种恐惧已经使他无法参加一些商务场合的活动。只要他一想到可能要在公众面前表达观点，他就感到不安和焦虑，这已经成为他成功的障碍。甚至坐在椅子上比较安全的时候，他也很难发表观点或表达需求。当他被问到是否愿意做一个演示练习的时候，他拒绝了，因为他无法让自己站到一群人的面前。汤姆是运用闪变模式的最佳演练对象，完成之后，只需要邀请他走到房间中央就可以测试出演练的效果如何。

NLP培训师询问坐在听众中的汤姆，每次他一想到公众演讲的时候，脑海里会看到些什么。汤姆说他看到一个巨大、光亮的画面，那就是一群人正在注视着他。有趣的是，他看到的那群人似乎都长着像灯泡尺寸大小的眼睛。只要他一看到这个画面，他的胃部就开始紧张，嘴也变得干燥。

然后，培训师帮助汤姆建立了一个积极的自我形象，一个“美好的汤姆”，不同于现在惧怕面对听众的形象。然后，在听众的注视、倾听和学习过程中，汤姆把这个“美好的汤姆”形象放置于一个闪亮的光点之上，接着将光点放在长着灯泡一样的大眼睛的听众的中心，之后快速把听众的形象替换为巨大的、光亮的“美好的汤姆”形象。最后，要求汤姆看到一块空白屏幕，并重复十次刚才的过程，在每次之后都看到一块空白屏幕，并且下一次的速度更快一些。

当培训师确信汤姆有效地完成了若干次闪变模式的练习后，他邀请汤姆来到听众前面谈谈取得的效果。汤姆走到听众前面，舒适而自信地面对着听众，带着惊讶与难以置信地说，现在面对大众讲话感觉很好。听众中爆发出了热烈的掌声。

闪变模式不仅可以处理自我挫败的行为及其他自尊障碍，还可以让你看到更光明的未来，把你的大脑引向越来越多的高自尊。这个模式能够一次性处理与自尊相关的现在、过去和未来的问题，因为那个“美好的你”实际上是建立了一幅积极的自我形象。

42岁的玛丽接受了临床治疗师培训，她运用闪变模式解决了一个一直困扰自己的问题。玛丽的愤怒与害怕与幼年被父亲遗弃有关，影响了她的独立自主及个人潜能的开发。当她思索是什么在阻碍实现最好的自己时，她忽然意识到一幅图像，她的父亲正对她挥拳相向。伴随着图像，她还听到父亲的声音在说“我不想要你了”。这幅在她脑海中的图像加上这个声音，在她心中酿成了深深的无价值感，随之而来的是愤怒与恐惧。

就像汤姆一样，玛丽用了足够的时间建立一幅视觉图像，画面中的她与父亲相关的态度、信念和行为都已经被很好地解决了。然后，玛丽看到“美好的玛丽”变成一个闪亮的光点在空中浮动。她把光点放置在父亲拳头图像的中心位置。她把“美好的玛丽”的图像变得更大、更光亮，迅速替换掉拳头的图像，让图像充满整个视线。每当她用“美好的玛丽”的图像替换父亲的拳头时，她可以听到“美好的玛丽”说：“我对自己感觉很好。”“美好的玛丽”的声音在玛丽的脑海中回荡。在数分钟内，玛丽重复几次完成了闪变模式，体验了深层的内心转变。

完成练习几个月之后，玛丽写道：“现在的我内心自由而喜悦，我能够看到生机盎然、活力四射的未来的自己。当我看见自己的时候，我感受到了更强大的力量，我对自己的爱也更深了。”她与自己的关系，以及关于父亲的记忆已经完全被改变。在完成这次转变体验后不久，她就开始了自由职业，并结束了与一位有妇之夫长期无果的关系。

现在，我们邀请你进入下一个练习去经历类似的深刻学习与个人转变之旅。

## 【练习三十六】闪变模式

在完成练习的每一步时，花费足够的时间确保完全、舒适、轻松地以你自己的节奏完成。

1. 辨别线索图像。回想生活中你缺乏自尊、特别自怨自艾的时候。这个时间可能是最近，也许是很久以前。那时的你缺乏自尊，无法取得你应得的成绩。那时的你感到无力成为最好的自己。或者你也可以想到你预期会发生的事情、未来的事情，当你想到它时感到讨厌和无助。

让你自己进入那段经历，看见你正在看见的，感受你正在感受到的，听到你正在听到的。让与那时相关联的不愉快情绪变得更为强烈。随着那些情绪在身体里更为强烈，留意你的身体的哪部分的感受最为强烈。

现在，当你意识到这些情绪，你也能够开始留意脑海中你所看到的。觉察到伴随这种情绪你看到些什么。图像在你看来也许是有意义的，也许毫无意义。无论哪种情况，你只需留意你所看到的。同时注意你可能听到的——一些对你所说的话语或者你自己说的，这些话加重了这些不愉快情绪。

现在，暂时把不愉快的图像和声音放在一边。

2. 分离。你把这个体验旁置一边，你可以大声报出你的电话号码。然后，让你分离的时间长一点，轻松地再次倒着报出你的电话号码。

3. 建立一个足智多谋的自我形象。现在花几分钟在你面前建立一幅自我形象，这个形象看起来是已经解决了影响你的自尊问题的你。这是未来的“你”，一个领先你几步的“你”，已经学会了如何解决那个麻烦的你。这个未来的“你”用来解决问题的方法你还没有发现。但是，这个“你”知道你会成功，因为他（她）已经做到了。这个“你”经历过你所经历的全部，而且还要多一点点。他（她）对你充满爱与关怀，并且知道你将会成功。

看见这个“美好的你”正在你的面前，巨大、明亮、彩色的你的图像，拥有众多资源来处理你所遇到的阻碍。无论你在那幅不愉快的图像中看到的是什么困难，这个“你”都拥有许多种选择和不同的解决方法。确信这个“美好的你”并非完美，而且有些幽默感。

最重要的是，你感到被他（她）强有力地吸引着。只是看着他（她），你就有强烈的感觉希望能够变成那个人。如果你没有这种感觉，再花足够的时间把图像变得更真实、可信，更是你所想要的。你可以通过丰富图像的次感元来完成。例如，你可以把图像变得更大、更光亮、色彩丰富和动态化。另一个创造一个光彩夺目的“美好的你”的方法是，询问自己以下问题：假如“美好的你”非常光彩夺目，那么看起来是怎样的？这种“假设”问题能够迅速让你的大脑建立一幅富有强烈吸引力的“美好的你”的图像。

现在，你感到强烈的吸引力希望变成那个未来的你，注意到“美好的你”正在用真诚而坦诚的语气说，“我对我自己感觉很好”。这句话直面你而来，在你的大脑中的各个方向环绕着。倾听这句在脑海中环绕的声音……加入一点回响，好似你的大脑身处一个巨大的金色大钟里面。当你听到“我对我自己感觉很好”，让这个美好的感觉透彻地涤荡着你。

4. 练习拓展足智多谋的自我形象。现在，把“美好的你”的形象放置在漂浮在你面前的、空中的一个小的闪亮的光点上。让这个闪亮的光点像花一样快速开放，越来越大——直到恢复到实际的大小，你能够看见那个“美好的你”……就在你的面前……很大、很光亮、色彩新鲜。这时你听到“美好的你”诚实、坦诚地说，“我对我自己感觉很好”……这些话在你的大脑中回绕，你感到这种美好的感觉涤荡着你。现在你在脑海中看到一幅空白屏幕，就像在电影院里。多次重复这个过程，直到它可以自动发生。

5. 把足智多谋的自我形象的光点放入线索图像。那个小的闪亮的光点放入步骤1中的图像的中心位置。

6. 交换图像（闪变）。现在，随着不愉快图像变得暗淡、变小并瓦解，包含着“美好的你”的闪亮光点迅速变大、变光亮，更大、更光亮，直到……闪变……“美好的你”的图像淹没了那幅不愉快的图像，充满你的脑海，你看到的只有“美好的你”。你看到巨大的、明亮的、彩色丰富的你的形象正在你的面前，说道：“我对我自己感觉很好。”你听到这句话在脑海里环绕，轻轻回响……就像你的大脑置身一个巨大的金色大钟之内……让这种美好的感觉涤荡着你。

7. 看到空白屏幕。现在在脑海中看到一个空白屏幕，就像在电影院里电影开始前看到的空白屏幕一样。

8. 重复十次。现在以更快的速度完成步骤4~6。再次把微小的闪亮光点放置在不愉快的图像中。随着不愉快图像的快速暗淡、变小、瓦解，观察包含着“美好的你”的闪亮光点迅速变大、光亮，更大、更光亮，直到……闪变……“美好的你”的图像淹没了那幅不愉快的图像。“美好的你”是巨大的、明亮的和彩色的，说道：“我对我自己感觉很好。”这句话在你的脑海里环绕、回响，就像你的大脑置身于一个巨大的金色大钟之内。让这种美好的感觉涤荡着你。然后你看到一个空白屏幕，就像你在电影院里看到的一样。

再把整个流程重复四次，下一次的速度都更快一些。然后再重复三次，确认每次之间都看到那个空白屏幕。最后，以你可以完成的最快速度，再把流程重复两遍。当你速度很快的时候，你可能并不会有意识地留意到图像交换的过程。对大多数人来说，完成流程十次已经足够。然而，也许有些人一两次就够了，有些人可能要做二十次之多。当你不再感到不愉快的情绪，你需要多少次呢？

9. 复制足智多谋的自我形象。既然高自尊是对你自己的客观的和欣赏性的印象，这种印象影响你全部的体验，那么如果你能够随处看到一幅你自己的内在积极形象——无论过去、现在和未来，将是非常有力量的。假想你可以用手握住“美好的你”的形象。伸出手，把它抓在你的手中。当你触及它时，它开始闪亮。现在复制这个图像，产生出数以千计的“美好的你”的形象，就像巨大的扑克牌，一个挨着一个，是彩色的、发亮的。

现在，留下一幅图像在你的面前，把其他图像全部高高抛向空中。你看到全部的“美好的你”开始落下来，以同心圆排练，分布在你的周围，距离不远不近，你可以在各个方向看清它们……在你的过去、现在和未来。想象着一排又一排的“美好的你”排成环形，你听到他们在用慈爱、诚实的声音和声说道："我对我自己感觉很好。"让这种美好的感觉反复涤荡、冲刷着你。

10. 检查结果。你已经多次完成了这个模式，需要测试结果了。现在，留意当你试图回想原始的不愉快图像，你感觉到什么。如果你根本无法再感受到不愉快的体验，或者你甚至很难再看到那幅不愉快的图像，那么你就已经获得成功了。

假如当你回想线索图像时仍然有不愉快的感觉，请重复这个模式，仔细留意每一个步骤，直到不愉快的情绪消失殆尽。

闪变模式是一个简单而有效的方法，可以帮助你建立一个客观的和欣赏性的自我形象，立竿见影地解决一些麻烦状况。这个技术的一个有趣的特点是，你并不能确切地预知下一次当你遇到与之前类似的麻烦状况之时，你将如何去应对。尽管NLP的许多流程都是针对某种情景而建立一套行为模式，闪变模式却是依赖人们的潜意识脑创造性地应对麻烦，这也验证了NLP的其中一个预设前提：人们拥有他们所需要的所有资源。

闪变模式创造了一个强大的、激励性的你想成为的自我形象。这一强大的激励调动和聚焦了你全部的有意识资源，来针对问题情况寻找解决方案。你使用闪变模式建立的自我形象影响了你在过去、现在和未来的全部体验。

这里，闪变模式通过尺寸与亮度替换两幅图像。你同样可以使用彩色与黑白、近与远、三维与平面、快照与电影或其他次感元对应元素进行图像替换。由于不同的人对不同的次感元反应强度不一，在闪变模式中使用相应的不同方案对某些人的效果会更好。把闪变模式转换成使用听觉系统也是可行的，也就是替换线索声音与自我形象声音。

如果你已经运用了这里所介绍的方法，甚至非常仔细地重复运用了闪变模式，却仍然没有效果，那么很可能你使用其他替换方案会有效果。[④]

## 对批评的恐惧

对很多人来说，做自己的最大障碍来自对批评的恐惧。我们与其他人的关系是我们快乐的来源——同时也是其他重要事物的源泉，比如食物、工作——我们都有需要适应他人，与人和谐相处。因此，被其他人批评会被当作是非常不安和危险的。为了避免我们被人批评，我们常常会警告或批评自己。你是否曾经听到自己的声音说你没法完成某项工作，或你没法发挥最佳水准，甚至认为自己愚蠢而无能？我们都曾有过这样的经历。在上一个章节，我们曾经介绍了一些应对这类自我批评的声音的若干具体方法。

## 转化窘迫意识

痛苦的窘迫感是一种资源匮乏的思维状态，通常是由于感到被周围的人而非内在批评的声音所指责或“蔑视”。当发觉自己是另一个人批评的对象时，许多人会感到窘迫。但是，人们在独处的时候也会感到窘迫。既然独自一人也会感到被批评和因此产生窘迫感，这显然说明是我们的思维创造出我们的自尊，而非外部因素。

现在，我们就来尝试这个思维的实验。回想当你感觉特别窘迫的一次情景，可能是你近期或很久之前的窘迫体验。无论哪种情况，回想当时：看到你当时看到的，听到当时听到的，感受当时感受到的。

如果你已经完全再现了那个窘迫体验，那么很可能现在你正感觉到窘迫。让我们利用此感觉并改变它。在你的身体中，窘迫的感觉源于哪一部分？花时间留意一下。

现在，放松并让你的自我窘迫感变得更为强烈，强烈到你可以在脑海里看到窘迫的图像。接着，无论你看到的图像是什么，把图像变得更小、更模糊、黑白化，然后移到很远的地方。你现在还有同样的感觉吗？感觉是否不同？此刻不要去评判你的感受——你只需关注你的感觉如何即可。

下面要做的是：把同一幅图片变大、彩色化，离你非常近。你现在的感觉如何？实验中的人通常这时会反映他们身体里的窘迫感强度增加了。继续把图像变小、更模糊、黑白化，离自己很远，直到你感到舒服许多。通过改变图片的强度，有意识地运用次感元，你能够让自己感觉更多或更少窘迫感。关于那段经历的哪种思维方式是你喜欢留在脑海中的呢？

## 高自尊人群的习惯

通常低自尊的人不懂得如何让自我感觉良好，当有人指摘他的工作成果、价值观或目标时，他会表现出防御性。他会感到受伤、无助，好像所有人都批评了他似的。因此，他可能在口头上“反击”——试着挑错——企图维护他的自尊，或者他会被受到批评的那一刻所震惊，无法再听清楚说话者后面的意见。他不能意识到，其实每个人都有他（她）自己独特的视角与世界观。他也不能客观地将他人与自己的观点进行比较。而且不幸的是，一些低自尊的人可能会忽略他们自己的情绪和价值观，无论他们如何被不公平对待，却试图通过表现得“和蔼可亲”去取悦批评者。

对比而言，高自尊的人自我感觉很好，在同样被挑战的情形之下，有能力倾听和评价对方观点的准确性。他不会感到不得不接受或拒绝对方的观点。因为他接纳了自己是谁，他就自然能够接受我们每个人都有不同的、只对个体有效的世界观。但是，假如他感到自己被不公平对待，高自尊的人会很自然地说出来，并采取合适的举措寻求可能的双赢局面。

有人说，成功与失败的销售员最关键的区别之一就是，他们是否有能力冷静地应对别人对他们及其产品的反复拒绝。每天，销售人员都必须有能力去有效地面对和克服拒绝，否则他们不可能长时间做销售工作。既然销售收入与他们每天接触的客户数量直接关联，他们越能够舒服地处理拒绝，就越可能获得更多成功。

## 舒服地利用批评

你已经了解了内在批评是如何窃取了你的自信，而且也学会了两种不同方法可以把这些声音转换为积极的盟友：一是在第六章中通过匹配声音的位置，二是在第八章中的换框。接下来重要的是学习如何应对他人的批评，因为它同样有破坏性，无论在工作场合还是家中，都是大麻烦。

汤姆是一家大型银行的培训与组织发展负责人。由于在工作中状况不断而自我感觉很糟糕。他的老板，公司的CEO对他很挑剔。他不知道如何应对老板的批评，并且会变得过度自我防御。每次老板批评他的时候，汤姆的胃部都会感到极度疼痛。然后，他就会变得很防御，压力重重，剩下的一天都毫无建树。

为了解决这个问题，他尝试使用第七章里的观察者视角的技术。在脑海中，他退后观察他和老板，播放老板批评他的电影。这帮助他倾听老板说了什么，而不必感到胃部剧痛和自我防御。然后，他对比了老板口中他的所作所为与自己记忆中的他是如何做的。老板一直说他没有团队精神，缺席了一些会议。汤姆考虑了一下，对自己说："其实我只是缺席了那些会议中与我的部门不相干的环节。"随着他更多地从观察者位置思考，他意识到，"其他人看来一定觉得我不支持他们的工作。他们不可能知道我不在会议时在做什么事情。"他意识到，老板的批评中的确有合理的部分——而他之前由于快速进入自我防御而没有理解这一层。

接着，汤姆思考自己希望如何回应老板。他想到了一个合适的方式，然后排练了自己与老板互动的电影，并特别留意老板的反应。他假想自己或者参加会议，或者向管理团队解释为何自己会缺席。这帮助他为大脑重新编程，去跟进处理并利用老板给他的反馈。在这些完成之后，他意识到不但对自己而且对老板的感觉都更加积极了。

## 为大脑重新编程

汤姆没有意识到的是，通过重新思索他应对批评的方式，他已经为大脑重新编程，未来无论何时他面对别人的批评，他都会退后一步，评估批评的价值，思考合适的回应方式，采取行动，并考虑如何进一步采纳有意义的反馈内容。通过下面的练习，你也可以像汤姆一样为大脑重新编程。

### 【练习三十七】面对批评舒服回应

1. 批评。回忆你最近一次很差劲的回应批评的经历，你不满意自己回应的方式。为了学习这项技术，建议选择中等程度的批评经历。现在，你返回到事情还没有发生之前。

2. 观察者位置。看见你自己马上就要被一个人批评，当另外一个你意识到那是一个批评之时，你看到“另一个你”分离了出来。当“另一个你”开始接受批评的时候，你想象他从自己的身体里走了出来，或者你感到他被周围玻璃罩的树脂保护起来。这里的小提示可以是，你想象看到那些批评的词语像是被印在一个卡通气球上面。

3. 批评的电影。观察“另一个你”把批评内容变成一部详细的电影，这样他能够更好地理解批评。如果“另一个你”没有足够信息制作清晰的电影，你看到他在向批评者询问更多信息，直到他清楚地知道那个人在说的内容。

4. 你的体验的电影。现在“另一个你”已经了解了批评者的观点，你看到“另一个你”制作了一部你记忆中的当时所发生情况的电影，然后把你的电影与批评者看到的情形进行比较。

5. 电影比较。这两部电影是吻合还是不吻合？它们或许很一致、部分一致，或者完全不一致。毕竟它们来自不同的视角。如果不一致，你看到你自己正向批评者寻求更多的信息，“另一个你”正试图理解批评的内容。

6. 选择回应方式。基于“另一个你”对电影的比较，决定一个妥善的回应方式。这取决于当时的环境和两部电影之间的匹配程度，可以有许多种可能的回应方式。他可能会说，“对不起”或“我的意图是让你了解我很担心”或“从我的角度来看，事情完全不同”，又或者“关于已发生的事情，你的观点很有意思”或“也许我本来可以不那么做”，甚至是“我谢谢你所表达的观点”。你看到他选择了一个最适合当时情景的回应方式，并让对方了解到他很关心他们沟通的信息。当你看见你自己正在回应批评者的时候，注意你得到的反应。你可以调整“另一个你”所说的内容，以及所说的方式，直到你对结果感到满意。

7. 计划未来。接下来，根据你收到的信息决定你是否想改变自己的行为。如果是的话，你看到自己在未来的类似情景中正在运用不同的行为方式。这个流程让你为自己编程，当你下一次经历相同的情景时，你的行动会自动发生。

8. 重复练习。为了让你的反应更为自动化，你可以检查两三个不同的未来情景，在其中你可能受到批评，而你希望能够运用新的回应方法。在每个情景中重复练习的步骤1~6，让你的成果更加自动化。

9. 整合。当你完成这些之后，伸出手把那个已经学会了新技能的你带回你的身体里。这样，完整的评估和回应批评的流程全部都成为你的一部分。

无论批评来源如何，这个“舒服应对批评”的流程对于分离出批评和发觉其中有意义的反馈，效果都很好。当你认为某人有可能会批评你或者当你批评自己的时候，也可以使用这个方法。懂得你能够运用这个流程保持对沟通的开放心态和妥善的回应，能够奇迹般地增加你的自尊。

## 批评的价值

没有NLP舒服应对批评的方法，你可能面对批评而手足无措。如果你一旦遭到批评就进入防御状态，你就会无法看清批评中所包含的有益信息。

每一个行为在特定的情景下都是有效的。这个尤其重要的NLP预设前提意味着，哪怕是批评也有其价值存在。的确，所有的批评都包含有益的信息。当有人批评你的信念、价值观或行为时，如果你运用舒服应对批评的方法，而不是防御以对，你就能够仔细倾听和客观评估批评的内容，为你所用，服务于你的目标。

假如批评是准确的，而你也很客观地对待它，你可以顺畅地对说话者表示赞同，“我了解你的意思了”。然而，你的赞同并不意味着你一定要改变自己。你可以改变或者不变，选择权在于你。这里你所学习到的是，你可以和对方就某件事情观点一致，无论何时你与对方沟通的时候，你都可以强调你们之间的一致性。

如果你发现你就是不能理解对方在说什么，那么你可以顺畅地说：“我还没有了解你所说的观点，请再具体一些。”通过客观地寻求更多细节，你更有可能更好地了解说话者和你自己。你可以依据你的个人经验比较对方所说的事情，判断你赞同和不赞同的内容。

最后，如果你与说话者意见不一，你仍然可以顺畅地处理，以客观的语气说：“我不是那么看这个问题的。”你了解到你和说话者对某些事情存在重大的观点差异，那么将来需要跟对方沟通的时候，你就可以做好准备以对方能接受的方式沟通。这些便是高自尊的人的沟通方式。

## 回顾你学到了什么

在这一章里，我们介绍了若干种有效建立自我欣赏与自尊的流程。具体来说，你已经学会了：

- 自尊是你在脑海中的图像造成的结果，你可以改变：图像的内容获得积极或消极的感觉，图像的次感元获得强度
- 获得高自尊的强大方法是采用他人位置，体验作为爱你和感激你的人

的感受，把这些体验加入你的自尊

- 闪变模式建立积极自尊的方法，能够针对麻烦情景创造新的、富有智慧的行为

- 你可以通过学习如何舒服地利用批评保护你的自尊，你能够倾听批评，客观加以评价，并决定你要如何回应

自尊并非你生而有之，或者偶然获得的。在建立和维护你的自尊方面，你具有主观能动性，去为自己创造最佳自尊吧！

# 第十一章

## 确保积极的心态

## 积极心态的影响力

我们大多数人都认为，我们懂得积极心态的重要性——这是一种让我们渡过难关的、坚强的精神态度。但是，我们从没有像NLP comprehensive 培训师盖瑞·法瑞斯在十几年前所做的那样去检验积极心态的价值。

盖瑞在加利福尼亚的圣科鲁兹完成了一次NLP研讨会后的外出跑步。当时38岁的他正在训练冲击四分之一英里的大师速度。那天，他决定沿着一条农场的道路跑步，路两边种满了苍翠繁茂的朝鲜蓟。一辆轻型货车在他后面忽然出现，以超过60码的车速冲过来。由于路上有一个小山坡，司机没有预先看到他。尽管紧急刹车，但卡车仍然以极快的速度撞上盖瑞，把他撞飞到40米外的田野中。

起初，急诊室的医生们都不确定他是否能活下来。盖瑞一共接受了六次手术，在完成前两次手术之后，他脱离了危险。几名急诊室医生来看望他，善意地告诉盖瑞他能活下来多亏了医院一流的治疗设施。然后，他们说他没法正常走路了，当然也没法慢跑，更别提跑步了。

接下来的两年时间，盖瑞都在进行康复运动。他重建了受损的身体，战胜了不可思议的身体痛楚，当然还有医生的质疑。今天，盖瑞还在跑步，并且定期接受竞赛水平的跑步训练。

这是如何做到的？如果伯尼·西格尔医生，《爱、药物与奇迹》一书的作者在场的话，他可能会说，医生们是依据当时的各项指征数据而说的。当盖瑞被推进急诊室之时，他们完全不知道这个人绝非一般的病人。

盖瑞运用NLP技术战胜了致命的伤势。你已经阅读过我们如何使用NLP研究世界上的超级成就者们，如何发现了这些人的成就特质，然后把这些特质教给其他人的。盖瑞正是运用了同样的原则重建了他的身体、意志与精神。

之前，盖瑞是对体育健身颇感兴趣的运动员。但在这次事故之后，他开始对康复运动产生了浓厚的个人兴趣。盖瑞没有抱怨生活如何不公平，或谋划着都要起诉哪些人，也没有考虑他应该拿到多大一笔伤残补助金，反而他决定研究那些有同样经历并成功康复的运动员们的成功要素是什么。他认为，既然他们已经经历过这些，那么他们都做了些什么？尤其是那些完全康复的人是怎么做到的？盖瑞实践的正是NLP的预设条件：如果有人能够做到，那么其他人也可以学会。他下定决心要学会。

当参加痛苦的物理治疗课程时，他也常常与周围的人交流。他阅读那些知名运动员的故事，了解他们的方法，通过他们的故事思索他们背后是什么样的心态。功夫不负有心人！盖瑞从他所接触或了解到的那些成功康复的运动员身上发现了六大基本的心态模式或特征，他开始加以模仿运用。

当盖瑞把他的发现与运动康复专家分享之后，他们的积极反馈大大鼓舞了他。最终，他的研究成果在专业期刊[①]上发表。随着他与NLP同行们分享心得，面对接踵而来的电话、信件和访谈，他感到既惊讶又欣喜。盖瑞的成果被运用到商业客户、健康专家，甚至小学生身上，人们发现这六大心态模式应用范围之广，从子女教育到撑竿跳，甚至政治领域。这六大心态模式后来演化成积极心态的核心特征。我们观察那些运动员、企业家或公司高管，他们的心态越是稳健，就越能体现出这六大元素。杰克·埃克哈特，畅销书《新市场奇才》[②]的作者，非常认可这些特质，并把它们作为商品交易操盘手的成功秘诀之一。

## 稳健的积极心态的六个特点

我们一起研究一下积极心态的这六个特点。同时请记住，这六个特点无先后主次之分。在表述时有先后顺序，但是营造稳健的积极心态是所有六个特点同时作用的成果。

### 1. 内在动力

盖瑞发现的第一个元素，就是这些康复运动员所使用的内在动力方向。这些运动员倾向于一个非常具体的目标，并远离某些不愉快的后果。这些不同于“好莱坞电影”或“新世纪”生活方式中的高大上形象。他们拥有个人具体和充满吸引力的目标愿景，或是不愉快的后果。例如，一位颇有潜力的、年轻的高中游泳选手因伤退赛，她不仅希望恢复健康，更渴望通过竞赛赢得大学的奖学金。她的动力来自实现目标。另一个例子是，一位42岁的男士正通过康复治疗防止关节炎症状恶化，他的动力是要远离这种退行性疾病所带来的可能后果。然而，最好的运动员会同时运用趋向和远离动力策略。他们会栩栩如生地想象要避免的种种不良后果，然后再描绘出梦寐以求的目标。通过这种方法，他们获得了最大的动力。

### 2. 高标准的价值

盖瑞发现的第二个特点是，这些运动员都一心获取完全的康复。这是他们的指南针，也是唯一目标。他们不接受对目标的任何一点折扣。事实上，他们中很多人不仅希望恢复全部的体力和健康，他们还要求更上一层楼，比他们受伤之前的状态更好一些。他们知道自己的能力，决不妥协。这些运动员以内心的标准衡量自己的目标。他们也许本来可以把目标设定得略微合情合理一点，但没有一个人那么做。他们必须做到最好！

我们常常看到或听到运动员痴迷于追求最佳成绩的故事。设想一下，如果你要求自己做到最好，目前却并未达到，这可能会让你颇为失望。这些运动员需要最佳成绩的期待，尽管目前他们无法实现，他们正是要找到激励自己未来实现目标的方法。下面的第三和第四个特点提供了答案。接下来，你就会了解到这六个特点共同发挥作用对建立稳固的积极心态是何其重要。

### 3. 分解目标

这些运动员的第三个特点是，他们关注重建健康与竞技状态，但每次只是一小步。用NLP的语言，他们懂得如何决定关注的“大小程度”。你是否曾经想过，要战胜严重的损伤要付出的总体代价有多少——痛苦、沮丧、时间，为了恢复原来的状态，你所付出的是常人难以想象的心血？或者管理一个大型的商业项目——协调各个部门，激励项目成员，追踪重要细节，解决各种各样的问题？如果你一次考虑项目涉及的全部工作，那简直是排山倒海扑面而来。但是，如果你把项目分解成“每次一小口”，每次一个步骤，你就能井然有序地完成工作了。对于盖瑞·法瑞斯来说，在他站立起来之前，他先要生存下来，接着考虑走路之前先要站起来，而在跑之前先要把路走好。

对于这些运动员来说，他们的目标要分解得更细小一些。在精疲力竭之前完成五个动作而不是四个，或者在伸展足部的时候能够再多7.6厘米的运动幅度，这些就是他们那天要达成的目标。

把一个困难重重、要求极高的事情进行“分解”，有两个额外的优势。首先，这让他们聚焦在当下就可以完成的任务上；其次，盖瑞和他研究的那些运动员在完成每一个小型任务之后都体会到极大的满足感。随着完成每一个具体的小型任务，在实现重振雄风的道路上，他们体验到完成每一个小型里程碑的成功。一路上的每一步都变成了富有成就感的新目标。通过聚焦于具体可实现的目标，以及每一步成功所带来的满意感，让他们的动力源源不断地继续下去。

## 4. 整合现在与未来的时间框

成功康复的运动员们共同拥有的第四个特质是，他们对待时间的方式整合了两种技巧。第一个技巧在于，当他们聚精会神于细分任务和每天例行工作的时候，关注的是当下。阿诺德·施瓦辛格提到健身训练时说过，一次聚精会神的动作的效果胜过十次注意力分散的练习。

当运动员们考虑的是未来的各种不确定性时，他们很容易注意力分散和感到挫败。例如，如果他们对未来持怀疑态度，他们会问问题，“我还能达到以前的水平吗？”或者“我会成功吗？”他们开始想象那些只要他们不想本来并不存在的问题和障碍。这类问题是负面导向的，只会令人泄气。如果采用更加赋能的问题，可以问“为了实现下一个里程碑，我现在该做些什么？”当他们充分体验当下这一时刻，并决心做得更好一些，他们才会激发潜能采取行动。这个道理适用于我们所有人。

第二个技巧与充分体验当下相反，是对积极未来的生动、全面的体验能力。有时，未来导向比当下时刻更具激励性。创伤后处于康复阶段的运动员会经历非常痛苦的时期。此时，更好的方式是思考和体验你所有的努力付出将来可以得到的回报是什么。当你看到自己健康的身体、随心所欲的动作强度，能够再次从事你心爱的运动项目，现在付出的痛苦与努力看起来都那么不值一提。你的身体在当下的恢复和学习之中，而你的思维已经在享受未来的成功。那个富有吸引力的长远目标不断引领你前行，维护着你当下的动力。

成功的激励需要整合这两种技巧。在你聚精会神完成面前的具体任务的同时，你能够看到关于未来成就的大型的、明亮的画面，驱动你前行。

### 5. 个人参与度

成功康复和积极心态的第五个元素是，运动员个人的参与度。盖瑞发现，运动员如果能够更加积极地参与到他们自己的康复计划中，他们对自己的帮助就越大，从而大大提高他们完全康复的可能性。哪怕仅仅是简单地把冰块放在患处的动作，如果他们自己动手就会增加他们的参与感。

在这个技术发达的时代，运动康复领域已经发展得非常复杂和详尽，拥有大批专家和权威人士。这些医生、物理治疗专家、运动训练师、护士和体验心理学家耗尽毕生于他们的专业领域。他们的权威毋庸置疑，但是，有时候他们恰恰使运动员在治疗中处于一种被动的状态。盖瑞的研究认为，这是一种错误的做法。被动接受和主动抵触一样不利于运动员的完全恢复。无论运动员还是我们都一样，需要以积极的态度与受过良好训练的专家一起合作，才能达到我们预期的效果。

如果你仔细考虑就会发现，这其实非常有道理。你是否有这样的经历，在一场重要的比赛或会议期间，你不得不坐在场外观战？当时似乎并无任何不妥。但是，尽管你对最终的结果也感到兴奋，你很可能仍然觉得有距离感，就像是你隔着一层玻璃幕墙。你在那儿，但你并没有参与其中。只有我们参与的时候，才能够影响结果。我们能够感受到其中的不同之处。参与其中会增加我们的承诺度和专注度，让我们更加坚定而积极，并与我们的未来利益关系更大。为我们自己而采取行动，无论这个行动是多么微小，都是非常重要的。

### 6. 自我与自我比较

第六个也是最后一个成功康复和建立积极心态的关键因素，便是这些运动员评判他们绩效的方式——他们在内心的比较。体育评论员、新闻报道数据和粉丝们喜欢把运动员与其他人进行比较，无论那些人在世与否。如果比得过，他们就很高兴；否则，他们就会感觉很糟。同样的做法在我们许多人身上也根深蒂固地存在。在我们少不更事的时候，在学校里别人会公然告诉我们，有些孩子更聪明，有些孩子更擅长体育，还有一些孩子比我们长得更好看，而有些孩子则比我们更受大人喜爱。我们也许考试成绩很不错，但是当我们跟人比较的时候，就总觉得矮人一头。当我们工作了，这种比较延续了下去，有时候甚至更加糟糕。我们总是遇到一些更有野心、更聪明、更会玩办公室政治、电脑技巧或其他方面胜过我们的人。作为成年人，我们下意识地自动会加以比较。我们总是与那些电影明星、新晋的商业明星、我们的邻居及其生活方式进行比较，甚至与看到的任何人进行比较。无论在工作中还是在家里，媒体总是鼓励我们去比较，而我们也乐此不疲地这么做，因为我们并不了解其中的代价。

那些康复明星对此很清醒。他们知道千万不能落入这个思维陷阱。他们懂得因为自己的伤病，他们不能“奢求高攀”。他们甚至无法与业余选手去比，比较的结果只会让人非常沮丧。盖瑞发现，最成功的方法不是与其他选手比较，而是关注自己的进度。NLP把这个方法称为“自我与自我”比较。他们对自己发问，“与昨天或上周相比，我进步了多少？与上个月相比呢？与去年相比呢？”我们都可以学习这个方法，去衡量我们自己的发展进度，无论是运动、工作，还是家庭生活。

这个道理不仅适用于积极心态，对于我们生活的方方面面也是一样。有些激励演讲家曾经问：“如果你知道自己永远不会失败，你会做些什么？”这是个非常引人思考的问题。然而，任何一位努力尝试、学习，最后掌握某项体育运动、某种技能或者某种乐器的人都懂得，无数次的失败乃是成功的基石。你还记得你刚开始学习高尔夫、网球、吉他或其他项目的时候吗？你的大脑中可能憧憬着各种成功的情景。你或许看到球在天空划过似乎毫不费力，或者听到美妙的音符在你的指尖流淌。运气好的话，一开始你甚至还体会到几次其中的美妙与兴奋。现实往往是残酷的。美好的事物需要你的选择：俱乐部、球拍、弦乐器或键盘，而你所付出的代价便是，漫长的学徒期和全部精力的投入。我们许多人都觉得乐器太难掌握，而转投同样难度很高的高尔夫或网球。多少年过去了，从中我们都有过深深的挫败，也有卓越的成绩。那么，我们放弃和坚持之间的区别是什么呢？盖瑞的NLP研究告诉我们，其中的部分原因在于我们多久能够体会到自己的进步。多久之后，击出的球就可以划破天际？我们多快会体验到自己才华横溢的感觉？进步感来自对我们的起点和现状之间的比较。换句话说，就是自我与自我的比较。

但是，媒体、善意的老师和教练们，甚至其他学生都每天提醒我们和我们的孩子，永远有人在某件事上比我们强，也有些人比我们弱。如果一个孩子在体操方面初露才华，有些父母立刻开始规划奥林匹克了。如果一个孩子显示出自然的绘画天赋，一些人便开始与毕加索相比了。

既然我们的社会如此热衷于我与他人的比较，其中必然有积极的一面存在，的确如此。他人的成功告诉我们，成功是有可能的。他们也就成了成功方法的模型。通过对他们的心态和行为举止的研究，我们可以学习不仅仅是什么是可能的，还有其中的方法。

把自己与他人比较尽管有些价值，但是也有很大的危险。如果一个人看到能力差距很大，他可能下结论说“我永远也做不到”或者“她那都是天才使然”。如果你的孩子首次学习数理化时就遇到重重困难，他们可能再也不会提起兴趣。他们可能过早下结论：“我就是不擅长学这个。”这些只会令人泄气，并毫无疑问地扼杀年轻时的毕加索、玛丽·卢·雷顿。数学差生爱因斯坦，甚至篮球巨星乔丹，这些人都在不断地超越自我。

记住：成功的康庄大道在于衡量我们自己的进步。当我们的孩子拥有

“自我与自我的比较”心态后，他们就会把他人的成就视为灵感的源泉、成功的模型，为自己的成功从中寻求宝贵信息，而不是作为羡慕嫉妒的对象。他们学会乐见他人成功，因为他们可以借鉴成功的经验。他们的影响会延续到未来一代人身上。他们会因为自己这样的一步步走来而真正地珍视自己的成功。教会孩子如何与自己比较，可能是你能带给他们的最好的礼物之一。

成功的运动康复与积极心态的建立的六大元素是：内在激励、高标准的价值、分解目标、弹性时间框、个人参与度和自我比较。这六大元素共同创造了无意识的、引人注目的成功的心理图像。通过它们，你可以确保自己建立积极的心态。没有它们，成功将变得遥不可及。

## 以积极心态行动

我们一起看几个运用这些因素成功和失败的案例。第一个例子是一位31岁的男士，他在一次公司间的垒球比赛中严重受伤。当他开始恢复训练的时候，他的第一个问题就是，“你什么时候能让我回去工作？”这个问题透露出他的心态与情绪。他唯一的想法就是回去工作。那是个令人向往的目标，显示了他的趋向动力。但是同时，这个问题也很宽泛，并没有明确他希望是能够行走还是坐着轮椅，是一瘸一拐还是健健康康。这也是一个很大的目标，大到很难一下就实现。他并没有任何细化目标的计划，同时他寄希望于他人多久才能让自己康复。另外，在他的语言中透露出他缺乏个人的参与度，很被动。“你什么时候结束？”他问道。他希望物理治疗室帮他做到，而没有意识到自己应该扮演的积极角色。如果他不改变自己的态度，他的康复过程或许将会非常漫长，效果堪忧。

另一个例子是一位高中生，他是学校明星足球队队员，在赛季中期受伤。到医院之后，他就一心要回去参加下一场球赛。当医生和教练告诉他伤情的严重性之后，他沮丧极了。面对来自队友的鼓励，他觉得“又有何用？”他抱怨“修复”练习太痛苦，要么拒绝参加，要么漫不经心地训练。直到有一天，他收到了一所大学招聘人员的电话，对方询问他何时能够恢复比赛，这个年轻人立刻精神抖擞起来，于是开始进行康复训练。有效的激励需要对个人富有吸引力的愿景，或者逃离某种不愉快的后果，或者趋向某个渴望的目标。当那位年轻人发现自己不可能继续在那个赛季踢球了，他顿时失去了斗志。在恢复训练的过程中，他缺乏富有吸引力的目标去让他忘却和超越苦痛——直到他接到了招聘人员的电话。于是，他心中尚存的五大元素结合了他的新目标，为他刻苦训练提供了足够的动力。

这六大元素在体育界的康复个案里屡见不鲜。大多数美国人对欧洲自行车赛事并不关注，直到一位法国名字的美国人赢得了环法自行车赛，这是世界上最困难、最折磨人的自行车赛事。格雷格·莱蒙德在1989年夺冠，创下新的国际自行车赛事纪录。他像英雄般凯旋美国，引领美国年轻人进入崭新的体育领域。为了好好恢复体力，他和家人一起去度假狩猎。结果，他遭遇了一起罕见的事故，他的胸部和腿部中枪，伤势严重。甚至在几次手术之后，他体内仍然留有几颗猎枪子弹，这些子弹距离心脏太近而无法取出。运动界的翘楚、美国英雄，同时又是事故受害者，格雷格·莱蒙德本来可以选择躺在功劳簿上慢慢恢复健康。所有人都期待他康复之后，四处去做励志演讲也就够了。格雷格·莱蒙德可没这么想。在接下来两年多的时间里，他接管了自己的康复计划，并立志要超越过去的自己。当他离开医院回到家后，他慢慢恢复走路，然后骑自行车，他唯有以自己的进步与自己较劲。很长一段时间里，一个孩子也能轻松赢过他。他咬牙坚持，不断增加训练时间和增强毅力。一些体育评论和媒体谈到他的“白日大梦”都略带讽刺，认为他的努力都将白费，只会落得被人耻笑的下场。他却在心中牢记自己追逐的梦想。当他重返环法自行车赛时，许多体育评论员一边赞赏他的体育精神，一边却有意无意忽略他以免尴尬的局面发生。在那场赛事的最后一回合，格雷格·莱蒙德在著名的香榭丽舍大街上急速骑行，带着他心脏周围的短枪子弹，刷新了赛事的历史最快纪录，赢得了他的第二次胜利。

积极的心态对商业领域的成就同样重要。莫里·马格斯曾经是一位芝加哥的生意人，后来成了草根明星。多年前，莫里在麦克斯韦尔大街上的周末露天跳蚤市场上，在自己小车的后备厢里摆卖衬衫。后来，他又开始售卖体育装备。在短短几年之后，凭借着他的销售才华和技巧，他已经发展成洛杉矶最大的体育商品零售店。作为一个“大赢家”，就像他自称的那样，在芝加哥纵情享受自己的成功，过着富丽堂皇的奢华生活。后来，财富来得快去得快，他很快挥霍一空。许多人此时会“消失不见”或者从此宣告退出。莫里没有，他重新回到麦克斯韦尔大街，重操小车后备厢的生意。就像那些伤后重返的体育巨星，莫里·马格斯也回来了。今天，他拥有芝加哥最大、最有名气的运动商品超市。

在这个短小的故事里，莫里身上也体现了他运用积极心态六大元素的线索。我们不清楚他一开始是否有自己的成功愿景，但是当他成功拥有了自己的超级市场之后，他就一直在心中保留着这个目标。当很多人都会耻于重新做回街头小贩之时，莫里同那些杰出的运动员一样，想象着未来的成功，而不是面对窘迫的现实唉声叹气。作为一个零售商人，他清楚自己每次只能服务眼前的那位顾客。这正是聚焦当前小目标的典型例子。当看到周围的人纷纷取得成就，偶尔也让他分神困扰，他最终选择寻求自己的个人进步。他是一位温和、开朗的男士，嗓门宏大、胸怀宽阔，当你看着他时，你不会想到他过去经历的艰辛。无论顺境逆境，拥有积极心态的人其实是都是如此表现的。这种心态会贯穿一生。

心态是一种选择。它们是真实的，尽管看起来并不是药店里的瓶瓶罐罐或彩色小药片一般。消极的心态让事情还没有开始就走向了失败，我们都有过这种经历。我们也目睹积极的心态是如何聚拢人心、创造奇迹的。下面这个特别设计的NLP练习，能够帮助你把本章学习过的积极心态的六元素整合运用于你的生活之中。这次你有机会选择一种心态，改变你今后的生活质量。这个流程与你在第二章使用的动力策略技术有类似之处。现在，我们就把那些成功运动员的积极心态转变为你的思维和行动。让这个NLP技术改变你吧！

## 【练习三十八】拥抱积极心态

找一个安静的地方，让你在三十分钟内不受干扰。

1. 选择一个情景。首先，设想一个你希望拥有积极心态的具体情景。如果你的答案是希望无论何时都非常积极，那么你可以选择你一个优先级最高的具体情景。可能是过去的一个熟悉场景，你预计今后再次出现时你希望做得更好。或者是你预期未来很快会发生的一个情景。无论你的选择是什么，在你的脑海中来到那个情景发生之前的时刻，以便在你需要积极心态之前，你已经做好了准备。

2. 看见自己。想象你看到自己，另外一个“你”出现在那个场景开始之时。你会看到马上就要学习这个流程的“另一个你”。在“另一个你”所学习的东西成为你自己的之前，你非常满意你所看到和听到的。

3. 激励。你看到“另一个你”注意到需要避免的事项，接着你看到“另一个你”被你所希望的具体结果深深吸引。在生动的、彩色的、兴奋的和充满兴趣的电影中看到你希望避免的和你希望发生的结果。你在创造你自己的未来：设定一个动力方向并建立内在的目标。

4. 高标准。现在，让脑海中的“另一个你”重新定义一个高标准的目标。

你在想：“不达目标绝不妥协。”你看到“另一个你”心中充满胜利的渴望，像被磁石牢牢吸引一般。你看到他身上体现出一种放松的坚毅决心，眼中闪烁着喜悦的光彩。

5. 分解目标。你看到“另一个你”首先看见“全局情景”，接着聚焦于现在能够完成的一个具体方面。“另一个你”在朝着整体目标的过程中为每一个达成的步骤而深感满意。观察并倾听，就像这一切都是你面前的电影一般。

6. 整合现在与未来的时间框。留意到“另一个你”在当下是如何关注小块任务的。当“另一个你”正遭遇困难与痛苦之时，“另一个你”也能够看见现在的不适与努力赢得了未来丰富的体验与成果。你看到“另一个你”自发地反复运用这些时间管理技巧。享受你所看到的成果。

7. 个人参与。看到“另一个你”主导着自己的生活，亲身参与到解决各种问题之中，向着成功迈进。随着“另一个你”的积极参与，你看到他的决心和意愿不断增强。

8. 自我与自我比较。看到并听到“另一个你”问道：“与昨天相比，我进步了多少？与上周相比呢？与上个阶段相比呢？与一开始相比呢？”你看到“另一个你”为取得的进展感到开心，受到激励。

9. 调整。现在一团迷雾飘过，你暂时看不到“另一个你”。当他身处迷雾的时候，你的无意识智慧把这些技巧整合到你的思想、情绪和生活的方方面面，以最有效的方式创造出你的积极心态。每一个人在运用积极心态的六大元素时，都有自己独特的方式。每个人都会在真实世界中运用它们时做出一些调整。这些调整多数是在无意识的情况下发生，因此你不必有意识地去考虑它们。注视着迷雾，而你的所有部分思考着如何最好地运用“另一个你”所学会的信息。

随着整合过程的完成，迷雾逐渐散去，你将看到“另一个你”完全拥有了新的心态，而你对此感到非常高兴。这一切可能发生得很快，没有问题。对有些人来说，大多数元素都已经就位，只待整合即可。也有些人产生了巨大的学习体验，需要足够的时间完成彻底整合，其效果会更长远。

10. 检查。当你看见拥有积极心态的“另一个你”，你希望变成那个人，拥有所有的技巧与心态吗？如果不是的话，让迷雾回来，再一次遮盖“另一个你”，然后加入那些其他重要品质。

11. 整合。当你感到满意，希望成为“另一个你”时，让“另一个你”走向你，进入你，所有技巧都在你内部，成为完整的你。对有些人来说，他们会伸出手把“另一个你”拥入怀中，这样的效果更佳。此时此刻，有些人会感到一种刺痛，也有人感到愉悦。无论你采用什么方式把“另一个你”带入自己内部，你已经完成了这个过程，现在的你拥有了所有的技能。

12. 未来规划。剩下的事情便是，你特别希望何时何地发挥这个积极心态。你最强烈地希望拥有这个积极心态是什么时候？留意当你想到那个未来情景时你的反应，享受那种积极心态带来的、充满智慧选择的感觉。

在完成这个练习之后，许多人会想知道如何才能让改变渗透到生活中的其他方面。他们想知道，是不是要针对所有过去的记忆和未来的期望都要进行这个流程。在NLP早期，我们有时候的确不得不重复某个NLP技术数十次之多，以获得足够量的情绪或态度的改变。随着该领域近期的发展，已经有可能做到在几分钟内改变经年累积的不愉快情绪、无益态度及限制性信念。所需的全部条件是，强有力的个人预备状态和如何管理时间的知识。在下一个练习中，你将发掘自己如何按时间顺序组织你的经历，也就是我们所称的你的个人时间线。

你的个人时间线是你组织过去已经发生的及所希望将来发生的事件和经历的基本方式。举例来说，如果你的未来近在眼前，那么当你设定目标的时候你就可以一直看到它。与未来只是出现在几乎很难注意到的周边视力范围的情况相比，前者情况下你实现目标的动力将更大。关于时间线的运用，以及如何为达成某个具体目标改变时间线，有专门的论述。③现在，我们想加以运用的另一个时间线的特质，便是它的连续性。

时间线精确地描绘了你的生活是如何以连贯的延续性事件组成的，这些都是由同一个人——你自己所经历的。态度或其他个性特质，无论积极或消极，都是在时间中持续的。我们经历各种各样的情景、体验和思维过程，都保持相同的自我感觉和心态。许多人在想起坏脾气或负面态度的时候更容易理解这一点，其实积极态度也一样。NLP认为，我们的大脑已经沿着时间线把我们现在的态度或心态编码，不论它们积极与否。如果我们需要的是一个积极的心态，那么我们就需要增加相关的编码。

## 【练习三十九】发现你的个人时间线

完成这个练习至少需要十分钟。首先找到一个舒服的位置，花点时间放松下来。

1. 日常任务。花几秒钟清空你的思维。开始想一想你每天固定要做的平凡事情，如刷牙或看报纸。这应该是一件中性的事情，你对它并没有任何强烈的情绪。

2. 过去。当你已经想到某件事，回想一下一周之前你做这件事情的某个时刻。然后，想想两个月前、六个月前、一年前、三年前，最后是十年前。想好之后，接下来在同一时间想想它们。注意，当你一下子想到六个时刻的时候，它们是如何在你的脑海中组织的。

对许多人来说，他们的思维图像是线性的。从最近的记忆开始，久远一些的记忆离得更远。有些人的时间线是延伸到他们的左侧。有些人是在身后，他们必须回头才能看到过去。也有些人的过去是在他们右侧。这些都没问题，这是你的大脑有效梳理你生命中的时间的方式。

3. 未来。你的未来在哪里？这次你与刚才所做的事情是一样的，只是现在你要发现一件你未来期望发生的平凡事件。同样的，选择你固定要做的、未来会发生的事件。首先，从未来一周开始，然后两个月、六个月、一年、三年和十年。

现在一次性想想它们，发掘在你的时间线上它们是如何被设置的。留意这些未来图像的方向。有些人的未来向右侧延展，有些人的未来是在他们面前，也有些人的未来在左侧。无论何种方向，留意你自己的时间线是如何在未来延展的。

4. 你的个人时间线。把你的过去、未来和现在放在一起来看。你的时间线可能的形状变成字母“V”型，你在“V”的底端，“V”型左侧由你过去的记忆构成，右侧是你未来的期望。或者你的时间线是笔直或些许弯曲地穿过你的线条，你前面是未来，过去在你的身后延展。有人的时间线甚至是卷曲或圆圈形状的。无论你的时间线形状如何，你已经知晓了个人改变的最有效方法之一，这也是迄今最重要的发现。

## 重新评估你的过去、现在和未来

既然现在你能够把自己的时间线视觉化，你也可以运用时间线改变在时间中你对于自己的思考和感受方式。这正是下一个NLP技术的目的，来自理查·班德勒的“决策摧毁器”。之所以这么称呼，是因为他起初开发这个工具是为了帮助人们摧毁生命早期所做出的糟糕决策。其方法是，教会你如何在你的记忆中把一个较好的决策放置在糟糕决策的前面，从而将之中和。我们准备使用同样的原理把你刚刚获得的积极心态植入你的过去、现在和未来。最终，你会感觉到你好像已经拥有这个好心态很长时间了，并且在将来的很长时间仍然继续享受这个好心态。

下面的练习将使用你在练习三十八中获得的积极心态，以及练习三十九中关于你自己时间线的认识。如果你还没有完成前面的两个练习，在继续之前请现在就完成它们。花些时间，遵循流程，享受结果。

这个练习由积极心态或记忆开始，带着它进入你所有的生活经历，遍及你的整个生命，从而最终成为完整的你的一部分。这也是积极心态被自然重塑的方式。运用NLP，你可以按照你梦寐以求的方式重新塑造你的过去，变成一个强大而积极的记忆宝库，服务于你现在的成功：我们在当下生活、工作、娱乐和创造。

### 【练习四十】决策摧毁器[4]

1. 授能记忆。开始这个NLP流程之前，你需要首先回忆一个授能的积极记忆。它所赋予的能力影响到你今天的行为。正是这个经历让你确信自己的某个特质，例如擅长运动、受人喜爱、有某项才华。你确信无疑。这些经历尽管可能出现在你生命的各个时间段，但是往往会在你年轻的时候。这个记忆在你大脑中形成了一个积极的印记。当你找到这个积极印记的记忆，把它在脑海中回忆出来，重新经历，仿佛现在正在发生。

2. 平常记忆。现在，想一个对你生活没什么影响的平常记忆，例如昨天去杂货铺，或者打开你的邮箱。

3. 授能记忆的次感元。比较这两种记忆，发掘出是哪些次感元让你的授能记忆如此有力量。你或许发现授能记忆更大，并且富有戏剧性、多姿多彩。假装你正准备拍摄一部相关电影，注意其中的电影特质：视觉与听觉次感元。注意内在图像的尺寸、亮度和位置，以及声音的质量。注意是哪些视觉和听觉特质在起效果。在脑海中将它们罗列出来。

4. 把积极心态印记转变成授能记忆。现在，想一想你在练习三十八中建立的积极心态。记住你把它带给自己的那个时刻。把积极心态的图像放置在脑海中与授能记忆同样的位置。把你刚刚想到的积极印记的同样的特质、同样的视觉和听觉次感元赋予那个积极心态。把你的积极心态变成你自己的授能记忆的印记记忆。

5. 时间旅行。现在，你可以进行一次心理转变之旅。带着你的积极心态印记，想象着漂浮出你的身体，来到你在之前练习中所发掘的你的时间线的上方。选择一个过去早期的时间，你真切希望能够运用积极心态，这个时间的改变将为你今后的人生带来积极的影响。你也许回到几年前，或者回到你还很年轻的时候。

当你找到那个具体的过去的记忆，下滑进入你过去的时间线。在那个记忆发生之前，保持你的积极心态的印记。现在，开始沿着你的时间线快速向前移动。看到、听到、感到那个过去的事件被你的积极心态印记所转化。

现在，继续沿着你的过去记忆朝着现在快速移动。体验这些过去的事件同样被你的积极心态印记所改变和丰富。继续沿着时间线快速移动，直到停在现在。

接着，你看到自己带着积极心态印记朝着未来的体验移动，并全部转化它们。这是美好的未来，充满富足的体验，因为你崭新的积极心态的印记而变得更美好。

有人喜欢多次重复这个练习，以便进一步强化其效果。

## 回顾你学到了什么

如果你已经完成了本章的所有练习，那么你已经为自己创造了授能的积极心态，并且把它印记于你的过去记忆和未来期望之中。本质上，你已经重新塑造了你的生活的无限行动的可能性。你能够运用同样的技术将其他成就带入你完成的或将要完成的任何事情，为你的未来奠定更为坚实的基础。

我们是经验的集合体。当我们学会改变我们的记忆经验，我们改变了我们的生活。通过把新的态度加入过去，我们让自己产生了对过去的全新感觉，并打开了现在的新的可能性。过去的错误信念烟消云散，新的自我感知深植于心——一个自然乐观、积极和快乐的自我。

在这个章节中，你已经学会了：

- 积极心态的重要性
- 六大元素共同创造积极心态
- 如何把积极心态植入你现在的生活

• 如何把过去的决策变成积极的资源，并把这些积极资源植入你的生命

有些人可能会说，“这些都是我想象的。你没做什么事情。”在当下，的确如此。那么，你如何决定你想做哪些事情呢？在现实生活中，你产生一个主意、一个渴望或梦想，或者你遇到某事，然后你看到了一些可能性。正是这个时刻，你的心态决定了一切。你的心态正是你可以选择的。选择你梦想的生活的机会已经来临。正是心态决定了实现梦想的行动。

# 第十二章

## 取得高峰成就

## 山之巅与高峰成就

高山似乎总对人们有着特殊的含义，或庄严峻伟或神秘莫测。海拔最高的崇山峻岭往往成为人们重要的精神象征。当我们目睹一座高山之时，几乎所有人都会产生一攀高峰的想法。我们都会在心里想象着矗立顶峰一览众山小的情形。

巅峰一直以来都是美国人的成功符号，无论是商业、体育、学术或娱乐。的确，身居巅峰俯视众生令人遐想连篇。其风景一览无余。自然景色铺展开来，地平线似乎消失在无尽的远方。景物在俯视之下显得微小，似乎尽在掌握。我们感到自己对局势一手掌控。我们内部世界的可能性也得到延展。似乎我们远眺的不仅是景色，更是我们生命的深处。一览无余的景物有助于我们宽广的思维和宏大的计划。所以，毫不出奇，许多企业家甚至孩子们都喜欢身居视野开阔的高层。他们都希望看到这个世界是多么富有无尽的可能。

我们NLP Comprehensive的同仁深谙群山的魅力，恰恰因为我们的办公室正位于科罗拉多州博尔德这个美丽的城市。它坐落于小溪边的森林办公园区内，落基山脉的底部。透过窗户，我们能尽览山中四季变幻的美景。如果你前来我们办公室参观或者参加NLP培训，你离开丹佛之后便沿着36号公路驶向山区。远远望去，群山就像是天际低矮的一抹灰暗的云朵。随着渐渐临近，灰色崎岖的地平线愈来愈高大，变身为宏伟的群山，嶙峋的山峰划破天空，山顶被冰雪覆盖。当你驱车驶过农田，路边牛马成群放牧，什么飞行的疲惫、机场和丹佛都被抛之脑后。最后，你看到著名的熨斗山形，三座巨大的岩石标志着落基山脉开始的地方，而山脚之下，在苍翠繁茂的山谷中便是博尔德市。每年夏天，来自世界各地的登山者们汇聚于此，切磋身手，比拼毅力——向顶峰挺进，追寻他们的巅峰成就。

如果你有过登山经历，无论是一天的远足或者是专业的攀岩，你就知道其中的辛苦付出。随着你的注意力越来越关注登山任务，那些日常烦恼都被抛在一边。一路向上，你经历的各种情绪体验：沮丧、害怕、热切、自我怀疑、信任和凯旋。一次攀登在几个小时之内浓缩了“平常”生活可能在几周、几个月，甚至几年的情感体验。

在攀登的过程中，某个时刻也许是在半山腰，你会评估自己的进展和心理状态。你清醒地知道你面临怎样的情形。前面还要走多远？你的体力和精神还能支撑多久？这种感觉就像是你全身心投入某个项目若干个月后，发现自己再次熬了个通宵一样。你反思你的付出所取得的成就，以及还需要多少努力才能完成。你回顾自己开始的时候，审视你所取得的成绩和培养的技能。然后，你展望未来，预见困难和所需的精力，更有你的目标和回报——所有这些正如群山之巅一般真实。

我们每个人都拥有独特的才能与智慧。在生命的某个时刻，我们会选择一条道路，或者发现自己已经开始攀登。我们或孤独或结伴而行，甚至被推选出来肩负众多人的重托。无论选择哪条路，除非我们改变主意，否则我们将一路前行，勇于面对挑战，渴望品味成功。随着你和我们一起走到这里，我们知道你坚定地以你自己知晓的最佳方法行进在你的路上。通过阅读本书，追求关于成就的最新技术，你已经证明了自己。你本来可以把时间耗在电视重播节目上，但是你选择了追求自己的卓越成就。

在上一个章节，你学会了如何获得坚定的积极心态。这种心态将成为你未来成就的坚定基石。现在，你可能想知道为什么有人只是获得了一般成绩，而另一些人能博取巅峰的成就，其中的区别何在？让我们一起来发掘。

## 高峰成就建模

许多人都曾对高峰成就进行过研究，他们的成果为人们谋求更高的成就指明了方向。其中最知名的要数查尔斯·加菲尔德的研究。那时美国正忙于把人类送上月球，他还是一名为格鲁曼航天公司工作的新手程序员，查尔斯惊诧地观察到那些被激发潜力的人是如何争取发挥到他们的极致水平的。在十八个月内，评分低于50%分位的经理人被改造成前15%分位。尽管他大学毕业初出茅庐，他的生活经验告诉他，这绝非正常情况。他正在目睹某种非凡意义的现象。这激发了他对人类成就的极大兴趣，后来他还修习了心理学学位。今天，加菲尔德博士是研究高峰成就领域的泰斗之一。在他的著作《高峰成就：美国企业界的新星》[①]中，他阐述了自己针对取得高峰成就的特质进行的原始研究。他通过与NLP截然不同的方法，发现了多种成就范式。类似的是，他的作品同样是针对高成就者的思维、态度和行为。

加菲尔德博士发现，高成就者都拥有类似的关键特质。他们执着追求一个宏大的使命，行动目标实际、可以衡量，用参与的方式促进团队建设，过程中加以修正——弹性的方法，维持方向，管理变革——保持动力，与时俱进。

了解了加菲尔德博士关于高成就者的关键特质，你会发现本书的诸多练习已经在帮助你建立这些特质。在第三和第四章，我们告诉了你使命的重要意义，并通过练习帮助你发掘和建立你真心真意的生命使命。还是在这些章节里，我们阐述了实现目标的条件及成功的证据，这也是设立目标和衡量结果的基础所在。在第五和第六章，我们介绍了如何建立亲和力与说服力，并说明了如何从外部和内部建立你的团队。在第二和第三章里，陈述了行动路线的重要性和怎样使用NLP的方法保持状态。对于变革管理，NLP就是创造和管理变化的最有效的沟通技术。本书中，你所完成的每一个练习都令你更有灵活性，并且富有资源。

除此之外，加菲尔德博士还发现了一个略为抽象的关键特质。无论是火箭科学家或癌症康复者，与他们谈话的时候他发现，他们每一个人都对成功的可能性抱着坚定的信念。他们对自己非常信任，相信自己将创造奇迹。加菲尔德博士发现，有时这是由新的机遇引发的，就像肯尼迪总统宣布美国人将在十年之内在月球漫步。有时，个人的挑战（比如事故或癌症）也会缔造高峰成就者。加菲尔德博士不禁在问，难道高峰成就都是源于外在环境吗？他后来的发现推翻了这一想法，那些运动界、艺术和娱乐界及商界的高成就者都有强大的内在动力。你可以扪心自问，难道是外在环境缔造了篮球界传奇人物迈克尔·乔丹、著名画家贾斯培·琼斯、享誉世界的舞蹈家泰拉·萨普，或者创作歌手布鲁斯·斯普林斯汀？无论他们的外部环境如何，让这些人深受激励的是内在创造奇迹的渴望。加菲尔德发现，这种登顶巅峰的欲望和能力，我们每个人都拥有，无一例外。

## 无力感的原因

为什么那么多人会有无力感呢？从电视剧、新闻故事或周围的人中，我们发现很多人感到无力改变他们的环境，更别提取得他们的巅峰成就了。有没有被授能的感觉为何造成如此大的不同？来自国家心理卫生研究所的迈克尔·勒纳博士决定一探究竟。在二十世纪八十年代中期，他主导了一个研究项目探索人们对于自己生活的力量感之根源。他和研究成员一起访谈了美国各个领域的数千人：高科技、蓝领、服务业、专业人士、政府人员和自谋职业者。他询问他们在生活经历中体验到的力量有多大。后来，他把研究成果《盈余无力感》[②]发表在学术专著中。该研究结论令人惊讶，引起了广泛的关注。

首先，他观察到在我们生活的时代，经济与政治权力不平衡，这并不出乎意料。其次，结果显示在大多数人脑海里，这种权力不平等的认知远远超过了实际情况。勒纳博士发现，许多人由于感到鲜有力量改变事物，因而在内心产生了一种"盈余无力感"。他称之为"情绪无力感"，因为这是他们对环境的感觉，而非实际情况。第三，他提供的大量有说服力的证据表明多数人对他们的无力感有深层的认同。哪怕他们的无力感侵蚀了他们的生活，让他们孤独无助，失信于人，掣肘他们的成就，他们仍然不会挑战它。他们反而表现得似乎是理所应当的，或者对自己说这是应该的。

勒纳博士的惊人发现后来也得到了卡菲尔德博士的研究成果的印证，他研究的课题是普通成就者如何变为巅峰成就者。他发现，这些人往往在描述自己或自己的能力时大加渲染。卡菲尔德博士的结论是，太多人面对可能性时妄自菲薄，限制了他们的潜力。当他们的环境快速剧烈地变化之后，便激发他们从旧的局限中解脱出来，于是发现他们比自己想象的强大得多。使用NLP的语言来描述的话，他们的局限并非在于能力或事实，而是他们对于自己的信念、思想和情绪。

很明显，本书中的NLP技术能够帮助你融入高峰成就者所具备的那些关键特质。我们想特别强调的是，理论与实践、观点与行动之间的距离。关于各种领域的成功信息可谓汗牛充栋：如何饮食才能更加健康，如何运动效果才更理想，成功者的关键特质，成功的学习秘诀，一流谈判专家的技巧，等等，不一而足。我们并不缺乏获得高峰成就的可能性或楷模人物，我们缺失的是把这些伟大的观点转变成行动的可靠途径。你清楚自己吃什么才更健康，可你有这么做吗？你知道锻炼身体很好，你愿意或者乐意去锻炼吗？对大多数人来说，知道什么是对自己好的和真正去做之间有着巨大的鸿沟。跨越这个鸿沟，把梦想与渴望变成现实正是NLP的承诺。NLP的目标之一，便是让每个人都有机会做最好的自己。本书自始至终都在提供丰富的NLP技巧，以帮助你充实和改善你的生活。成功，是我们每一个人与生俱来的。我们能够取得任何想要的成就。通过NLP，我们期望你拥有追求自己渴望的生活的能力。我们所有人，无论成就大小，都能够让我们和他人的生活更加美好。

每次当我们进行NLP培训的时候，我们见证着越来越多的人抛弃无力感，焕发出他们与生俱来的能力和品质。参加培训的人来自各行各业：经理、学生、销售人员、医生、护士、精神科医生、临床治疗师、律师、企业家、教育家，以及纯粹抱着好奇心态的人。他们参加的原因也各有不同：改善沟通、促进学习、建立美好关系、改善成果，以及学习新技巧。随着他们运用NLP技巧一次次地达成他们的个人目标，我们也观察到更大的变革正在酝酿。商业人士来到NLP寻找优势，教师来到NLP寻求教育策略，临床治疗师来到NLP寻找更有效的变革方法，在培训过程中他们大大拓展了自我发展的可能性。以前害羞的教师决定自己创业发展。内向的电脑程序员决定加入危机中心的义工工作。企业家决定把NLP技术传授给同事们，而不再只是要求他们埋头干活。经理人发现NLP管理技巧竟然对做好父母也是有用的。一次又一次，参加者的视野不断被延展开阔。通过释放他们的潜力，他们发掘出更为丰富的自己。潜力一直存在，需要笃信不疑。重要的是，引发潜力需要以一种人们笃信的方式进行。

## 对高峰成就的强大信念

让我们重新关注加菲尔德博士所发现的高峰成就者身上那些无形的却极其关键的特质：对于自己的成功可能性的强大信念。尽管本书教授的技术与NLP完整的培训课程的价值不可同日而语，但是如果你聚焦于下面这个NLP流程，将令你如获至宝。我们会再次运用闪变模式。这是你在第九章学会的提升自尊的同样的技术。这项技术有助于你改变思维的习性。闪变模式是NLP技术中最容易学习的技术之一，同时也是最强大的技术之一。窍门在于，它直接运用你的问题去触发你自动转变成不再有那个问题的人。随着你越来越勤于练习这个技术，你将发现你会受益无穷。现在，我们就运用这个流程赋予你更多资源与授能感。

### 【练习四十一】自我授能的闪变模式

1. 辨别线索图像。回想你曾经感到无力的某个时刻。有些人立刻会想到他们生活中某个发生巨变的时刻，其实选择一个你所熟悉的平常的无力感的例子效果会更加好。因为当你改变那种每天出现的无力感时，其他类似的生活体验也将全被改变。确保这是真实和具体的一段记忆，那时你感觉到自己对改善局面一筹莫展。

这时，退回到那段记忆中你感到无力状态之前的情景，看到你当时看到的一切。这就是我们一会儿会用到的线索图像。现在暂时放在一边。

2. 建立一个足智多谋的自我形象。现在，你的脑海中看到克服了这个问题后的你的一幅自我形象。看见脑海中的“你”充满力量、足智多谋，看起来就像是在工作室中拍摄“你”的照片，没有任何背景。你无须知道你如何成为那个样子的。你就是看到“你”散发着授能的特质，也许是眼中的光芒和自信的微笑。花些时间让你的这幅自我形象充分地丰富起来。确保这对你而言是真实的，并且你对变成这个足智多谋的自我形象非常渴望。尽情享受“你”的形象。

3. 练习拓展足智多谋的自我形象。现在，把足智多谋的自我形象放置于你面前的一个微小的闪亮光点上。让这个闪亮光点像花一样快速地开放，变得越来越大而明亮，直到你看到这个足智多谋的“你”和你一样大小地站在你的面前。然后，你看到一块空白屏幕。多次重复这个过程，直到可以自动发生。

4. 把足智多谋的自我形象光点放入线索图像。现在，把足智多谋的自我形象的闪亮光点放入步骤1中的线索图像的中心位置。

5. 交换（闪变）图像。随着线索图像快速褪色变得暗淡，让闪亮光点迅速膨胀，点亮那个足智多谋的形象，快速变成全尺寸大小。

6. 看到空白屏幕。

7. 重复十次。现在，以更快的速度重复步骤4~6。再次把微小的光点放置于线索图像的中心位置。线索图像快速褪色变得暗淡，观察你的自我形象快速变得越来越大、越来越明亮，直到……闪变……足智多谋的自我形象淹没了线索图像。然后，你再次看到空白屏幕。

8. 复制足智多谋的自我形象。既然这个“足智多谋的你”的形象会在许多其他情景中也大有用处，最有效的方式便是，你可以随处看到这个积极的自我形象——过去、现在和未来。

所以，要去除过去的不愉快感觉很简单。假想你可以用手握住“足智多谋的你”的形象，然后伸出手，把它握在你的手中。当你触及它时，它开始发亮。现在，复制那个图像——就像施乐彩色复印——产生数以千计的“足智多谋的你”的形象，一个接一个，就像巨大的扑克牌，彩色的、发亮的。

现在留下一幅图像在你的面前，把其他图像全部高高抛向空中。你看到全部的“足智多谋的你”飘落下来，以同心圆的方式排列，分布在你的周围，距离不远不近，你可以在各个方向看清他们……在你的过去、现在和将来。想象着一排又一排的“足智多谋的你”排成环形。让这美好的感觉涤荡着你。

9. 检查结果。你已经重复多次完成这个模式，需要检测结果了。现在，留意当你试图回想原始的不愉快线索图像时，你的感觉是什么。如果你无法再体会到拿着那个不愉快的感觉，甚至很难再看到那幅不愉快的图像，那么你就成功了。

假如你回想线索图像时仍然感觉不愉快，很简单，重复这个模式，仔细留意每一个步骤，直到不愉快的情绪消失殆尽。

你刚才完成了对大脑设定新的方向。这有些类似于铁路轨道转换系统。每当你的大脑导向局促无力的方向，你的“闪变”会自动切换思路到自我授能的轨道。周围的世界越是迫使你产生无力感，你的大脑就越能切换到自我授能的状态。这个闪变模式帮你有组织地进入无意识资源中，让你触及你更大的潜能。自我授能的过程也是自我探索的旅程，你一旦进入就会愈发享受其中。你的大脑可以创造惊人的奇迹。只要你渴望积极的、高峰成就的生活，你的大脑就能通过“闪变”实现它。

## 强化大脑的自然能力

我们都曾经听说过生活中一些人令人目瞪口呆的有关潜力的故事。下面列举几个人们津津乐道的。多年前，有位年轻人在大学的高等数学课上睡着了。随着下课铃声醒来后，他看到白板上写着几个复杂的题目。他赶紧把这些课后作业抄下来，之后跑去下一堂课。周末，当他开始解题的时候，他惊讶地发现这些题目难度极高。到下个星期一，他也只解答出其中的一道题目，还有两道只完成了一部分。他心想，自己最好还是承认上课打瞌睡，再求助于教授吧。结果让他大吃一惊的是，教授告诉他白板上所写的问题竟是那个领域从未被攻克的难题。

教室遮阳帘被拉了下来，背景音乐播放着优美的巴洛克音乐。语言老师语速缓慢而清晰，不时向学生点头、微笑。在座的每个学生都有一个他们正在学习的外语的名字和身份。当这位老师提问时，他会用充满鼓励的眼神望着那位学生，“保罗，你当然知道答案了。你在这儿住了一辈子了。你只是暂时忘记了答案。你很快就想起来了，不是吗？”果不其然，学生回答出了问题。洛扎诺夫博士的“暗示教学法”掀起了全球范围内的语言教学革命，向最基础的学习理论发出挑战。

医生们告诉她病情严重，继续存活的可能性极小。市场上有一种最新药品可能有效，但是还在实验阶段。如果她同意参与相关实验研究，才能使用该药品。她同意了。多年后，她终于痊愈后才发现，她原来属于这个实验的“控制组”，她一直服用的是完全没有疗效的糖丸而已。

以上三个例子都属于“安慰剂效应”。安慰剂是不含治疗成分的药片——在新药实验中应用于作为新药实验的对照组。其成分往往是糖或者面粉。

服用安慰剂的人以为吃下的是有疗效的药片。尽管其中没有药品成分，但是仍然有相当比例的人产生了疗效，这种现象被称为“安慰剂效应”。他们在心理上都做好了积极的治愈准备，于是他们的大脑采取行动让他们好起来。在那个数学系年轻学生的例子里，他认为白板上的题目是课后作业，班里每个学生都应该解答得出来。正因为坚信这些题目是有解的，他的内在资源于是乎被充分调动起来。对于那些学习外语的学生们来说，他们相信自己已经懂得那门语言了。当想不起一个单词或者语法要点的时候，他们觉得很快就会想起来。在那个典型的安慰剂效应故事里，患病的女士坚信新药可以治愈自己，果然痊愈。这帮助她使用内在资源战胜病情，恢复健康。

NLP创始人理查·班德勒与约翰·葛瑞德决定研究关于“安慰剂效应”的有关数据。他们发现，大概有20%的情况下安慰剂取得了效果。也就是说，在那些实验中有20%身患险恶重症的病人在服用毫无疗效的安慰剂药品之后，病情得到改善。

现有的药品科研方法要将安慰剂效应排除在外，科学家们要研制出真正具有疗效的药品，无论患者相信与否。这毫无疑问是开发新药的最佳方法，正是这种方法在二十世纪为我们研制出了众多“神奇药物”，例如盘尼西林和脊髓灰质炎疫苗。

理查·班德勒与约翰·葛瑞德却心怀不同的目标，他们对同样的数据进行了不同的解读。他们认为，安慰剂效应是一种人类未开发的自然能力。安慰剂效应证实了大脑的内在能力能够治愈身体，在特殊情景之下取得超乎预期的结果。信念力常常能够克服看似困难或无法解决的问题。需要研究的问题是：这是如何实现的呢？

起初班德勒和葛瑞德互相开玩笑说，他们直接售卖安慰剂药片就好了。既然药品里面根本不含任何有效成分，因此也并不是真正的药品。每瓶“安慰剂”里面都有一份使用说明，告诉购买人想象一下胶囊的治愈特效，经过一段时间之后，效果便会出现。同时也诚实地告诉使用者，有20%的有效性。他们继续畅想着，直到脑海中出现美国食品及药物管理局会做何反应，甚至可能对安慰剂发出国际禁令。他们在自己的白日梦里看到，正当他们准备发布新的“强化安慰剂”广告词——“现在的有效成分更低”时，他们被国会委员会传唤去作证。

异想天开的过程是有趣的，可以让我们的思维纵情驰骋，得到意想不到的结果，启发我们思考新的问题。当那位数学系学生开始钻研“课后作业”的时候，他大脑中的自我形象是怎样的呢？也许他看见自己正在解决那些问题。当学习新语言的学生们把这门外语想象成自己的母语，相信他只是暂时忘记了那个单词词组，这时他便拥有了从未使用过的记忆空间。在那位患病女士参加药品实验的时候，她很可能预见了自己在药品的成功疗效下越来越健康的样子。尽管我们可能永远无法确切明白安慰剂发挥作用的机理，我们却认识到它的确影响了我们思考的内容、方式，以及我们对于可能性的信念。与安慰剂相比，闪变模式效果则更快速、方便和可靠。要知道，许多人在服用安慰剂之后仍然感到悲观、看见自己正在失败、自己很傻，或继续处在病态中。

在下一个练习中，我们将结合NLP的理念和安慰剂的效果，达到同样的目的：影响你思考的内容、方式，以及对于可能性的信念。

## 【练习四十二】建立高峰成就的印记

这个练习再次使用理查·班德勒的“决策摧毁器”，在练习三十六中你用来帮你为自己建立维持一生的稳健的积极心态。这一次，你将运用这个工具把强大的高峰成就融入你过去的记忆中，并在当下加以运用。开始前，你花些时间回想你在第十一章中建立的积极心态的印记。当你充分再次体验之后，暂时放在一旁。

1. 高峰成就记忆。回想曾经那些积极而独特的时光，那些你体验到高峰成就的时刻。当时的你也许曾拥有非凡的创造力、卓越的眼光、超凡的关注力与韧性。发生的场景可能是在运动中、在学校、在工作中或者与家庭成员在一起。重要的是，当时的你正在“最佳状态”——你欣喜地看到自己正在发挥高峰成就。当你找到这么一个场景后，回到并进入其中，看见你当时看到的，听见你当时听到的，并再次感受到那种超凡的体验。重新体验这个场景，就如同正在当下发生一样。

2. 平常记忆。现在，想一个对你的日常生活没什么影响的平常记忆，例如一通电话或者在花园里干活的场景。

3. 高峰成就记忆的次感元。把这两段记忆进行比较，发现高峰成就记忆中的哪些次感元创造了不同的状态。当你重新体验图像、声音和感觉的时候，假想你正准备把这次非凡的经历拍成一部电影。注意这些电影特质：地点、尺寸、亮度、视觉和听觉的细节丰富度，等等。快速清理保存下来。这正是你的大脑解码你的高峰时刻的独特方式。

4. 加入积极心态。现在，我们准备为你的高峰成就增压，加入你在练习三十八中建立的积极心态印记。当时你在创建新的印记时，你赋予这段生命体验更大、更勇敢、更真实和更重要的特质。现在，开始再次体验你的高峰成就，这次把同样的视觉和听觉印记特质加入其中。你看到自己的高峰成就的记忆变得更大、更勇敢、更真实和重要。你正在把你的积极心态与高峰成就整合在一起，建立“高峰成就/积极心态印记”。

5. 未来的规划。你可以运用这次整合做一番神奇的事情。当你下一次做演讲的时候，如果你也能够体验这种状态会怎么样？或者当需要你表现最佳水平的时候，你再次进入这种状态会是如何？当你与家人或朋友们在一起的时候呢？

6. 在时间中旅行。现在，你可以运用这一新状态把你的过去记忆改造成现在和未来的超级增压资源。当你的大脑和身体处于这种高峰成就/积极心态之中时，想象着你带着这个印记漂浮出你的身体，在时间线上回到你的过去。你希望这个无与伦比的资源可以为你过去岁月中的哪一段带来巨大的改变？找到这段时间，在时间线上再次进入你需要这个资源之前的时刻。现在，快速沿着时间线旅行，同时关注这个无与伦比的资源如何把你过去的记忆转化成超凡的智慧记忆。当你到达今天的时刻，你看到自己带着这个资源继续向着未来旅行。

无论是针对同样的或者不同的过去的记忆，许多人在重复进行这个练习后获得了更佳的效果。通过这个流程，你能够在几分钟内把你的过去与未来重新编程。无论何时当你希望为生活增添某种心态、情绪或最佳状态的时候，你都可以使用。我们的建议是，两种情况都尝试。当你拥有了高峰成就的体验，你的生命将活出巨大的不同。

我们既然知道高峰成就并非痴人说梦，而是真实的可能性，我们会问道："高峰之外的意义何在？"有时候似乎是人类的习性，以高度的关注和惊人的意志追逐某个目标，以至于我们忘记了为什么它是最重要的目标。普世教育告诉我们，要成为最佳、做到最好、达成所有目标，毫不奇怪许多人坚信只有巅峰，无论是在体育、商界、政治或娱乐圈，才是唯一的目标所在。他们所有的努力都为登顶高峰，所以当他们没有达成目标的时候，哪怕只是差一小步，也常常被视为极度的个人失败。而当他们成功之后，电视评论员们口中的下一个问题便会是，他们的成功能持续多久？

回到我们曾经比较过的山之巅与高峰成就，你知道攀登山峰与取得职业高峰一样需要付出格外的努力。当你登顶时，你体验到了成就和满足所带来的喜悦感。但是然后呢？你环顾周围，尽览美景。如果你和朋友在一起，会一起分享美丽的景色和激动的心情，向着天空大声呐喊你的成功，用相机记录下此情此景。然后，你意识到世上还有众多不同的山峰，而你需要首先下山才能攀登另一座山峰。你同样意识到，高峰是用来登顶的，你不可能长住于此。"高峰"一词，无论指的是山岩或者人类成就，意味着它与大本营、半山腰或者三分之二位置不同。高峰的意义在于，与非高峰的对比，而比例上来说，“非高峰”占据的是高山的大部分。

然而，许多人继续要把他们的事业和幸福建立在完美巅峰的想法之上。理想化的巅峰让他们认为，为了幸福快乐，他们需要生命中的一切都有着完美的顺序。如果他们拥有完美的房子、合适的汽车、完全满意的人际关系、富有成就感的职业、有挑战性的工作项目、高效的行政助理、裁剪得体的服装、高效到不可思议的晨会，还有完美的一杯卡布其诺咖啡，那么一切就是极好的了。如果他们能得到所有这些，那么他们就身处巅峰，于是他们就得到了真实、深层和完整意义上的幸福了。

只为巅峰而庆祝，他们把剩余的生命变成了实现目标的漫长苦旅。而且，他们“真正的幸福”往往在出现某些差错之前，仅仅维持很短的时间。可能是复印件坏了、电脑崩溃了、托儿所来电话了、发生了争执、卡布其诺咖啡机坏掉了，或者无论其他什么不完美的事情破坏了他们完美的巅峰愿景。因此，也许他们享受了二十分钟的真正幸福感，然后就不得不把其他所有时间花在工作、筹建、重新安置各种事情上，而他们认为这都是理所应当的。再一次，他们必须开始攀登高山过程中那段不完美的生命。这一切都是为了三四年后的某一天他们将再次攀上完美的巅峰，享受另外二十分钟真正的幸福。

你周围有多少人是以类似的方式生活呢？他们告诉你，只要他们再减肥几公斤，或换一份工作，或找到爱人，或得到新的……他们就会很开心。所有这些其实都是在表达同样的“我离巅峰还不够近，还不能尽情享受我的生命”。当然，当你减肥了、换了新工作或爱人、买了新车，这些的确会让你高兴起来。然而，很快体重反弹了，新老板也是个暴君，爱人开始摩擦不断，新车被刮花了。结果便是一落千丈，重归不幸福的状态。

然而，也许还有另一种攀登高山的道路。也许无论周围世界如何变迁，你都有可能开心幸福。也许你的开心幸福并不取决于别人做了或者没做什么，你拥有或者没有什么。也许，无论情况如何你都可以是一个开心幸福的人。那样的话，既然你一直都很开心，当你终于得到梦想的房子，你只会变得更开心。当你得到了满意的人际关系，你也将更开心。你不再为了转瞬即逝的时刻而挣扎，你可以持续为你的生命增添光彩。

这真的可能吗？如果你想，就有可能。这意味着你要学会管理你的体验，而不是让生活施加在你身上。这意味着有意识地改变你评估所发生的事情的方式，这样你就能够以更积极和有意义的方式看待周围事物。这并不是说你再也没有“糟糕的一天”，而是“那一天”可能是糟糕的，但不是你。这也并不是说你要变得盲目乐观，而是意味着你将承担责任建立你自己的内在世界，让成绩、巅峰体验和幸福能够共存，甚至蓬勃繁荣。

如果你渴望这么做，你需要明白并没有什么捷径。你可以开始关注你生命中简简单单的每一天、每一件事，你所喜爱的是什么。你希望铭刻于心的是什么？对于咖啡的清香、丝绸的滑顺、侍者的微笑或耐心的服务生，你所欣赏的是什么？就像一位小朋友在画画一样地审视你的经历。发现你的礼物，那些值得你欣赏的。

当你完成了以上的练习，把你的注意力转到生命中那些富有竞争的部分。无论你赢或输，练习去关注你精彩的方面。发掘你的竞争对手身上值得称赞的地方。当你能够这么做的时候，你也就拥有一种心理状态，能够轻松面对生活，认认真真应对。因为你对自己的鼓励和对他人的称赞，是开放而放松的。你会发现自己并不费力就学会了他人的技能。你很可能会有更多胜出的机会，但你也知道这已不是你关注的焦点。这便是那个问题的答案——巅峰之外的意义何在？

## 想象你的未来

你已经用主动、参与式的方法体验了高峰成就。当你提升了整体的绩效，那也成为你的新基线。你还记得那些杰出的运动员们进行的与自我的比较吗？怀着感激的心态回顾从打开这本书到现在你已经走了多远。如果你已经完成了之前所有的NLP练习，你已经可以掌握你的动机，澄清并开发你的使命，为你的未来编程，更好地处理你与自己及他人的关系，清理过去的疑难杂症，增强你的自信与自尊，建立了积极心态，并学会了如何创造高峰成就，如此之丰盛。

让我们更进一步。让我们进入芝加哥大学心理学家米哈伊·西卡森特米哈伊所称的“流体验状态”[③]——事情变得轻而易举，而时间也被延展开来。“流体验状态”也是运动员们所称的“专注状态”。在这种状态下，当球朝着他们飞来的时候，看起来巨大无比、速度缓慢，他们感觉自己能狂奔一整天也不会疲惫。这也是阿诺德·帕尔默所比作的音乐家在高水平演奏中的状态。爵士音乐家称之为“纹路正对的状态”。来自不同领域的人们对于这种状态的描述证实了它的存在。著名的爵士乐钢琴家基斯·加勒特非常清晰自己的这种状态，在状态没到的时候他从不举办音乐会。

我们一直在运用NLP技巧探索“流体验状态”。我们发现，“流体验状态”往往发生在当人们全神贯注于手头任务的时候。在人们通常的意识状态之下，往往会在困难面前踌躇或被周围其他事物分心。而在“流体验状态”，所有精力都聚焦在任务之上。“自我”已经融入所做的事情之中：高尔夫球场和选手已经合二为一；音乐家体会到已经分不清是他在弹奏音乐，还是音乐在演奏他。

我们发现，“流体验状态”是没有顾虑地可以做任何事的一种自由状态。处于“流体验状态”的人能够看到“全局”，并从中得到开放自由的视角。他们的思维是自由的，他们可以将创造力和才华施展到任何需要的地方。正因为这种心态，他们获得了巨大的成功。他们同所有的杰出成就者一样处于高峰成就状态。我们设计了下面的NLP练习帮助你获得这种体验。

## 【练习四十三】解放你的视角，取得无限成就

### 第一部分：全局——空间

1. 留意你对自己的觉察。寻找一个舒服的时间和地点，让自己充分感受自己当下的时间和地点。留意你的身体，尤其是肌肤的感觉，以及碰触椅子、桌子或书本的肢体感觉。现在，注意你自己通常存在于你身体内部的位置。例如，你感觉自己存在于头部或是胸部、胃部？让你的觉察在身体内游走，感觉任何的变化。

2. 漂浮离开你的身体。感觉你的觉察开始向上，离开你的身体。很快你就感觉到自己可以轻易地漂浮在身体上方。想象你能够看见下方的自己及房间的细节。

3. 上升。现在，让自己漂浮得更高一些，接近天花板的位置。然后上升到更高一层楼，或者穿过房顶，直到你从空中看见整个建筑及周边的环境。接着，加速移动离开地面，你可以看到下方的整个城市，看到河流或其他地标。继续上升，穿过云层，以至于你开始看到大陆的形状。很快，你就看到海洋和光亮的地球漂浮在黑暗的太空之中。你看见太阳及周围钻石般耀眼的星星。观察云层流动覆盖中的地球表面。这里，就是你的家园。领会这一景色。你看到的是无边界的世界。这是一个完整的世界。有一天，你也许会从太空空间站的舷窗里看到这一景色。

4. 利用这个视角。透过这个视角，你无法看到在这个蓝色的巨大星球之

上自己渺小的身体。现在，从这个视角想一想那个人遇到的问题。这个位置会为他（她）寻找解决方案带入哪些洞见或可能性？充分探索这个视角的意义，确保记下你所收获的内容，这样在晚些时候你就可以分享给地球上的那个人。

5. 下降。现在开始下降，越来越接近地球。你首先看到的是陆地的形状，然后是你所在的地方，还有周边的环境，最后你接近你所在的建筑物。从屋顶下来，停留在你自己的上方休息片刻。

**第二部分：全局——时间**

6. 看见你的时间线。眨眼几次，你开始看到你自己的时间线就在身下。留意你的过去，以及时间线从坐着的你的身下延展的方向。然后，留意你的未来和时间线的方向。

7. 未来旅行。在你的时间线上方开始进入你的未来。随着你的旅行，你可能会遇到在前面的练习中你放置在时间线上的一些目标。现在，当你继续旅行时，你可以看见一个目标的实现正在改善你的未来。你看见了自己的成就感和满意感。现在，看向更深远的未来，看到你取得的这个目标如何增加了你实现其他目标的可能性。看看实现更美好的生活的这些新机遇。

你可能希望浸入某个未来的体验，当你进入和感受其中，你会感受到一些美妙的未来情感。这些情绪提醒着你，有朝一日你的梦想终将实现。伴着梦想将会实现的越来越强的满足感，你可以沿着时间线更快更深入地进入未来旅行。

8. 探索时间线的终点。如果你觉得时间线结束得比预期要早，你可以抓住时间线把你未来的健康和幸福延伸到一百年之后。你能够看到时间线终点那富有成果和圆满的生活。现在，停在终点之前的位置。你在时间线终点看到些什么我们并不知晓。有人说是一扇门，也有人形容是一面火墙，还有人说是闪耀的、难以言喻的类似像光一样的东西。无论你看到的是什么，接受它，寻找你可以从中收获的。

9. 看到你晚年的智慧。人们常说30岁之后，我们脸上的皱纹记录着我们的生活经历。看看时间线的终点，看见你将会成为的那个智慧的你。深深地注视那张智慧的脸庞，你看见为自己所规划的那些丰富经历，仔细观察和聆听，最年长和智慧的你的化身也许想对你传递一些特别的信息和符号。即使你无法充分理解，以最诚挚的敬意为这些信息和这次会面感谢年长、智慧的你。

10. 回顾你的生命。现在，沿着时间线回看你全部的历史，回顾你的经历。允许你自己充分回顾你的生命。不仅仅是大脑，同时也用心思考这是不是你真心渴望的生活。很少有人会花时间用回顾的方式去发掘他们无意识下所规划的生活是否令自己满意和无怨无悔。使用足够的时间完成这个步骤。

11. 做出希望的调整。如果你感到需要调整你的时间线，交给你的潜意识脑帮你完成。让一团云雾弥漫在你的未来时间线上。雾中，把你有意识的愿望和期望与你的潜意识脑的智慧结合。你或许看到在时间线的云雾中电光闪闪，或者多彩的光线射出，此时你感受得到某种巨大的改变正在酝酿之中。这个过程完成得如此之快，以至于会让你感到惊讶。当时间线展示出你的新生活之际，你感觉高兴极了。

12. 回到现在。现在，沿着你的时间线开始返回当下。这个过程你可能希望回顾一下你崭新的未来。在回程的路上，领会并体验那些新的选择。

13. 回顾过去。当你回到当下的时刻，花少许时间回顾过去。看见某个时刻年轻的你正预期你的存在。展望未来，看到未来的你期待着成为的那个“你”。记住，未来的“你”正在看着你去实现它。现在，重新进入当下的你的身体。带着你所有的新收获。深深地呼吸。感受你的指尖、你的脚部，最后睁开眼睛。

## 勇攀更高峰

每年，NLP联合创始人约翰·葛瑞德都会花时间学习他所称的“一个新游戏”。有一年是学习驾驶一架特技飞行飞机，当时是用来尾随和追踪野外动物的。另一年是学习技术攀岩。约翰的特点是，他会尽可能找该领域最好的指导老师。那个领域取得最高成就者之一——一位成功典范。这位世界一流的攀岩家面对一组学生讲课。经过几个星期之后，他们学习了相关的运动技术及安全知识，并完成了若干次攀岩。随着课程临近尾声，导师通知学生们下面还有更高级别的课程，但是，要进入课程则他们必须完成一次攀岩，他会评估他们的成绩。

在约定攀岩的那天，学生们来到指定地点。他们遇到一些导师派来的人，告诉他们需要在导师不在场的情况下开始攀登。攀岩的路线很长，困难重重，需要展示他们在课程中学习的全部技能。

在经过数小时精疲力竭的攀登后，每个学生都抵达了在下面看起来应该是攀登路线终点的位置。当他们每个人翻上该位置的平面之后，他们看到面前是延绵而起的山岩。导师就躲在学生们后面，仔细观察当他们意识到攀岩并未结束之时每个人脸上的表情。许多人失望叹息，还要继续往上攀爬；也有学生对新的高度充满期待，跃跃欲试。而这些人才是导师最终接纳进入更高级课程的学生。他只想与那些渴望更高山峰的人一起攀登，无论是真实的山峰，还是他们心中的高峰。

## 回顾你学会了什么

在这一章里，你学会了达成你自己或者启发他人的高峰成就的一些技术。具体来说，你所学到的技能有：

- 通过闪变模式获得或重获授能感
- 使用“决策摧毁器”把高峰成就植入你的记忆
- 建立幸福、成功和自我欣赏的基础
- 解放视角，进入更多的高峰成就状态
- 看到攀登高峰的思维中的限制与机遇

事实上，贯穿本书的全部内容让你已经学会了系统地提升各个领域的绩效的技能。前两章让你为NLP新的思考流程做好准备。第三和第四章建立了富有吸引力的未来。第五和第六章把激动人心的未来与关系技巧进行关联。第七、八和九章清理了过去记忆所造成的问题，做好准备建立信心和积极的自尊。最后，其他章节教授了如何建立积极心态和为你自己创造新的可能性。

现在，在本书即将结束之计，我们特别感谢你，我们的读者和旅行的伙伴，与我们一起一路走来。我们没有见过你，但我们感觉我们认识你——你是我们志趣相投的朋友，原因有几个。我们知道，在这个旅程中我们对你提出了种种要求。从一开始我们就要你去积极参与。我们还可能时常挑战那些你长期以来的信念，但是你仍然留在我们身边了。我们为你展现了拥有新的可能性的世界，你接受挑战去进行探索。也许，你现在所经历的与最初你进入这段旅程时所抱有的期望截然不同。我们期望我们也回馈了你的努力和心血，为你完完全全地展示了NLP，以及我们在伟大成就者身上所发掘的技能与特质。

最后，我们得到了卡洛斯·卡斯塔尼达笔下唐璜的善意提醒，他从不急于求成，并深知善始善终的重要意义。唐璜提醒我们，无论我们带入这段旅程的技能与技术是什么，无论其效果如何强大，最重要的是，要清楚我们面前的道路是否用心。正如唐璜所说，“没有用心的旅程是不会让人愉悦的。你不得不为之辛苦奋斗。同时，用心的旅程是轻松的，它无须你耗费心力……在你踏上旅程之前，问一个问题：这段旅程我是用心的吗？”我们所有NLP comprehensive的同仁都认为，NLP是一段极其用心的旅程。我们衷心希望我们一起的时间让你更加充实丰富，如果你心有所愿，未来我们一定还会相逢。

# 附录：21天NLP无限成就程序

本章是为你在完成这本书所有的章节之后阅读的。它集合了贯穿本书所有NLP的知识和技巧，提供了新的运用方法。

我们在NLP界有个说法：如果你只会一种做事的方法，那你和机器人无异。如果你只有两种做事的方法，那么你会陷入两难。你如果想真正地有灵活性可言，那么你必须至少掌握三种做事的方法。你已经阅读完毕这本书，其中为你生活的各个领域打开了无限多的可能性。而这个21天程序与你所完成的内容有所不同，为你提供了学习和应用这种突破性技巧的另外一种方式。那么，第三种方法是什么呢？它是你自己的方法，在你的生活中运用时带入你自己的创新与发现。

同时，没有人限定你每天只能完成一个练习，前提是你以足够认真的态度对待了每一个练习。一旦你完成这个程序，你可能希望返回到你觉得最受益或感激的时光，重温那段时光并从中得到更多收获。也许你希望回到那些看起来鲜有意义的时刻，可能那里正是你可以重复体验、体会更多的时光。你当然也可以从头至尾重复一遍整个程序。随你的心愿重复这些练习，实现你的各种目标，或透彻掌握这个流程。

## 第一周——向目标出发

### 第一天：找到你现在的坐标

作为这个程序的基准指引，我们需要你为自己的生活罗列一份清单。无论要取得的目标是什么，你需要了解自己要去哪里。然而，同样重要的是，你需要清楚你现在何处。然后，你就可以规划一条路径从你在哪里到你想去的那里：从这里出发去到你梦想实现的地方。

几乎每个人，在不经意间会把我们的生活划分为我们喜欢的部分和不喜欢的部分。NLP的联合创始人理查·班德勒曾说，我们很清楚喜欢和不喜欢的事物，但其实我们可以将它们进一步划分成我们喜欢却不拥有的（例如，一辆新车、一个假期或一次职位晋升）和我们不喜欢却拥有的（例如，体重太高、脾气太坏或淘气的孩子）。

我们从生活中你真心喜欢的是什么开始。你喜欢的可以是重要的成绩，例如全垒打、赢取奖品或职位晋升，也可以是生活中最简单的时刻，例如看着孩子睡觉、海浪的声音、巧克力冰激凌的味道。在时间允许的情况下，尽可能多地罗列你的清单，并命名为“想要并拥有”。你可以复制使用我们提供的表格。

现在是预料之中的问题：什么是你拥有却不想要的？类似这个问题曾经耗费了一些人生活中的大量时间。几分钟内你就可能列举出：超标的体重、坏习惯、交通阻塞、老板发火的时候，或者其他“路途中的风雨”。在时间允许的情况下，尽可能多地罗列你的清单，并命名为“不想要却拥有”。你可以复制使用我们提供的表格。

现在是一个NLP问题：什么是你目前想要却没有的呢？这一次，你写下你的“愿望清单”。随便从哪里开始写都可以——你的工作、家庭、爱情、财务，等等。把你最重大的梦想写进去，同样还有那些日常的愿望，例如阳光明媚、干净的床单或新煮的咖啡。同样花足够的时间去写。清单的名字是“想要却没有的”。利用下一页的表格写下来。

最后一栏是很少被提及的部分：什么是你不想要也没有的。如果你和大多数人一样，你应该没有思考过这个问题，现在花些时间想一想。有些是显而易见的事物，比如致命的疾病、债务危机、残疾的孩子、糟糕的健康状况、丧失工作能力，等等。还有些事情是你更不会去想的，而且也不想去尝试——悬挂式滑翔、监狱判决书、参观毒废料垃圾场，等等。这些也在你的清单上写下几个，名叫“不想要也没有的”。利用下一页的表格。

确保你写下的每一项都是真实、具体的，且每一栏都有项目。

| 想要并拥有 | 想要却没有 | 不想要却拥有 | 不想要也没有 |
| --- | --- | --- | --- |

完成清单之后，花几分钟注意一下：

- 哪个清单最长/最短？
- 哪个清单最容易/难写？
- 哪个清单最熟悉/不熟悉？
- 比较每个清单，其重要性都一样吗？还是有些你觉得重如泰山，有些则轻如鸿毛？
- 在当下，哪个清单更吸引你的注意力？

回顾你的回答，你感到满意吗？你喜欢清单上的项目吗？还是你想要做出一些修改？当你今晚睡觉的时候，交给你的意识去漫游其中，看看你喜欢如何处理它们。

## 第二天：发现你的动力方向与优先事项

昨天，你发掘了现在的坐标。今天，你要将注意力放在昨天写下的两个清单上：什么是你“想要却没有”的，什么是你“不想要却拥有”的。其中，哪一个最让你费神？还记得动力方向吗？“想要却没有”的正是描述了趋向型动力；而“不想要却拥有”的是远离型动力。留意在当下哪一个清单对你更重要。从那一个清单开始，逐项浏览你所写下的项目并排序。哪一个是你最想改变的？下一个，再下一个，接着呢？使用你喜欢的序号（比如：A\B\C，1、2、3，最大、中等、最小）排序。在你完成第一个清单之后，用同样的方式处理第二个清单。

当你把两个清单的排序都完成之后，让我们用不同的方式考虑这些排序。思考一下，假设你实现哪一种改变能够为你的生活带来最大程度的改变？它可能已经在你的排序榜首，或者也有可能是被你排在不起眼处。举个例子，假如你开始每天都有好心情，你的生活会在多大程度上有所不同？你在生活中可以做出哪些微小却意义重大的改变——一顿丰盛的早餐、漂亮的瓷器、美妙的音乐、一次对话、一条好看的领带或配饰？再次浏览你的排序，寻找那些有可能带来最大变化的项目，并把它们标注出来。

## 第三天：把你的恐惧变成美梦

再次浏览你“不想要却拥有”的清单中的排序。如果这个清单是两个中较长的那个，那么这个练习对你的重要性会更高。当一个人有清晰的远离动力倾向时，他们会自然而然地把注意力放在什么是他们不想要和不喜欢的。尽管这是他们的动力，但是他们最终并不会感到满意。随着他们渐渐远离他们不喜欢的事物，他们感到解脱、压力减轻，但并不会有兴奋感和满意感。这里需要的是注意力的重新定位。方法就是，把注意力从什么是不想要的重新导向什么是想要的。下面这个练习正是运用你罗列的事项重新定位你的注意力。

把你刚完成的“不想要却拥有”的排序清单复制到下一页。然后，把每一个你“不想要却拥有”的项目转换成一个意思相同的积极词汇：“没有却想要”的。例如，假如你“不想要却拥有”的是额外的几斤体重，很可能你“没有却想要”的是苗条的、有肌肉的身材。如果你“不想要却拥有”一份看不到希望的工作，那么你“没有却想要”的是更多的机会。把每一个“不想要却拥有”的项目都转换成令你满意的新的“没有却想要”的事物。把它们写下来，以备将来使用。

| 不想要却拥有 | 变成新的 | 没有却想要 |
|---|---|---|

## 第四天：把你的梦想与渴望转换成可实现的目标

同时，看一看你“没有却想要”的原始愿望清单和昨天完成的新清单。根据你现在的优先顺序把它们整合在一起。你可能想要复制重新排序。如果你想到任何新的项目随时可以加进去。

现在，从你的最优先项目中选一个，然后使用“目标实现流程”。你可以复习一下第四章节。运用结果导向问题帮助你把每个“没有却想要”的项目从梦想变为可以实现的目标。每一个项目都使用完整的流程。全部完成你的清单可能会花费超过一天的时间，因此今天你可以选取五到十个最为重要的项目，然后接下来几天里除了当天的程序之外每天再完成一个项目即可。

| 结果导向问题 | 完整目标设定流程 |
|---|---|
| 你想要什么? | 1.目标以积极方式阐述<br>2.目标由你发起和维系 |
| 你如何知道你已经达成了目标? | 3. 你的目标实现的证据 |
| 关于你的成就，你看到、听到和感到些什么? | |
| 目标实现的证据是什么? | |
| 何时、何地、与谁一起? | 4. 你设想的目标情景 |
| 这个（变化）会为你的余生/工作/生活带来什么影响? | 5. 目标是值得追求，并符合生态平衡的 |

## 第五天：让你的目标势不可当

我们会被我们认为有魅力的事物所吸引。它让我们注意力集中，并引导着我们的行动。现在，你已经把梦想转变为可以实现的目标，你可以把它们变得更为引人瞩目，从而使自己自然而然地为之吸引。记住，你只能够把下面的方法用于你已经充分完成了实现目标的结果导向问题之后。因为你有可能会把一些不太明智或者不可能的目标也变得引人瞩目。单相思和堂吉诃德式的目标就是这样的例子。你需要更明智地运用这个方法，务必小心使用。

从你的清单中选择一个最高优先度的目标，然后在脑海中想象这个目标，看见你自己已经实现了目标。如果目标不是电影的形式，现在就把它转换成电影。加大图像的尺寸和光亮度，加入栩栩如生的色彩和纬度。留意这种方法在多大程度上增加了目标的吸引力。继续增加尺寸、亮度和颜色，随着你的感觉慢慢强化，然后保留住那种状态。在你的目标电影之中加入丰富的、激动人心的欢快音乐。音乐以立体声的形式来自各个方向。你听见洪亮的、支持鼓励性的声音在为你的未来喝彩加油。让自己享受其中。接下来，针对你的下一个目标重复这些流程，直到你完成全部的目标。

## 第六天：创造必然成功

创造必然成功意味着把你的大脑设定在实现目标的轨道上，无论你是否意识到，大脑会全天为之工作。当你能够生动地想象出你已经实现你的目标，并预见到可能的途径，那么你在现实中通过这些途径完成目标就会变得更加容易。这个过程把一段路途分割成达到目标的实际步骤。当你瞬间成为那个已经实现目标的“你”，你可以回顾看见那些必然的步骤和行动。谨记这个路径，你回到现时规划你的未来，采取所有那些必然行动。

在第五章练习十九的制定计划中，有更具体的指引。针对你的每一个完整设定的目标完成这个练习。

## 第七天：感激生命中的静休时光

世界上任何一种宗教和灵性训练都有静休的时间。无论静休时是赞颂造物主，或是重新调整灵性的思维与精神，或是让身体休憩，其内涵都是对生命这种礼物的感激，也是自我感谢生命的一份礼物。这些年来，随着现代生活中各种不断增加的需求，我们许多人为了完成平时未尽的事情而忽视了静休的时间。我们也许认为我们只是抛弃了某种神秘的传统，而正在变得更为现代化和高效率。但是如果我们如此行事，到底何时才会停下匆匆的步伐呢？我们何时才有时间留给我们自己呢？我们何时才有时间感谢赐予我们的生命呢？我们何时才有时间意识到生命的缔造，并用我们自己的或传统的方式感恩我们的造物主呢？

今天的练习与本程序中其他时间的练习有同等重要的意义。它建立了积极行动和积极感恩的基础。回顾第一天，你看到一个"拥有并渴望"的列表。这些是你生命中渴望并已经拥有的事物。当你为了达到、获得和实现更多而去冲刺之时，你很容易忘记你已经走了多远。今天，花些时间详细回顾这个清单，细细思考那些令你着迷的项目。尽情地品味。留意对于你的生命来说，你所喜欢的是什么。如果你忽然想给某人打个电话或发一张感谢卡片，冥思或祷告一会儿，或者为了今后能常常这样而做些什么——就让心灵去做你的向导。任何时候，你都可以在这个清单中增加内容。

当你完成了对于"拥有并渴望"之清单的回顾，在脑海中回想过去的一周或一个月，留意运用本书中的程序你已经做了哪些事情改善了你的生命和你的质量。注意你已经完成的那些练习和得到的结果。有可能你会想到你完成得不那么完美，或者本来可以做得更多，或有人做得更好一点。这些可能在你的大脑中闪过，随它们去好了。就让它们在你的脑海中掠过，然后，你就能够重新把注意力放在你所完成的事情上了。感谢你花费时间完成这些事情，也包括本练习。思考你可以为自己做些什么来感谢你完成的这些进展。生命中的许多愉悦其实很简单地去享受就可以了。一次公园中的散步、一杯老式的麦芽酒、一次拜访朋友、一本好书、一次野餐，或一个游戏。现在就去做吧！

# 第二周——说服式沟通

## 第八天：发现和转化你的使命

沟通你的生命之使命就是表述你的内心所想。那些为生命之使命而活的男人和女人们，都拥有自然而生的超凡魅力。他们生来就有对愿景能言善辩的口才。当你真心诚意地相信自己的话，哪怕寥寥几句就让一切沟通技巧黯然失色。

在进行今天的练习之前，你想要首先使用“构建良好的目标”流程完成至少五个你的优先目标。同样，你需要通过图像和声音把它们转变成引人瞩目的未来情景。如果这些你还没有完成，那么这就是你今天的任务。

完成之后，在脑海中同时思考这些重要的目标，并问自己：“它们的共同点是什么？它们中大部分的共同主题或元素是什么？它们如何表达出你生命的激情？它们如何表达出你最深层次的价值观和原则？”把你的答案写下来、画出来、演奏出来，甚至通过舞蹈或其他方式表演出来。你在探寻自己的生命之使命。这并非是经由你的判断产生的，而是从你的内在涌现出来的。花些时间探索那些对你最重要的事情，它们背后有些什么深层次的激励。如果你想了解更详细的指引，可以复习第三章中“使命与愿景”的相关练习。很可能，你今天的时间无法全部都完成。现在，开始并发现哪些内容在你心中“喷涌出来”——不仅在今天，还在未来的时间里。愿景总是浮现于梦想、白日梦和即兴想法之中。对你如何探索自己的愿景保持好奇心。

当你有了使命的线索，把它分享给别人。当你表述它的时候会有助于你斟酌字句，而且同时这也是向他人发出邀约。当知道了你的使命后，谁会加入你的使命，或者至少会为你喝彩？那么就让他们知道吧。和他们共度一些时光，这将令你的使命更为丰富。与他人分享你的使命及真正激励你的是什么，你已经找到了伟大沟通的一半的秘密。

## 第九天：同理心倾听

倾听是另外一半的秘密。是什么样的倾听呢？有一种听是等对方停下来，自己好开始讲话。还有的听是留意对方的语意逻辑，这样就能有效地进行反驳。但还有一种类型的听，是为了理解对方的心思。最后一种类型的倾听最具亲和的魔力——去听对方如何看、听、感受和思索。

这种深度倾听始于听到对方是如何感受他（她）的世界的：看到什么、听到什么和感受到什么。要强化你的倾听和增加亲和力的技巧，你可以从简化你的学习环境入手。当有人与你面对面的时候，沟通的信息非常丰富：词汇、姿势、情绪和无意识的线索。所以，你可以从打电话开始练习亲和技巧。一边听对方的话语，试着使用对方说话的节奏和韵律，练习他们的语调模式。使用跟你对话者类似的声音方式：如果他们的声音是平的，就练习把你的嗓音变平；如果他们侃侃而谈，那么你也试着更加健谈。把下面一张“加工”词汇表放在你的电话机旁，然后开始使用和你在电话中对话者的相同词汇“反馈”他们。你可以复习第五章中的一些更详尽的亲和力练习。

| 通用类（非具体的） | 视觉的 | 听觉的 | 动作的 |
|---|---|---|---|
| 知道 | 看见 | 听见 | 感到 |
| 理解 | 看 | 听 | 摸到 |
| 相信 | 显得 | 告诉 | 抓住 |
| 感觉 | 想象 | 询问 | 赶上 |
| 发觉 | 视角 | 声音 | 接触 |
| 沟通 | 揭露 | 合调子 | 推动 |
| | 暗含视觉化的词汇 | 暗含声音的词汇 | 暗含感觉的词汇 |
| | 颜色 | 不和谐声音 | 超重 |

| 通用类（非具体的） | 视觉的 | 听觉的 | 动作的 |
| --- | --- | --- | --- |
| | 闪亮 | 爆裂声 | 好奇 |
| | 清楚 | 寂静 | 温暖 |
| | 闪电 | 精心编排 | 柔软 |

## 第十天：身体协调的魔力

一个众所周知的表述是，面对面沟通中93%的信息都是非语言的，或者反过来说，词汇只占沟通7%的比例。今天你就亲自验证一番。练习去匹配今天你面对面遇到的每一个人的身体节奏和姿势。如果他们动作缓慢而慎重，你也那么去做。如果他们动作很快，手势很多，你就以相同的速度移动，并增加一些与他们类似的手势。

如果你比较熟练了，你可以首先错配对方的非语言行为（当他们动作慢时，你动作快；他们没有使用手势的时候，你大量运用手势），然后当亲和力开始破坏时，通过匹配他们的节奏与手势重新建立亲和状态。

## 第十一天：美好情绪的秘密

今天你的秘密工作是，让你遇到的每一个人都感觉良好。你可以使用一个善意而真诚的词汇、一个手势、一个微笑、一次邀约或者一份礼物。根据你的环境而调整创意。在一天结束的时候，记录你的结果。如果你觉得有意义，可以继续这个实验。

你也可以运用在自己身上。每天你体验最多的是哪种情绪时，会让你的生活和工作更顺利、更美好？为了激发这种情绪，你可以做哪三件事情呢？今天就开始做。

## 第十二天：理解心中的价值观

在史蒂夫·科维的畅销书《高效能人士的七个习惯》[①]中，第五个习惯是“知己知彼”。今天就练习你的NLP倾听技巧，来聆听和理解他人发自内心的价值观。倾听他们的目标与价值观，大声地复述你所听到的他们的目标与价值观，让他们有机会核实或者澄清你的理解是否准确。问问他们要实现目标和价值观，什么对他们来说是非常重要的事情？当你如此询问之时，正是在探索他们更高层次和更深层的价值观，他们发自内心的价值观。倾听他们说些什么。发自内心的价值观多种多样，每一种都对本人有其独特的重要意义。你可能会希望把周围人的内心深层价值观归纳存档，这些都是他们工作和生活的价值体现。达成这些前提条件他们才会完完全全地投入到一件事情中。你可以做到的、富有激励效果的事情之一，便是帮助周围的人寻找表达他们内心深层价值观的方法。当人们展示他们的真心之时，也是他们释放才能的时刻。

姓名______________________________

目标______________________________

价值观____________________________

内心深处的价值观______________________________

## 第十三天：发现动力，指引方向

那些有效的人，无论是父母、总统还是其他权威人士，他们总是为自己所负责的人指出清晰和积极的目标，以及成功的可衡量的依据是什么。每一个参与者都需要知道目标是什么，以及他们如何知道自己何时达成了目标。这样的领导人总是把企业的目标与价值观与那些参与者的目标与内心价值观相匹配。一位有效的领导人从不会把这个当作是工作的负担或者是一种管理伎俩，而是作为领导者首当其冲的原因所在。有效的领导作为一个个体，他尊重团队中的每一个个体。所有的人也许生而平等，可他们对于相同的动力方向的反应是迥异的。

回顾前一天关于目标、价值观和内心深层价值观的清单。找到那些人，并询问他们目标的达成、价值观的满足和内心深层价值观的实现会为他们带来什么，然后在他们的答案中倾听他们的动力方向。他们是希望获取、得到或实现什么，不断靠近目标，还是他们想解脱、释放和放松，摆脱目标？留意他们是更感兴趣去解决问题（远离动力）还是追逐目标（趋向动力）。当你在发出命令或提供指引的时候，有意运用此信息，以便使用他们更容易理解和接受的讲话方式。在NLP中，这些技术成为良好沟通的保障。你可以回顾第六章进行更详细的练习。

## 第十四天：感谢这世界对你的爱

今天是休息日，离开你繁忙的日程表，花点时间回想那些在你的生命中爱你、喜欢你的人。很明显，你让他们为你而触动。在你的脑海中，对每一个人都花几分钟时间，想象一下成为那个人，欣赏他（她）最欣赏你的方面是什么感觉。开始，你很可能会注意到目前为止你对你爱的这个人做了些什么，或者意味着什么。你可能回忆起你所参与其中的那些激动人心的事情。花时间留意你的存在——安静、嬉笑、严肃，或就只是出现在那里——是如何触动这个人的。当你完成了从这一视角去表达感激，继续进行下一个人，然后再继续。当你全部完成之后，留意其中任何的感激模式。这些和你做这个练习之前的想法有区别吗？静静待一会儿，尽你所可能的方式让自己吸收刚刚所发现的最多的爱、感谢和欣赏。如果你忽然想给某人打个电话或发一张感谢卡片，冥思或祷告一会儿，或者为了今后常常这样而做些什么——就让心灵去做你的向导。如果想回顾进入爱的状态的方法，你可以复习第九章。

## 第三周——高峰成就程序

### 第十五天：走出局限，步入资源

当许多人思考如何取得高峰成就的时候，他们常常把注意力放在他们所设想的那些障碍物上。亨利·福特曾经说过，“无论你认为你行，或是你认为你不行，你都是对的”。取得高峰成就更重要的是，我们如何看待我们的经验，而非我们实际的经验是什么。

要亲身验证的话，你可以留意你的大脑是如何“编码”生活中的积极与消极记忆的。你与你的记忆是关联的（进入记忆中，仿佛事情正在发生），还是分离的（透过电视机或电影屏幕在看自己）？你花些时间尝试至少十段记忆。你可以把它们罗列出来。通常情况下，人们发现在不经意间把他们的负面记忆进行关联编码，并因此在不合适的时机重新体验那些强烈的负面情绪。例如，当他们在果岭时却惟妙惟肖地回忆起一次糟糕透顶的推杆；或者当他们在准备公众演讲前，脑海里却重现某次大庭广众下的尴尬经历；又或者他们在准备投入一段新的关系之时，想起之前惨遭拒绝的情形。

现在，让我们看看另一种情况。检查一下，你是否把自己关联于那些积极和富有资源的记忆。人们往往在无意中采用的是分离编码方式，结果造成无法进入他们的资源状态。以上两种情形的记忆编码都能够得到改善。

想一段负面记忆，它是具体且关联的。当你开始重新体验这段记忆时，生动地想象你自己从中走了出来，离开一段距离看着它。画面周围是巨大的黑色边框，厚重的玻璃把图画与外界分隔开来。仔细看看那幅厚重玻璃画框中的图片，确认那时年轻的你正在画面之中，而你现在身处其外。花时间重复运用这个过程处理每一段你希望改变的关联的负面记忆。如果数量很多的话，你可以制定计划每天处理十个记忆，直至完成全部。

完成了十个负面记忆的走出程序之后，把注意力转移到你的积极记忆方面。如果发现有一些被编码为分离体验，你可以选一个具体的积极记忆，走入其中包围着你，这样你就可以体验到似乎现正发生在你身上，具有生动的色彩和真实的尺寸。把这段记忆保留关联状态，重复同样的流程处理每一段分离的积极记忆。如果数量很多，你可以每天改变十个记忆，直至全部转换完成。

通过每天练习走出负面记忆和步入积极记忆，你开始向你的大脑发送信息，你希望如何完成所有的记忆编码。持续这个流程几周之后，一天清晨醒来你会发现，所有记忆都如你所愿地被转变了。关于记忆转变的更详细内容，你可以复习第七及第八章。

## 第十六天：放大成功

取得优异成就的一种方法是，移除路上的障碍与困难；还有一种方法是通过将成功放大，从而把障碍变成成功道路上的小石子。选择你生活中你已经出类拔萃的一个领域，寻找一段真实具体的事件，一段你乐于回忆的个人成功经历，并将之重演。当你开始重新体验的时候，同时开始放大它。让它变得更大、更光亮、更多彩和引人注目。当你充分享受这段经历的时候，想一想在不久的将来，你希望何时再次体验？生动地想象事情正在发生。在更远的未来，你希望何时体验它？把它带入未来的那个时刻，现在就感受那个真实的成功的未来时刻。继续把放大后的成功带入未来你希望或需要的时刻。当你满意地“散布开”之后，放下它，再回忆另一段个人成功经验，重复这个过程。通过放大越来越多的个人成功时刻，并放入你的未来，你将提升生活的整体质量和你的成就水平，你让成功实现的概率大大增加了。运用次感元和锚定的更多细节，请参照第二章。

## 第十七天：加速你的学习

学习新的技能需要你付出十分的努力。懂得如何有效率、有效能地学习会让你受益匪浅。对此，两个方面尤为关键：如何从一开始就获得良好的状态，以及如何成功地把习惯性错误造成的贫瘠状态重新编程。

许多人都知道相关的研究，一群大学生通过不同程度的思维排练及真实练习进行篮球罚球。不奇怪，那些完全没有练习的大学生，他们的罚球技术没有任何进步。奇怪的是，那些同时进行了思维排练及真实练习的大学生，他们的罚球得分竟然只比全程真实练习的大学生只少了一分。这是视觉化功效最早期的有力证据之一。使用NLP，我们能够理解其中原委。思维排练与实际练习所刺激和强化的，是相同的神经通路和微肌肉运动。思维与身体使用两种方式都可以进行学习、记忆和建立习惯。

无论你从事的活动是推杆入洞、绩效回顾或是面对董事会演讲，你都可以自己运用此方法。当你表现优异的时候，你可以花些时间进行思维排练，以增加下一次优异表现的可能性。由于你刚刚完成，你的思维与身体对绩效模式的记忆仍然非常鲜活。当天、第二天，以及接下来的几周，思维排练在每次当你重新体验的时候都再次进入这些神经通道。重放你的卓越绩效，会让它越来越成为你的有规律的惯常绩效模型。

另一方面，如果你已经建立了一个不再有效的习惯，可能是运动中有偏差的击球方式，或者无效的行为模式（比如绩效焦虑），你可以通过“覆盖”的方法消除这种习惯。

你可以这么做，首先通过分离位置回顾你不合需求的体验。你在电影中看见带着不合需求习惯的自己。使用同样的电影开始部分，思考你希望的不同情景是什么？再次从开始观看电影，这一次不同的是，你看见自己的反应更有效果。尝试几种不同的选择，挑选你最喜欢的一个。现在以真实的、关联的体验走入这个新编排的电影中。从头开始，生动地体验这部新电影，仿佛此刻就发生在你身上，一直到电影结束。完成之后，你就已经为自己设定了拥有全新应对方式的模式。关于如何运用NLP把沮丧转换为灵活性的更详细方法，请参照第九章。

## 第十八天：让高峰体验成为你生活的一部分

另一种激发高峰体验的方法是，让你的大脑知道你想去那儿。你已经学会通过在大脑中展示你自己已经克服了坏习惯的图片来改变该种习惯，尽管你当时并不知道如何去做。在NLP中有句名言：“你想变得更好。”你可以运用闪变模式把绩效表现提升到更高层级。

脑海中回想某个时刻你表现平庸，或你感到自己处在某种熟悉的高原状态。在脑海中生动地想象这个事件，在正中间位置你看到一个点。在这个点中是一幅你已经成功超越当前水平的图像。你并不知道是如何做到的。但是，你知道你成功做到了。随着图像拉近，你看到自己满意的微笑和眼中的光芒。这让你清楚知道你在游戏规则之下获得了成功，而且你也让自己更加健康。你注视这一绩效高原的体验在你面前消逝而过，越来越小、越黑、越远，直到消散如烟。就在同时，那个点在你面前蓬勃绽放，变得更大、更光亮和更真实，直到你和优秀的你面对面。放空你大脑中的屏幕，从头开始重复这个过程至少六次。然后，看看绩效高原的图像是否自然消退，而“优秀杰出的自我形象”自动进入。重复闪变模式直到你无须有意识努力就可以完成这个流程。在另外的绩效高原现象上，重复运用此过程。关于闪变模式的具体方法，参阅第十章或第十二章。

## 第十九天：创造突破性思维

当英国跑步选手罗杰·班尼斯特打破了四分钟一英里的纪录，俄罗斯举重运动员突破五百磅的重量之时，他们完全不知道自己的成绩。他们两位的教练似乎有预谋一样，都没有让选手知道他们所冲击的成绩。在后来的采访中，教练很清楚他们这么做的原因，他们的观点非常一致，尽管对他们的采访间隔了几代人之久。他们判断，他们的运动员有足够的实力刷新从未有人达到的运动纪录。他们留意到四分钟和突破四分钟的差距仅在百分之一秒，而超越五百磅也仅需要不到一盎司的重量。因此，他们断定障碍并不在于运动员本身，而是他们大脑中对于数字的解读。这些都在上述两个案例中得到了印证，而且在他们打破纪录的几个月内，又有几位选手也取得了相同的成绩，而在之前人们认为这个纪录是不可能被打破的。

要创造运动员或你自己的绩效纪录，并非一定要找教练去骗你，而是改变你自己的思维局限性。使用第十一章的NLP“决策摧毁器”技术，可以很容易达成目的。

回想一下，某件事情很多年前你认为对你来说是不可能的，也许是你的一段个人经历告诉你这不可能，又或者是因为其他人对你说不可能。这件事情可能是赚到不可思议的巨额金钱，或在极短的时间内取得某种成功，也可能是某个健康问题，或是快速而轻易地掌握某种复杂的能力。由于思维中的局限性，是什么体验——如果在你拥有这种信念或决定之前你就希望得到的——会把“不可能”转化为高度的可能性呢？花些时间在你的大脑中建立这种激励赋能的体验。它可能与你后来发生的事情有类似之处，或者是你从未经历过的。没有关系。使用第十二章的方法，创造生动的积极高峰成就印记体验的次感元。对许多人来说，他们的印记体验是全景式的，比真实生活更巨大，颜色鲜艳，细节逼真。把你的激励赋能体验的次感元特质带入你的印记次感元，接下来沿着时间线把它带到你的局限性记忆开始之前的时刻。现在，带着这个崭新记忆沿着你的时间线移动向前，在这个过程中转化那个局限性记忆，随着你带着新的赋能印记重新演绎你的个人历史直至今天，一路上把记忆中所有的限制因素转变为积极因素。感觉一下，检查你的限制是否已经完全消失。如果你愿意，重复这个过程以强化你的崭新印记。这个新印记并不能保证成功，但是它可以保证如果有局限存在的话，肯定不是在你的思维中存在。在NLP的世界，我们认为所有人可以做到任何事情。如果事情是不可能实现的，经验会让我们知晓。我们是通过实践来发现的，而不是仅仅认为我们不可能做到。

## 第二十天：练习热爱你所做的事情

正当你转化负面事物，增强积极方面，引导自己迈向卓越并提出新的期望，你都需要练习。畅销书《精通》[②]的作者乔治·里昂那多注意到，成就者与大师之间的关键区别就在于：成就者瞄准的是一个目标，他练习完成那些帮助他达到目标的事情；而大师的目标是卓越，他练习的重点在于他现有的以及他是谁。里昂那多写道，“最终，正是练习成就了精通”。

众所周知那些真正的卓越者，都热衷于练习。篮球魔术师约翰逊，拥有自己的全尺寸篮球场地。在“球赛淡季”，拉里·伯德无论去到哪里只要有球场就会在里面练习一整天。摇滚大师埃里克·克拉普顿和布鲁斯·斯普林斯汀，无论何时何地总在拨弄他们的吉他。国际象棋大师们研究和重演著名的棋局。美国著名建筑师弗兰克·劳埃德·赖特常年把自己的工作室重建一番，只是为了尝试新的想法。这些伟大人士都热衷练习。他们想发现他们的任何不足。他们想发现，现在他们能够尝试哪些以前没有做过的事情。

在你的生命中的重要领域，你可以通过一个简单的NLP技术来增强练习的魅力。一旦你决定从事某件有意义的事情，你就能够享受其中。大多数人做事情是为了达成结果，然而每个人总有些事情是因为喜欢而去做的。回想某个时间你想要达成一些结果，但是过程却是单调而沉闷的。对大多数人来说，计算你的税款就是一个例子。现在想一件事情，你做的目的就在于你享受其中，而结果并不重要。例如，许多人喜欢玩游戏和拼图。现在，走进这些体验中去，扮演电影导演的角色，发掘其中的视觉和听觉次感元的特质。反复进行若干次，直到你找到了这两种体验之间的视觉和听觉次感元的区别所在。使用下面的清单记下这些差异。找到几个差异，关联进入你想要结果的体验，保持其中画面的内容，把其中的次感元转化成你所享受的体验中的次感元。留意这些对你的体验所产生的效果。现在，关联进入你非常希望提升的某种技能的练习中，把相关次感元转化成你所享受的事情的次感元。重复这个过程，直到你享受练习的过程。

| 想要结果 | 享受去做 |
| --- | --- |

## 第二十一天：只要你留意，生活多美好

今天是最后一天，你可以开始庆贺自己遵循指引一路来到这里。我们每个人都创造了不同，实际上是巨大的不同，无论对于我们自己的生命或是在别人的生命之中。弗兰克·卡普拉的经典电影《生活多美好》提醒我们所有人，我们的生活是紧密相连的。尽管这部电影每年上映数十次之多，但是我们无暇关注到，正是这种紧密关联织就了我们生命的锦色华篇。

因此，现在就花一点时间，在脑海中回到你的过去，寻找那些微小却重要的时刻，你用积极的方式影响了周围的世界。也许是你帮助兄妹完成他们的家庭作业，或和未来的体坛之星一起赢得一场比赛，或为你的朋友雪中送炭，或者帮助了一位无家可归者，或者通过你的建议终止了一个设计不周的项目，又或者是进行了一次慈善捐助。寻找那些时刻你用话语或言行打动了他人的生活。有时候，那些珍视我们言行的人并不是我们最重视的。把你的测量尺的范围扩展到不仅仅是对你而言很重要的事情，同时也包括你对他人的重要性上。在“正确的时间”一个微小的动作能够产生巨大的不同。你每天的行为也会有重要的意义，带着这种体验，花一些时间记录下未来你希望采取的行动，那些有益于他人的生活和这个世界的行动。在你写的过程中，设想你将在何处采取这些行动，去享受参与到这个世界之中。

| 言语或行动 | 对他人生活的积极效用 | 未来我将采取的行动 |
| --- | --- | --- |

在这个当下，当你阅读这一段话的时候，你是宇宙中正在发生的体验中的一分子。留意你的个人行为在创造今天的世界中的重要作用。思索你从这本书中所有学习到的内容，以及在未来几周、几个月及几年里你如何更多参与，以成为这个世界的积极参与者。开始许愿、期盼和梦想。如果愿意的话，你可以明天开始新的一轮练习。今天做些让你真心感到高兴的事情。闻一闻花香，欣赏落日，感受雨水，伴着音乐起舞，打动另一颗心灵。感谢自己，感恩你的造物主。活出生命的奇迹。你值得拥有。

# 注释

## 致谢

① NLP Comprehensive, *NLP: The New Technology of Achievement* (Chicago: Nightingale-Conant, 1991), audiocassettes.

## 第二章 NLP是什么?

① Edward T. Hall, *The Silent Language* (Greenwich, Conn.: Fawcett Publications, 1959).

② Connirae Andreas and Steve Andreas, *Change Your Mind—and Keep the Change* (Moab, Utah: Real People Press, 1987). These brief NLP techniques, developed by NLP cofounder Richard Bandler, are adapted from the book.

③ "Richard Burton Dies at 58," *Chicago Tribune*, August 6, 1984.

## 第三章 激发动力

① Richard Bandler, *Using Your Brain—for a Change* (Moab, Utah: Real People Press, 1985).

## 第四章　辨明你的使命

① "In Quest of the Universe," Discover Channel, August 15, 1993.
② Russell Schweickart, interview by Kelly Patrick Gerling, July 1, 1983.
③ Hank Whittemore, *CNN: The Inside Story* (Boston: Little, Brown, 1990).
④ *I, Michelangelo, Sculptor: An Autobiography Through Letters,* ed. Irving Stone and Jean Stone and trans. Charles Speroni (New York: Doubleday & Company, 1962).
⑤ Studs Terkel, *Working: People Talk About What They Do All Day and How They Feel About What They Do* (New York: Pantheon Books, 1974), pp. xi, xii.
⑥ Ibid., p. xxiv.
⑦ Susan Butcher, interview by Kelly Patrick Gerling, October 22, 1990.
⑧ Ibid.
⑨ Ibid.
⑩ "I Dream for a Living," *Time,* July 15, 1985, pp. 58, 62.
⑪ Whittemore, 1990.
⑫ Ibid., p. 11.
⑬ Ralph Aguayo, *Dr. Deming: The Man Who Taught the Japanese About Quality* (New York: Simon & Schuster, 1990), pp. 98, 99.
⑭ Aguayo, pp. 98, 99.
⑮ John R. Wooden and Jack Tobia, *They Call Me Coach* (Waco, Tex.: Word, Inc., 1972), p. 60.
⑯ Whittemore, 1990.
⑰ Donald W. Robertson, *Mind's Eye of Richard Buckminster Fuller* (New York: St. Martin's Press, 1974), p. 45.
⑱ Hugh Kenner, *Bucky: A Guided Tour of Buckminster Fuller* (New York: William Morrow & Company, 1973).
⑲ Russell Schweickart, interview by Kelly Patrick Gerling, July 1, 1983.

⑳ Alden Hatch, *Buckminster Fuller: At Home in the Universe* (New York: Delta Book, 1974), p. 91.
㉑ "I Dream for a Living," p. 57.
㉒ Ibid, p. 57.
㉓ Irving & Jean Stone, eds., 1962.

## 第五章　实现你的目标

① Ralph Aguayo, *Dr. Deming: The Man Who Taught the Japanese About Quality* (New York: Simon & Schuster, 1990). pp. 98–100.
② Joseph R. Dominguez and Vicki Robin, *Your Money or Your Life: Transforming Your Relationship with Money and Achieving Financial Independence* (New York: Penguin Books, 1992).
③ Ewing Kauffman, interview by Kelly Patrick Gerling, June 4, 1991.
④ Kelly Patrick Gerling and Charles Sheppard, *Values-Based Leadership* (Shawnee Mission, Kans.: The Leadership Project, 1993).
⑤ Susan Butcher, interview by Kelly Patrick Gerling, October 22, 1990.
⑥ Carol S. Pearson, *Awakening the Heroes Within: Twelve Archetypes to Help Us Find Ourselves and Transform Our World* (San Francisco: Harper, 1991).
⑦ Morris Berman, *Coming to Our Senses* (New York: Simon & Schuster, 1989).

## 第六章
## 创造亲和有力的关系

① Richard Bandler and John Grinder, *Frogs into Princes* (Moab, Utah: Real People Press, 1979).

## 第七章　强大的说服策略

① Connirae Andreas, *Aligning Perceptual Positions* (Boulder, Colo.: NLP Comprehensive, 1991), videocassette.
② Connirae Andreas with Tamara Andreas, *Core Transformation: Reaching the Wellspring Within* (Moab, Utah: Real People Press, 1979).

## 第八章　消除你的恐惧

① Gerald Rosen, *Don't Be Afraid: A Program for Overcoming Your Fears and Phobias* (Englewood Cliffs, N.J.: Spectrum Books/Prentice-Hall, 1976).
② Connirae Andreas and Steven Andreas. *Heart of the Mind: Engaging Your Inner Power to Change with Neuro-Linguistic Programming* (Moab, Utah: Real People Press, 1989).
③ Richard Bandler, *Using Your Brain—for a Change* (Moab, Utah: Real People Press, 1985).
④ Richard Bandler and John Grinder, *Frogs into Princes* (Moab, Utah: Real People Press, 1979).

## 第九章　建立自信心

① Richard Bandler and John Grinder, *Frogs into Princes* (Moab, Utah: Real People Press, 1979).

## 第十章
## 建立自我欣赏与自尊

① John Bradshaw, *Healing the Shame That Binds You* (Deerfield Beach, Fla.: Health Communications, Inc., 1988).

② Leslie Cameron-Bandler, *Solutions* (San Rafael, Calif.: Future-Pace, Inc., 1985).
③ Richard Bandler, *Using Your Brain—for a Change* (Moab, Utah: Real People Press, 1985).
④ Connirae Andreas and Steve Andreas, *Change Your Mind—and Keep the Change* and *Heart of the Mind: Engaging Your Inner Power to Change with Neuro-Linguistic Programming* (Moab, Utah: Real People Press, 1987 and 1989).

## 第十一章
## 确保积极的心态

① Gary J. Faris, "The Power of Positive Thinking: The Psychological Profile of the Successful Athletic Rehabilitation Patient," *Clinical Management Magazine*, Vol. 9, No. 6, (1989).
② Jack D. Schwager, *The New Market Wizards: Conversations with America's Top Traders* (New York: HarperBusiness, 1992).
③ Connirae Andreas and Steve Andreas, *Heart of the Mind: Engaging Your Inner Power to Change with Neuro-Linguistic Programming* and *Change Your Mind and Keep the Change* (Moab, Utah: Real People Press, 1989 and 1987).
⑤ Steve Andreas, *The Decision Destroyer* (Boulder: NLP Comprehensive, 1990), audiotape.

## 第十二章　取得高峰成就

① Charles Garfield, *Peak Performers: The New Heroes of American Business* (New York: Avon, 1987).
② Michael Lerner, *Surplus Powerlessness* (Oakland: Institute of Labor and Mental Health, 1986).

③ Mihaly Csikszentmihalyi, *Flow: The Psychology of Optimal Experience* (New York: Harper & Row, 1990).

## 附录：21天NLP无限成就程序

① Stephen R. Covey, *The 7 Habits of Highly Effective People* (New York: Simon & Schuster, 1989).
② George Leonard, *Mastery* (New York: Dutton, 1991).

# 参考文献


ANDREAS, CONNIRAE. *Aligning Perceptual Positions.* Boulder, Colo.: NLP Comprehensive, 1991. Videotape.

ANDREAS, STEVE. *The Decision Destroyer.* Boulder, Colo.: NLP Comprehensive, 1990. Audiotape.

ANDREAS, CONNIRAE, and STEVE ANDREAS. *Change Your Mind—and Keep the Change.* Moab, Utah: Real People Press, 1987.

ANDREAS, CONNIRAE, and STEVE ANDREAS. *Heart of the Mind: Engaging Your Inner Power to Change with Neuro-Linguistic Programming.* Moab, Utah: Real People Press, 1989.

ANDREAS, CONNIRAE, with TAMARA ANDREAS. *Core Transformation: Reaching the Wellspring Within.* Moab, Utah: Real People Press, 1994.

BANDLER, RICHARD. *Using Your Brain—for a Change.* Moab, Utah: Real People Press, 1985.

BANDLER, RICHARD, and JOHN GRINDER. *Frogs into Princes.* Moab, Utah: Real People Press, 1979.

BANDLER, RICHARD, and JOHN GRINDER. *Reframing: Neurolinguistic Programming and the Transformation of Meaning.* Moab, Utah: Real People Press, 1982.

BAGLEY III, DAN S. and EDWARD J. REESE. *Beyond Selling.* Cupertino, Calif.: Meta Publications, 1987.

CAMERON-BANDLER, LESLIE. *Solutions*. San Rafael, Calif.: Future-Pace, Inc., 1985.

DILTS, ROBERT, ET AL. *Beliefs: Pathways to Health and Well-Being*. Portland, Ore.: Metamorphous Press, 1990.

DILTS, ROBERT B., ET AL. *Tools for Dreamers*. Cupertino, Calif.: Meta Publications, 1991.

FAULKNER, CHARLES, and LUCY FREEDMAN for NLP Comprehensive. *NLP in Action*. Chicago: Nightingale-Conant, 1993. Videotape.

FAULKNER, CHARLES, and ROBERT MCDONALD for NLP Comprehensive. *Success Mastery with NLP*. Chicago: Nightingale-Conant, 1992. Audiocassette.

NLP COMPREHENSIVE. *NLP: The New Technology of Achievement*. Chicago: Nightingale-Conant, 1991. Audiocassette.

O'CONNOR, JOSEPH, and JOHN SEYMOUR. *Introducing Neuro-Linguistic Programming*. New York: Harper & Row, 1990.